中原发展研究报告集
2020

耿明斋 ◎ 主编

ZHONGYUANFAZHAN
YANJIUBAOGAOJI 2020

企业管理出版社
ENTERPRISE MANAGEMENT PUBLISHING HOUSE

图书在版编目（CIP）数据

中原发展研究报告集.2020／耿明斋主编.—北京：企业管理出版社，2020.11

ISBN 978-7-5164-2199-4

Ⅰ.①中… Ⅱ.①耿… Ⅲ.①区域经济发展—研究报告—河南—2020 Ⅳ.①F127.61

中国版本图书馆 CIP 数据核字（2020）第 159932 号

书　　名：	中原发展研究报告集（2020）
作　　者：	耿明斋　等
责任编辑：	刘一玲　宋可力
书　　号：	ISBN 978-7-5164-2199-4
出版发行：	企业管理出版社
地　　址：	北京市海淀区紫竹院南路17号　　邮　编：100048
网　　址：	http：//www.emph.cn
电　　话：	编辑部（010）68701322　发行部（010）68414644
电子信箱：	LiuYiLing0434@163.com
印　　刷：	北京虎彩文化传播有限公司
经　　销：	新华书店
规　　格：	710毫米×1000毫米　16开本　16.25印张　220千字
版　　次：	2020年11月第1版　2020年11月第1次印刷
定　　价：	65.00元

版权所有　翻印必究·印装有误　负责调换

本报告集的出版得到了中原发展研究基金会、新型城镇化与中原经济区建设河南省协同创新中心、河南省社会科学界联合会、河南中原经济发展研究院、河南省高等学校人文社会科学重点研究基地中原发展研究院等的支持。

前　言

改革开放以来，随着市场化的深入，中央政府包揽一切的格局逐渐被打破，基层政府在区域经济社会发展中的主体地位日益凸显。如何既遵循规律，又结合实际，找准比较优势，理清思路，明确目标，找到合适的路径，实现又好又快发展？地方政府有了越来越强烈的战略谋划需求，摆脱了计划经济羁绊的企业也是如此。

顺应上述需求，自20世纪90年代中期以来，我们秉承深入实际、融入社会的治学理念，陆续承担了一些地方政府或企业委托的战略谋划项目，并形成了相应的研究报告。进入21世纪以来，我们开始对这些研究报告辑录成册或单独公开出版，截至目前，已经出版的此类报告集或独立报告有《区域经济与企业发展研究》（中国经济出版社，2000年）、《欠发达平原农区经济发展与制度转型——整体考察与个案分析》（河南人民出版社，2006年）、《资源型区域可持续发展探索：大冶镇案例研究》（社会科学文献出版社，2006年）三种。与此类战略谋划项目相似，我们也围绕国家及河南省委、省政府有关经济社会发展的重大战略部署，自选或承接了国家和河南省委、省政府及其相关部门委托的专题进行研究，形成了相应的报告或论文，有的提交相关政府部门做决策参考，有的在相关报刊公开发表。近年来，我们也将这类报告或论文辑录成册出版，亦有《城镇化引领"三化"协调发展》（社会科学文献出版社，2012年）、《产业发展与结构调整》（社会科学文献出版社，2012年）、《人口流动、制度壁垒与新型城镇化》（社会科学文献出版社，2013年）三种。

将不同时期，针对不同问题，出于不同目的进行研究而形成的零散成果分类辑录成册出版，意义至少有三：一是记录我们的研究足迹，有效保存我们的研究成果，实现资料积累，为后续的研究奠定基础，提供支撑；二是记录我们思想轨迹和不断深化、完善与升华的过程；三是记录我们所观察到的区域空间经济社会现代化演进过程，也是从一个侧面洞悉中国社会现代化演进的历史。鉴于此，我们觉得今后有必要继续这样做。

自从2009年中原发展研究院由时任河南省省长郭庚茂同志揭牌成立以来，团队日益壮大，视野更加开阔，能力和水平进一步提高，社会影响力日益提升，接受委托和研究完成的决策咨询课题也越来越多。适应这种发展态势，我们决定从今年开始，每年辑录出版一种，并统一使用《中原发展研究报告集》名称，按年度分册，形成系列，与我们自2011年已经启动的分层次、分领域组织编撰出版的《中原经济区竞争力报告》为代表的中原经济区年度报告系列相呼应。①

本年度报告集改由企业管理出版社出版，在此向出版社对本书的出版给予的支持表示感谢！

耿明斋

2020年10月

---

① 本年度《中原发展研究报告集》编辑整理时，对《中原发展研究报告集(2016)》的前言稍做了调整。——笔者

目 录

"十四五"时期河南省金融支撑经济高质量发展研究 / 1

一、引言 …………………………………………………（1）
二、河南省经济发展和运行情况 ………………………（1）
三、"十三五"期间金融支持河南省实体经济发展情况 ……（7）
四、金融支持实体经济发展存在的问题 ………………（18）
五、金融支持实体经济发展有关政策梳理 ……………（28）
六、"十四五"期间经济高质量发展对金融提出的新要求 …（41）
七、"十四五"期间金融支持经济高质量发展的
　　总体思路和重点任务 ………………………………（47）

挖掘并放大自由贸易试验区对郑州国家中心城市建设的引领作用 / 76

一、现代城市的特殊功能 ………………………………（76）
二、郑州的城市发展需要实现从规模扩张向功能提升的
　　战略重点转移 ………………………………………（78）
三、充分挖掘并放大自由贸易试验区对郑州功能提升
　　和高质量转型发展的意义和价值 …………………（81）
四、更好发挥中国（河南）自由贸易试验区功能的
　　建议 …………………………………………………（89）

科学认识乡村振兴的内涵，明确乡村振兴的正确方向 / 94

一、从国家现代化的角度认识乡村振兴的意义 ………（94）
二、现代化进入下半场后乡村振兴面临的基本任务 …（97）

三、乡村振兴若干焦点、难点问题解决的思路与方向 …… (111)

沁阳市转型跃升发展总报告 / 121

一、基本思路与核心观点 …………………………… (121)

二、引言 ……………………………………………… (122)

三、调查概况 ………………………………………… (122)

四、基本判断 ………………………………………… (123)

五、问题及分析 ……………………………………… (128)

六、基础和优势 ……………………………………… (133)

七、思路与措施 ……………………………………… (136)

八、保障措施 ………………………………………… (145)

以顶级赛事引进为抓手，将郑州打造成为具有全球影响力的国际化大都市 / 146

一、郑州市亟须形成和释放超出行政辖区外的影响力 …… (147)

二、郑州市的发展要实现从规模扩张向功能提升的战略重点转移 …………………………………………… (148)

三、按照世界城市标准重塑城市功能，大幅提升面向全国和全球服务的能力 ………………………………… (155)

四、以引进顶级体育赛事为抓手，迅速提升郑州在全球的影响力 …………………………………………… (157)

郑州大都市区郑汴港核心区背景下开封市的功能定位与发展方向 / 161

一、引言 ……………………………………………… (161)

二、城市功能结构及核心 …………………………… (162)

三、从城市到大都市：功能分化与多核结构 ……… (167)

四、大都市和大都市区：多区域主体之间的功能组合 …… (170)

五、为什么郑州大都市区的核心只能是郑汴港 …… (172)

六、做大做强开封文化核 ·················· (174)
　　七、深度一体化制度设计方案 ·············· (180)
　　八、保障方案落地的措施 ·················· (184)

郑州大都市区及国家中心城市建设背景下古都开封现代化发展的路径 / 185

　　一、古都开封市的历史地位及影响 ············ (185)
　　二、城市现代化的内涵本质 ················ (189)
　　三、古都开封现代化发展中的问题与挑战 ········ (191)
　　四、国内外古都发展的经验 ················ (192)
　　五、郑州大都市区及国家中心城市建设背景下古都开封的
　　　　现代化之路 ························ (199)

将开封打造成绿色生态宜居的创新城市 / 203

　　一、未来城市的成败，关键在人 ·············· (203)
　　二、全球新都市主义理念的兴起，回归"宜居城市" ···· (205)
　　三、开封的特质能够提升都市区的格调与品质 ······ (207)
　　四、开封市应具有都市区最优的公共服务产品 ······ (208)
　　五、开封要高起点起步，跨越式建设成为智慧城市 ···· (222)
　　六、开封打造"生态宜居"城市的具体策略 ········ (224)

以县城为载体带动县域发展和乡村振兴 / 228

　　一、从现代化和民族复兴的高度来认识县域发展
　　　　及乡村振兴的意义 ···················· (228)
　　二、异地工业化推动本地城镇化是后发农区现代化的
　　　　突出特征 ·························· (229)
　　三、后发县域也有利用比较优势获得工业化发展的机会 ··· (230)
　　四、通过土地整治和人居空间结构调整挖掘建设用地资源，
　　　　助推县域发展和乡村振兴 ················ (230)

五、农地规模化流转是加快农业现代化的途径 ………… (231)
六、以县域发展推动乡村振兴 …………………………… (231)
七、县城是载体和平台，是县域发展和乡村振兴的发动机、助推器 …………………………………………………… (232)

统筹城乡发展需要，关注规模经济理论 / 233

一、促进规模经济是统筹城乡发展的总旋律 …………… (233)
二、分工效率依赖于规模经济 …………………………… (234)
三、规模不经济无法满足人民对高质量公共服务的需求 … (235)
四、促进极化效应，实现城乡统筹和高质量发展 ……… (236)

转型经济的思维模式转变 / 238

一、土地资本满足了城市化初期大规模基础设施建设需求 …………………………………………………… (238)
二、土地金融膨胀对实体经济产生了严重的挤出效应 …… (239)
三、从土地融资规模思维转向创新驱动流量思维，推动城市高质量发展 ………………………………… (240)

抓住重大国家战略机遇，推动黄河流域生态保护和高质量发展 / 242

一、重大意义 ……………………………………………… (242)
二、重要举措 ……………………………………………… (244)

后　记 / 247

"十四五"时期河南省金融支撑经济高质量发展研究[①]

一、引言

2008年全球金融危机以后,中国经济逐步开启了由投资、出口为导向的发展方式,向以消费、内需及创新驱动为导向的发展方式的转换过程,也就是由高速增长阶段转向高质量发展阶段。

河南是全国重要的省域经济体,也是整个国家经济不可分割的组成部分,河南的经济发展与全国处在同样的阶段,也面临着同样的问题。金融如何支撑经济高质量发展,是河南"十四五"规划需要研究的重大课题。

二、河南省经济发展和运行情况

(一)河南经济保持了良好的发展态势

1. 经济保持较高水平的稳定增长

自2008年以来,河南的经济每年都以超过全国平均值一个百分点以上的速度持续增长(见图1),2019年GDP总量达到了5.4万亿元人民币,同比增长7.0%,至2020年,也就是"十三五"末,有望突破5.5万亿元人民币,始终稳居全国省域经济体经济总量第五位。

[①] 本报告为河南省发展和改革委员会委托的"十四五"规划重大研究课题成果,主持人为耿明斋,项目组成员为耿明斋、李燕燕、黄宏飞、曹昱。本报告相关数据均来自中国人民银行郑州中心支行货币政策分析小组《2015年河南省金融运行报告》和《河南省金融运行报告(2019)》,国家央行机构或相关省份同类机构编撰的同类报告,以及Wind数据库。

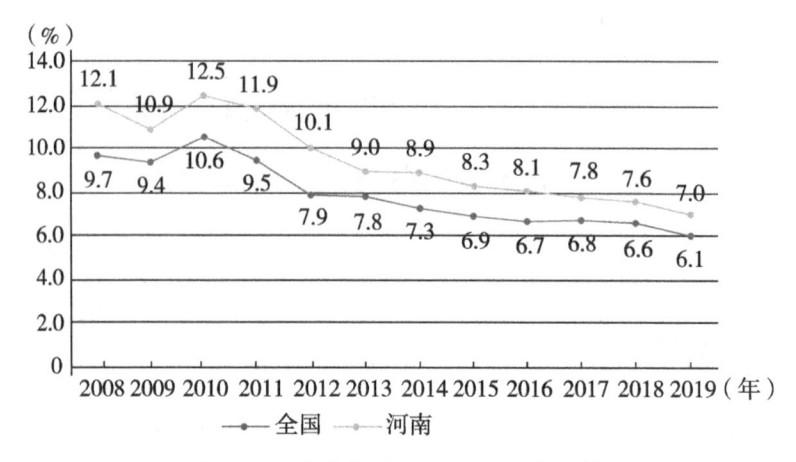

图1 河南省与全国GDP增速比较

2. 经济结构持续优化

（1）三次产业结构优化。2010—2019年十年间，河南省结构优化的速度快于全国均值（见图2、图3）。全国一产占比从2010年的10.2%降到了2019年的7.1%，降了3.1个百分点，同期河南省则从13.7%降到了8.5%，降了5.2个百分点。全国三产占比同期从43%上升到了53.9%，上升了10.9个百分点，河南则从30.6%上升到了48.0%，上升了17.4个百分点。

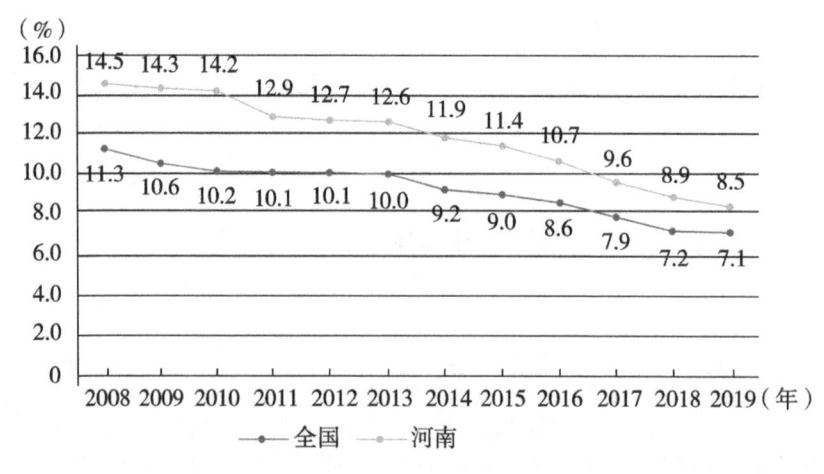

图2 河南省与全国第一产业增加值占GDP比重对比

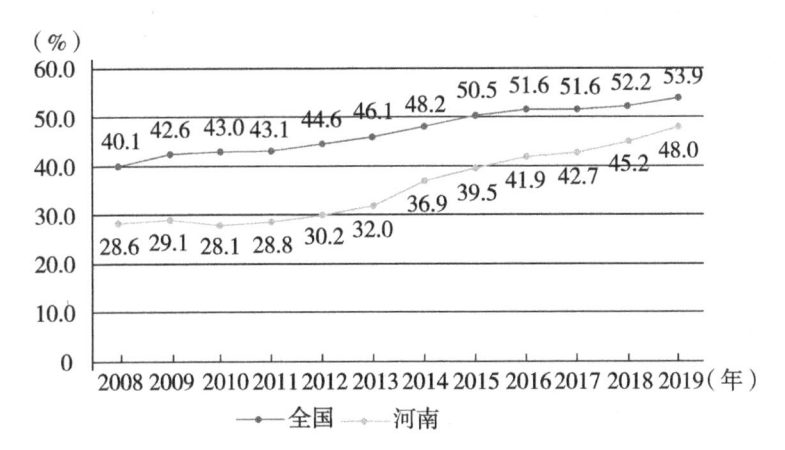

图3　河南省与全国第三产业增加值占GDP比重对比

（2）城乡结构优化。城镇化率从2010年的38.82%提高到了2019年的53.2%，十年增幅14.38个百分点，平均每年增1.44个百分点，远高于全国平均增速（见图4）。

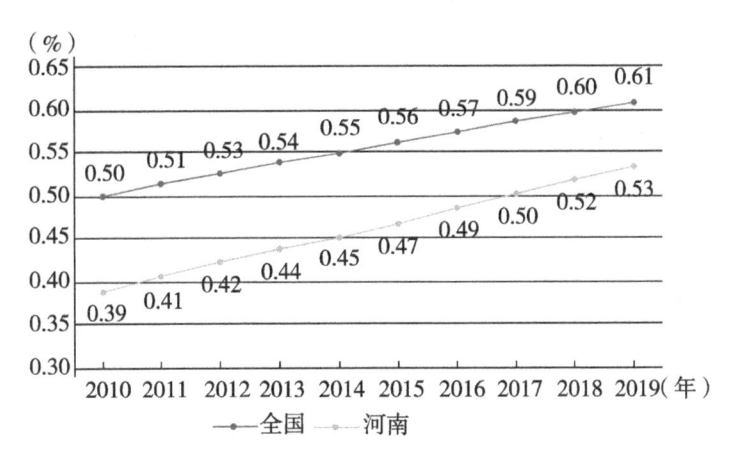

图4　河南省与全国城镇化率比较

全国2011年城镇化率首次超过50%，2019年年底达到60.6%，年均增速在1.1个百分点左右。河南与全国平均值的差距也由十年前的10个百分点缩小到了不足8个百分点。

（3）制造业内部结构也持续优化。能源原材料占比持续下降，能源原材料工业占规模以上工业增加值比重从 2010 年的 51.5% 降到了 2018 年的 41%，年均降低 1.3 个百分点，该比值在 2012 年降到 50% 以下，2016 年达到最低值 38%。以装备制造、电子信息为代表的先进制造业占比持续上升。智能终端制造、宇通客车、中铁盾构等都具有全球影响力（见图 5）。

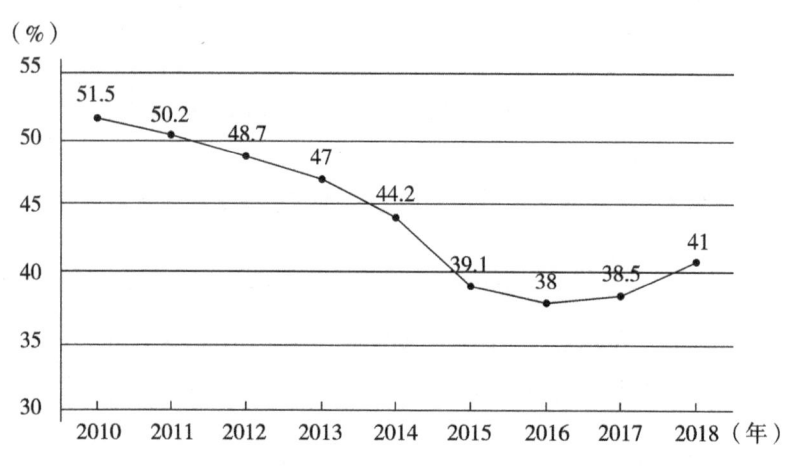

图 5　能源原材料工业占规模以上工业增加值比重

3. 以郑州为中心的区域核心增长极初步形成

随着国家战略的落地实施，郑州市 2018 年 GDP 总量突破 1.15 万亿元，辖区人口突破千万人，中心城区人口也已开始向千万级的规模迈进。国家中心城市及涵盖周边开封、新乡、焦作、许昌四市的大都市区建设将进一步提升以郑州市为中心的中原城市群的能级，区域核心增长极已经初步形成，其带动力、辐射力将越来越多地被凸显出来，成为未来河南省发展的发动机。

（二）河南省经济发展的隐忧

1. 河南省经济总量在中部地区的比重明显降低

自 2008—2019 年 11 年来，河南省经济增速基本上都在湖南、湖北、江西、安徽等周边四省之下，而且多数年份差距都在 1 个百分点以上（见图 6）。

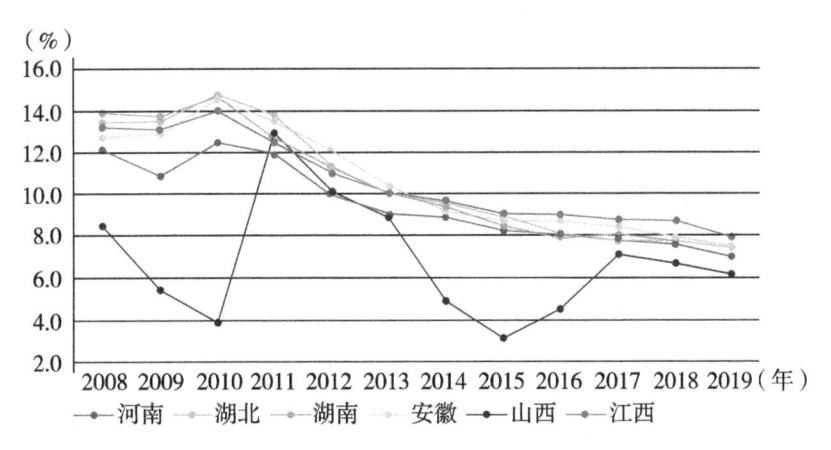

图 6　中部 6 省 GDP 增速比较

由于连续多年经济增速较大幅度低于湖南、湖北、江西、安徽等四省，河南省经济总量在中部地区的占比也下滑了 3.33 个百分点（见表1）。同样的情况也见于东部和西部有代表性的省份。

表 1　2008 年、2019 年中部 6 省 GDP 总量占比情况

单位:%

省份	2008 年 GDP 在中部六省总量占比	2019 年 GDP 在中部六省总量占比	2019 年 GDP 占比变化
山西	11.42	7.78	-3.64
安徽	13.82	16.97	3.15
江西	10.89	11.32	0.43
河南	**28.14**	**24.81**	**-3.33**
湖北	17.69	20.95	3.26
湖南	18.04	18.17	0.13

东部的福建省和西部的四川省自 2008 年以来经济增速一直都在河南省之上，陕西省在 2018 年之前的增速也大幅度高出河南省。广东、浙江、江苏等省经济总量大、发展水平高的省份，经济增速也紧追不舍甚至有差距缩小的趋势。考虑到全国南强北弱，南北差距拉大的趋势日

— 5 —

益凸显，河南省的隐忧更深（见图7）。

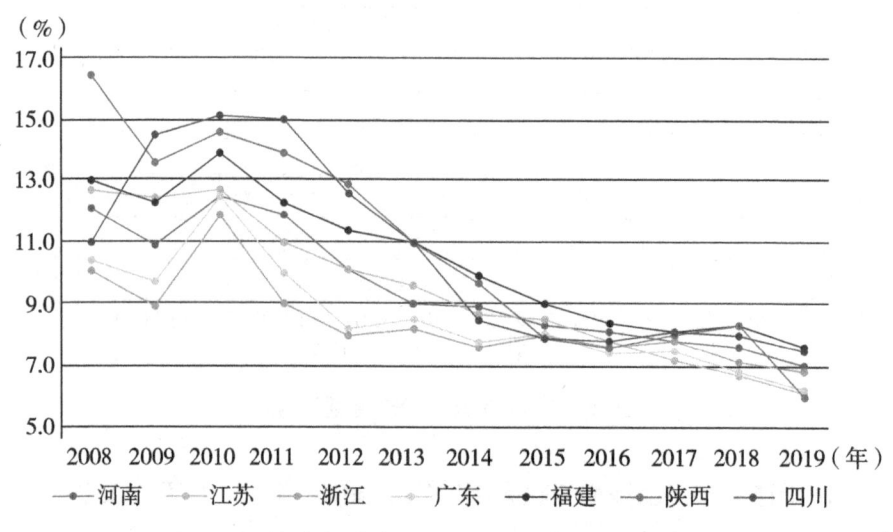

图7　河南省与东部和西部代表性省份增速比较

2. 高端制造业、现代服务业、新经济短板突出

随着经济社会发展进入新阶段，全球需求市场持续疲软，国内消费偏好向多元化、高品质转型，河南省供给体系与需求结构不匹配、不协调、不平衡的矛盾逐步显现，主要体现在三个方面：一是高端装备制造业占比偏低，全省高新技术产业产值不到广东、江苏的20%，高新技术企业数量不到全国的2%，带动作用尚未充分发挥。二是现代服务业发展滞后，支撑产业转型和满足美好生活需求的能力不强。河南省服务业占比低于全国平均水平8.9个百分点，其中，物流、信息、金融、研发设计、商务中介等生产性服务业比重明显低于全国平均水平，交通运输、批发零售、住宿餐饮、房地产等传统行业占比仍然偏高。三是新经济发展缓慢，对引领经济转型发展的带动作用不强。近年来，河南省在跨境电商、航空经济、大数据等方面取得突破性进展，但在人工智能、共享经济等方面仍明显滞后。

3. 创新能力不足成为根本隐忧

由于历史和现实的多种因素造成的结果，河南省缺乏高素质创新型人才聚集的平台。河南省没有一所"985"及教育部直属高校,原来的"211"仅有一所,现在的"双一流"也仅有两所。中科院系统所属研究所是空白,其他原有的中央部属国家级研究机构也比较少。由于缺乏高水平人才聚集的平台,创新型高素质人才聚集的规模和层次都不够,从而导致整个区域创新能力与高质量发展的要求严重不适应。在很多评价体系中,河南全省综合创新能力排在20名之外,核心城市郑州也没有能排进前20名。这无疑是未来河南省经济发展最为根本的隐忧。

三、"十三五"期间金融支持河南省实体经济发展情况

(一)金融业发展势头良好

1. 存贷款规模稳步扩张,金融资源供给持续增大

2019年年底,河南省银行业金融机构本外币各项存款余额为70771亿元,贷款余额56893.6亿元,存贷比达到80.4%,分别比"十三五"末(2015年)48282亿元和31798.6亿元存、贷款余额及65.8%的存贷比增加22489亿元、25095亿元和14.6%,增幅分别达到46.6%、78.9%和22.2%(见图8)。

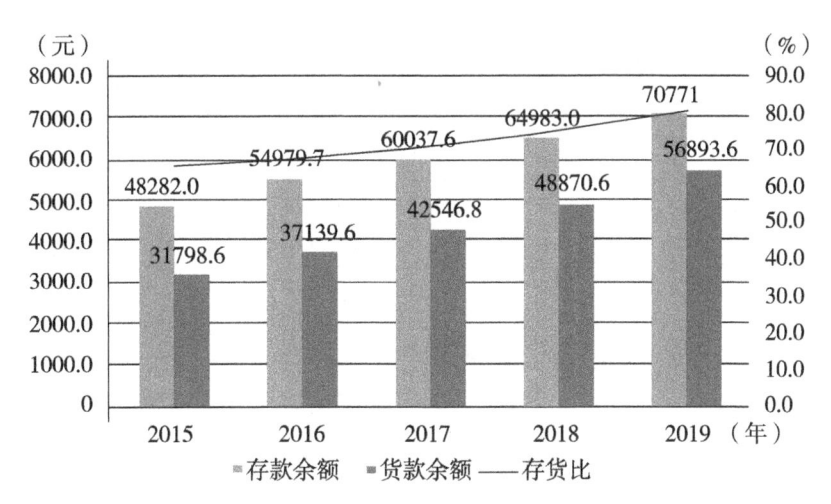

图8 2015—2019年河南省存、贷款余额和存贷比变化趋势

存、贷款余额的大幅度增加意味着金融资源供给大幅度增加,存贷比的大幅度上升意味着金融资源更多地流入了实体经济。[①] 风险相对较低的企业短贷及票据业务成为拉动贷款增长的重要因素,政策支持性贷款的投放力度加大,重点领域和薄弱环节的信贷支持加强。

2015—2019年河南省存贷款规模大幅增加,存贷比大幅度提高,尤其是后者,对比中部六省和全国的情况,虽然2018年绝对比值仍低于山西、江西、湖北、安徽等四省及全国,但四年平均增幅明显高于中部大多数省份及全国(见表2)。银行愿意将更多资金投放给本土高质量发展的企业,说明河南省本土企业的活力在增强,对新增贷款的需求持续增加,吸纳贷款的能力在不断提升。另外,银行信贷资源用于本地的比例持续增加,也说明河南省银行系统对本地经济的信心增强,资金运用能力在提升,机构运行效率在提高。

表2 2015—2019年中部六省及全国存贷比增幅对比

单位:%

地区	2015年	2019年	增幅
河南	**65.8**	**80.4**	**14.6**
全国	71.0	80.0	9.0
山西	74.0	73.3	-0.7
安徽	73.9	82.0	8.1
湖北	71.4	84.8	13.4
江西	74.0	91.1	17.1
湖南	66.9	80.5	13.6

2015—2019年河南省社会融资规模增量总体上呈上涨趋势,年均增长19.52%,五年间仅2017年有小幅回落,其中,2019年社会融资

---

① 本报告相关数据均来自中国人民银行郑州中心支行货币政策分析小组《2015年河南省金融运行报告》和《河南省金融运行报告(2019)》,以及国家央行机构或相关省份同类机构编撰的同类报告。

规模增量比上一年增长了3529.7亿元,增幅达到45.29%,社会融资形势一片大好(见图9)。

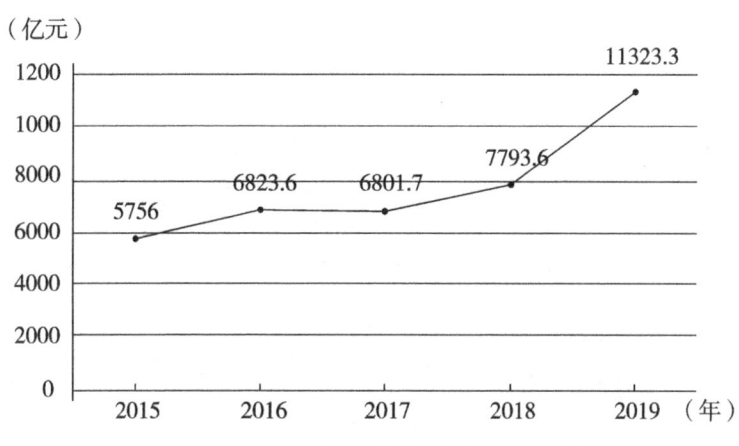

图9 2015—2019年河南省社会融资规模增量

2. 金融主体持续增加,金融市场体系进一步完善,"金融豫军"进一步壮大

(1)银行业全面拓展,资产规模增幅可观。2018年年底,河南省银行业金融机构总数为13052个,从业人员为202270人,资产总额达81849万亿元,法人机构有239家(见图10)。相比于2015年"十三五"末的12769个、197914人、59950亿元和232家,分别增加283个、4356人、21899亿元、7家,增幅分别达到2.2%、2.2%、36.5%、3.0%。

(2)证券业平稳发展,基金业一枝独秀,期货交易大幅上升(见图11)。2018年年底,总部设在河南省内的证券业各类机构总数达127家,其中基金公司由2015年"十三五"末的0家增至124家,可谓一枝独秀。2018年年底,上市公司总数为79家,比2015年"十三五"末的73家增加了6家。股票和债券融资规模为1651亿元,比2015年"十三五"末的1576亿元增加了75亿元。其中,债券融资升幅较大,其他新三板、新四板(中原股权交易中心)等多层次证券市场上市公司的数量和融资规模也不断增大。郑州商品交易所期货交易额和交易量都大幅上升。2018 年，郑州商品交易所主要商品期货全年累计成交 13.4 亿张，成交金额达 54.2 万亿元，同比分别增长 24.0%和 36.0%。

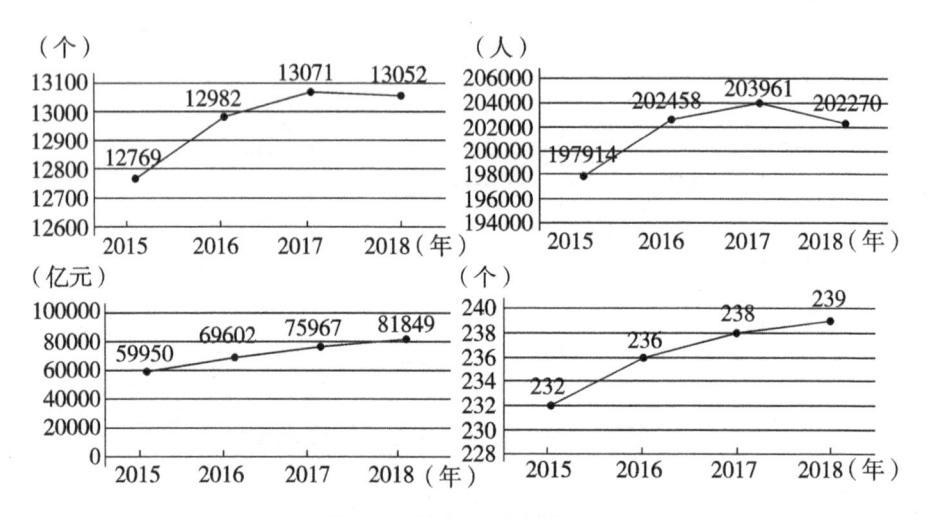

图 10　银行业发展概况

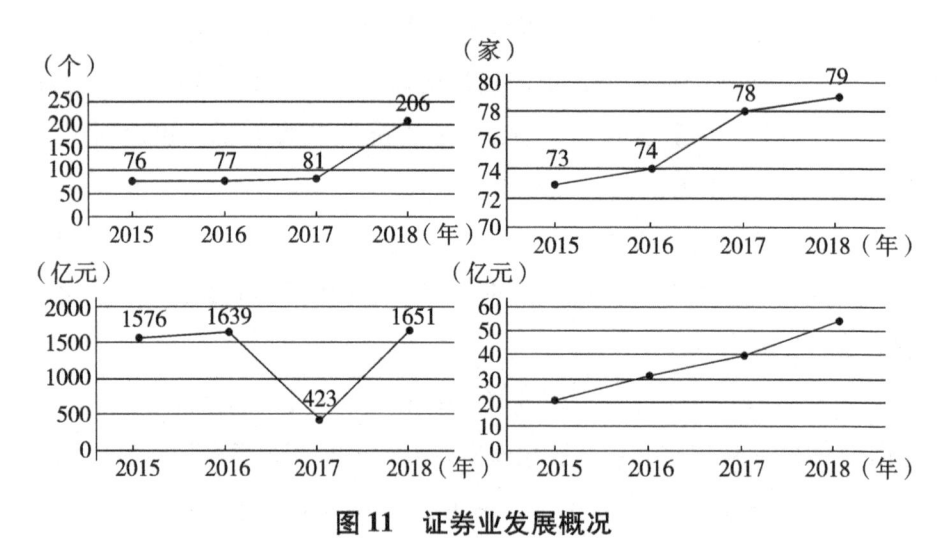

图 11　证券业发展概况

（3）保险业发展势头良好（见图 12）。2018 年，总部设在河南省内的保险机构有 1 家，保险公司分支机构为 6613 家，保费收入达 2262 亿元，各类赔付达 665 亿元，保险密度为 2356（元/人），保险深度达

5%。除了总部保险机构外,其他几项分别比 2015 年"十三五"末增加 609 家、1014.2 亿元、207.3 亿元、1026 元、1.6%,增幅分别达到 81.2%、46.3%、77.1%、47.1%。

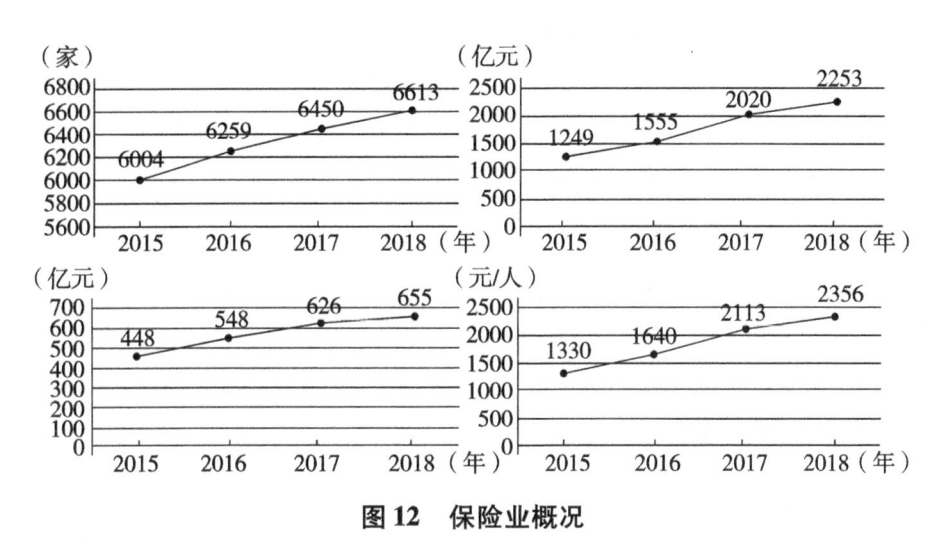

图 12 保险业概况

(4) 融资租赁业兴起,发展势头强劲。河南省融资租赁行业起步晚,截至 2018 年年底全省融资租赁企业总数达 34 家,占全国比重的 0.29%,其中,金融租赁为 2 家、内资租赁 8 家、外资租赁 24 家,仅 2018 年就新增 6 家内资融资租赁公司(见表 3)。针对行业内传统诉讼手段周期长,失信对融资租赁企业未来发展影响大的问题,河南省设立了租赁行业的调解委和仲裁庭,进一步保护行业的健康发展,是全国第一个落实该举措的省份。

表 3 融资租赁行业发展概况

类别	2017 年	2018 年
融资租赁企业总数(个)	23	34
金融租赁企业数(个)	2	2
内资租赁企业数(个)	2	8
外资租赁企业数(个)	19	24
占全国比重(%)	0.25	0.29

(5) 融资担保行业能力全面提升。截至 2018 年年底，河南省共有融资担保机构 294 家，注册资本为 499.7 亿元。其中，国有控股 173 家、注册资本为 353.4 亿元，占比分别为 58.8%、70.7%。融资担保机构数量居全国第 5 位，其中，国有控股机构数量居全国第 1 位，注册资本居全国第 8 位，户均注册资本居全国第 17 位。机构数量尤其是国有控股机构的数量排名靠前，得益于河南省以各级财政为依托、以省担保集团公司为龙头、以股权和再担保业务为纽带、覆盖全省 192 个县市区的省、市、县三级政府性融资担保体系，为缓解各级中小企业融资难、融资贵的问题提供了最直接的担保方案。

(6) 全省小额贷款积极服务实体经济。2018 年全年，河南省小额贷款公司累计发放贷款 7864 户、11354 笔、182.89 亿元。其中，发放中小微企业贷款 1236 户、91.01 亿元，分别占总额的 15.72%、49.76%；涉农贷款 1338 户、31.26 亿元，分别占总额的 17.01%、17.09%；个人贷款 6165 户、71.13 亿元，分别占总额的 78.4%、38.89%，有力地支持了小微企业和三农的发展。部分公司积极探索开发具有脱贫攻坚特色的业务产品、服务模式和抵质押方式，支持贫困地区基础设施建设、特色产业发展、贫困群众创业就业。

3. 金融改革创新取得新突破

(1) 金融机构改革加快推进。法人机构"两会一层"持续完善，党的领导有效嵌入公司治理。农信机构改革稳步推进，截至 2018 年年底，共有 105 家农商行完成改制，法人治理机制初步建立，资本实力稳步提高，成为服务"三农"与小微企业的主力军。城市商业银行现代公司治理体系臻于完善，2017 年中原银行成功在香港联交所主板挂牌上市，2018 年郑州银行继 2015 年香港上市后，又成功在深交所挂牌，成为全国首家"A+H"股上市城商行。村镇银行蓬勃发展，辉县珠江村镇银行已获银保监会首批"多县一行"试点资格。异地非持牌机构清理规范全部完成。

(2) 兰考普惠金融改革试验区建设成效显著。兰考普惠金融改革试验区是全国首个也是目前唯一一个国家级普惠金融改革试验区。试验区创建两年多来,紧紧围绕"普惠、扶贫、县域"三大主题,探索形成了以数字普惠金融平台为核心,以普惠授信体系、信用信息体系、金融服务体系、风险防控体系为基本内容的"一平台、四体系"模式,找到了破解普惠金融"最后一公里"的有效办法。2018年,"一平台、四体系"兰考模式在河南省22个试点县(市、区)复制推广,有力丰富了普惠金融实践。

(3)金融业务的创新力度不断加大。中国人民银行郑州中心支行积极推动参与银行间债券市场创新,中原银行成功发行全国首批、中西部地区首单"双创"金融债15亿元;中原资产管理有限公司成功发行河南省首单私募永续债12亿元;浙商银行郑州分行成功创设河南省首单挂钩民企债券的信用风险缓释凭证1.5亿元,为河南蓝天集团成功发行河南省首单民企债权融资计划2亿元。扶贫再贷款机制不断优化。扩大优化运用扶贫再贷款发放贷款定价机制试点工作经验被总行在全国推广,并被写入《中共中央 国务院关于打赢脱贫攻坚三年行动的指导意见》。数字普惠金融综合性服务平台——普惠通APP"信贷、保险、理财、支付、生活缴费、金融消费者权益保护"一站式"金融超市"基本建成,对接金融机构达40余家,金融服务的可得性显著提升。

(4)自贸金融服务体系不断优化。人民银行郑州中心支行围绕多式联运一单制融资特色业务,拟定《关于推进河南省国际陆路多式联运提单融资促进运贸互济发展的意见》。优化自贸区外汇服务营商环境,资本项目收入便利化等7项创新政策落地自贸区,联合河南省税务局推广运用服务贸易税务备案电子化,引导双汇集团、东方铝业将部分利润留存境内,用于境内生产经营及再投资;支持中原银行境外优先股资金调回境内使用,指导交通银行河南省分行在河南自贸区洛阳片区挂牌成立全省首家离岸金融业务中心。引导金融机构加快产品创新,积极开发"跨境快贷—出口贷"等产品,探索"互联网+外贸+金融"深度融合,为外贸企业特别是小微企业提供一站式金融服务。

4. 金融开放合作不断深入

（1）郑东新区金融集聚核心功能区建设。核心区累计入驻各持牌类金融机构的数量达334家，涵盖银行、保险、证券、期货、财务公司、信托公司、资产管理公司、消费金融、征信、金融租赁、第三方支付、商业保理等多种业态。实现三大政策性银行、5家国有银行、12家全国性股份制银行齐聚郑州；12个保险集团落户经营。此外，郑东新区智慧岛暨中原基金岛开启了河南省基金业集聚发展的新局面。截至2018年，已完成基金及基金管理机构工商注册的有102家，通过协会备案的有26家，拟管理基金规模逾2000亿元，基金集聚效应显著。

2018年，郑东新区金融集聚核心功能区完成金融业增加值241.78亿元，同比增长6.8%，占GDP比重为44.9%，占第三产业增加值的比重为49.7%，对GDP贡献率为40.7%，拉动GDP增速上升3.4个百分点，对第三产业贡献率达56.1%，拉动第三产业增加值增速上升3.8个百分点。目前，郑东新区已经形成了较为完整的金融产业链条，位居全国区域金融中心"综合实力十强"，稳居全国区域金融中心"第一方阵"。

（2）跨境人民币业务快速发展，跨境收支大幅提高。2015年，自中国人民银行批复同意在郑州航空港经济综合实验区试点开展跨境人民币贷款和人民币贸易融资资产跨境转让业务以来，河南省持续推动跨境人民币业务规范发展，不断扩大人民币跨境使用。2018年，河南省共有26家商业银行开办跨境人民币业务，538家银行机构网点和3277家企业实际办理过跨境人民币业务收付，业务遍及全省18个市，与全球142个国家或地区实现人民币跨境结算。河南省全年人民币跨境收支达到884.4亿元，同比大幅增长119.4%。

5. 金融生态环境建设成效显著，金融服务水平持续提升

（1）征信体系建设成效显著。2018年年底，河南省共有5828万个自然人和50.8万户企业及其他经济组织纳入征信系统。推广使用中小企业和农村信用信息系统，发挥其在精准扶贫、乡村振兴、普惠金融等

领域的信用信息服务作用。探索出以兰考为代表的"信贷+信用"普惠授信模式,以卢氏为代表的"信用+信贷"金融扶贫模式。

(2) 支付体系建设成果丰硕。2018年,河南省全面推进移动支付便民示范工程,全省"云闪付"APP累计注册和有效用户分别居全国第5位、第6位,新增注册用户和有效用户均居全国第3位。大力优化企业开户服务,相关做法在总行网站首页刊登。稳妥处置账户管理系统的突发事件,得到总行高度肯定。持续改善农村支付服务环境,农村地区和贫困地区惠农支付服务点村级覆盖率分别达98.5%和98.2%。

(3) 金融消费权益保护稳步推进。成立"12363电话"呼叫中心,全年共受理咨询2311起,投诉879起。开展支付服务领域金融消费权益保护监督检查,首次做出金融消费权益保护领域的行政处罚。推进金融知识纳入国民教育体系,共选定试点学校102个,累计受众学生8万余人。

6. 金融风险防控取得阶段性成效

(1) 政府债务水平总体较低。截至2018年年底,河南省各级政府债务余额达6541.3亿元,政府负债率(债务余额/GDP)为13.61%,全国排倒数第三,仅高于广东省、西藏自治区,低于全国地方政府负债率37%的水平。政府债务率(债务余额/综合财力)为54.87%,全国排名第26位,低于全国地方政府债务率79.7%的水平。

(2) 金融机构整体运行稳健。河南省银行业金融机构整体运行稳健,监管指标达标,风险总体可控。2019年9月底,河南省银行不良贷款率较年初下降0.11个百分点,关注类贷款率低于全国0.99个百分点,资产质量距离全国的差距稳步收窄。银行不良处置力度不断加大。前三季度,河南省共处置不良贷款806.52亿元,同比增加293.38亿元;其中,核销和收回现金合计占不良处置总量的95.42%。

(3) 企业资产负债率稳中有降。国有企业资产负债约束不断加强,企业降杠杆取得实效。截至2019年11月底,17户竞争类省管企业资产总额达6886.2亿元,负债总额达5585.7亿元,资产负债率为81.1%。9家省属功能类公益类国有企业资产总额为8594亿元,总负债为5650

亿元，平均资产负债率达65.7%，同比下降0.9个百分点，低于同期中央企业平均资产负债率1.9个百分点。

（4）居民杠杆率水平有所提高。河南省居民整体杠杆率处在全国中等水平，但区域差别较大。以郑州为例，截至2019年11月底，郑州市居民资金杠杆率（住户贷款余额/住户存款余额）为119%，在全国主要城市中位居第七；住户杠杆率（住户贷款余额/GDP）为103.8%，和杭州市基本持平，位居全国主要城市前三位。

（二）金融服务实体经济措施得力，成效显著

1. 培育和利用资本市场，加大直接融资规模

近年来，为应对下行压力带来的风险，满足企业发展的需求，河南采取了一系列措施，加大直接融资的力度。依托中原证券建立中原股权交易中心，在沪深证券交易所和三板之外，搭建区域性股权交易平台，发展多层次资本市场，推动企业股份化改造和现代公司制度建设，提供多个融资渠道，加强对拟上市公司的辅导培训，推动更多企业进入资本市场实现直接融资。

2. 对重大基础设施和重点领域的重点项目建设的支持力度较大

"十三五"期间，前期规划并启动的米字形高铁、城际铁路、郑州和洛阳地铁、机场、部分高速公路、大型水库等仍处在建设高潮期，加上新立项启动的各类交通基础设施项目，尤其是规模宏大的百城提质项目，都有着巨额的资金需求，除了资本金之外，大部分建设资金都需要银行信贷或通过发行建设债券来解决。河南省各家金融机构和政府各部门，各项目建设单位通力合作，有力地保证了重大项目和重点项目的正常建设进度。

3. 围绕"三区一群"等国家战略实施，满足先进制造业和现代服务业的资金需求，为河南省经济转型发展做出贡献

进入新世纪以来尤其是2010年以来，河南省谋划并实施了诸多国家战略，以打造新的经济增长空间，培育新产业、新业态，推动产业升级和高质量发展。金融业也聚焦上述国家战略，想方设法给予重点支

持。"十三五"期间，各类金融机构对以航空货运、郑欧班列、跨境电商等为代表的仓储物流服务业，电子信息和生物医药为代表的高新技术企业和先进制造业融资大力支持，有力地推动了河南省经济转型发展。

4. 利用政策引导贷款利率趋于下行，降低企业融资成本

中国人民银行郑州中心支行综合运用多种货币政策工具，积极引导贷款利率下行。存贷款综合抽样统计显示，2018年年底新发放贷款加权平均利率为5.90%，同比明显下降。扩大优化运用扶贫再贷款发放贷款定价机制试点范围，加大扶贫再贷款投放力度，金融机构使用再贷款资金发放的贷款利率，低于同期自有资金发放贷款利率3个百分点以上。推动河南省利率自律机制成员扩大至165家，充分发挥自律机制对存款利率上浮的约束作用，稳定负债端成本。

5. 高度重视经济薄弱环节的金融支持

（1）加大对先进制造业、科创企业及民营和中小微企业的金融支持力度。统筹整合现有省级先进制造业发展专项等财政资金，设立河南省先进制造业集群培育基金（先进制造业基金），截至2019年年底，先进制造业集群基金共投资项目33个，投资金额达33.68亿元。河南省科技厅设立了3支科创类政府投资基金，开展了"科技贷"业务，较好地支持了制造业企业融资，特别是高新技术企业和科技型中小企业融资。针对在结构调整深化和经济下行压力情况下，民营和中小微企业融资难、融资贵问题更为突出的情况，商业银行执行"三个不低于"的监管要求，各类金融机构内部设立了普惠金融部门，专门负责遴选民营和中小微企业的融资对象，加大贷款发放规模，加快放贷速度。

（2）脱贫攻坚和涉农贷款的投放力度加大。2018年年底，河南省精准扶贫贷款余额达1398.3亿元，新增236亿元，比年初增长20.3%，高于全省各项贷款增速5.7个百分点，年累计发放金额810.2亿元，带动服务建档立卡贫困人口（含已脱贫人口）465.9万人（次）。2018年，河南省新增涉农贷款1724亿元，12月末，全省扶贫小额信贷余额

79.9亿元，直接支持22.9万户贫困户。截至2018年年底，河南省涉农在保余额共237亿元，居全国第二，高于全国平均水平138亿元。支小、扶贫再贷款增多，"两权"抵押贷款试点增量扩面。2018年年底，全省农房试点县农民住房财产权抵押贷款余额同比增长28%；农地试点县农村承包土地的经营权抵押贷款余额同比增长27.9%。

（3）保险业不断提高服务实体经济的效率和水平。2018年，河南省大力发展以信用保证保险为核心的融资增信体系，重点完善以科技保险为核心的创新支持体系，加大对民营、小微企业的支持力度，"政融保"直接融资项目为全省1230个民营和小微企业直接发放贷款3.17亿元，政策性出口信用保险服务出口小微企业1425家，覆盖率达到29.6%，同比提高6.1个百分点。截至2018年年底，困难群众大病补充保险覆盖全省困难群众860万人，保险资金支农直接融资试点累计授信涉及多个国家和省级贫困县。企业年金服务全省企业职工数十万人，养老机构责任保险试点、电梯质量责任保险试点在南阳、郑州等地稳步推进。保险业参与的道路交通事故"警保联动"快处快赔模式在全省推广，成为"畅通工程"的重要举措。

四、金融支持实体经济发展存在的问题

（一）金融发展整体滞后，金融规模与经济规模不相称

河南GDP总量虽然长期稳居全国省域经济体第五位，但金融资源和金融活动规模却与经济活动的规模存在着较大错位。2019年排在第四位的浙江GDP总量是河南的1.15倍（6.2万亿元/5.4万亿元），但其存、贷款余额却分别是河南的1.86倍（131298.5亿元/70771亿元）和2.14倍（121750.6亿元/56893.6亿元），且浙江贷存比是92.7%，比河南80.4%贷存比高出12.3个百分点，这意味着存量金融资源流入实体经济的比例也比河南高很多。2018年浙江银行业总资产达152444亿元，比河南的81849亿元多出70595亿元，是河南的1.86倍。2018年年底河南的GDP总量比排在第六位的四川（4.7万亿元）多出0.7

万亿元，而四川的存贷款余额 83121.8 亿元和 62493.8 亿元，却分别比河南多了 12350.8 亿元和 5006.2 亿元，2018 年河南银行业的总资产比四川的 9.7 万亿元也少了 1.5 万亿元，金融活动规模与经济活动规模倒置过来了（见表 4）。

表 4　2019 年河南省与浙江省、四川省经济规模与金融规模比较

单位：万亿元，%

省份	GDP	存款余额	贷款余额	贷存比	银行资产总额（2018）
河南	5.4	7.1	5.7	80.4	8.2
浙江	6.2	13.1	12.2	92.7	15.2
四川	4.7	8.3	6.2	75.2	9.7

另外，用 GDP 与贷款规模比较，河南金融活动规模与经济活动规模的不相称会进一步凸显出来。2018 年全国本外币贷款余额是 141.8 万亿元，远大于 91.9 万亿元的 GDP 规模，贷款余额与 GDP 比值（贷款余额/GDP）是 154.3%，河南则是两者基本相当，比值是 105.4%。较为发达的省域经济体甚至是四川、陕西那样的西部地区省份，金融活动规模也都明显大于经济活动规模。比如上海、浙江、广东、四川、江苏、湖北、陕西等省（直辖市）的贷款余额与 GDP 比值（贷款余额/GDP）分别为 210.0%、196.4%、155.6%、133.0%、135.1%、113.6%、134.5%（见表 5）。可见，河南省经济活动规模和金融活动规模不相称的状况十分突出。

表 5　2018 年河南省与全国及相关省市经济规模和金融规模比较

单位：亿元，%

地区	GDP 总量	贷款余额	贷款余额/GDP
全国	991000	1531100	154.5
河南	54000	56893.6	105.4
上海	38000	79800.0	210.0

续表

地区	GDP 总量	贷款余额	贷款余额/GDP
浙江	62000	121750.6	196.4
广东	108000	167994.6	155.6
四川	47000	62493.8	133.0
江苏	100000	135139.7	135.1
湖北	46000	52242.6	113.6
陕西	26000	34981.1	134.5

除了银行业之外，河南省证券业发展的差距更大。2018年河南省的GDP排名全国第5位，但证券化率仅为14.25%，比全国平均48.31%低了34.06个百分点，居中部六省第5位、全国第28位。与浙江省、四川省和湖北省相比，河南省证券业领域差距最大的是上市公司的数量，2018年年底，河南省只有79家，浙江省有432家，是河南省的5.5倍，四川省有120家，也是河南省的1.5倍，湖北省有102家，也比河南省多了23家，并且多数上市公司市值偏小，43家（占比54%）公司的市值低于50亿元。50多家公司的股价低于10元/股，10家公司的股价跌破每股净资产；上市公司利用资本市场的能力有限，质量不高。从区域发展来看，郑州市、洛阳市A股上市公司相对较多，鹤壁市、驻马店市尚无A股上市公司，河南省107个县市中只有20个县市有上市公司；传统行业公司数量占上市公司总数的六成以上，而新兴行业和现代服务业上市公司占比仅为20.25%，低于全国平均水平（33.95%）；上市公司利用资本市场的能力弱，辖区接近半数上市公司最近3年未实施过再融资，上市公司对河南经济社会发展贡献度不高、支持不够。总部设在辖区内的证券公司和期货公司，浙江省分别是5家和12家，比河南省的1家和2家高出数个量级；四川省分别是4家和3家，也有明显的优势；湖北省是各有两家，证券公司也比河南省多了1家（见图13）。

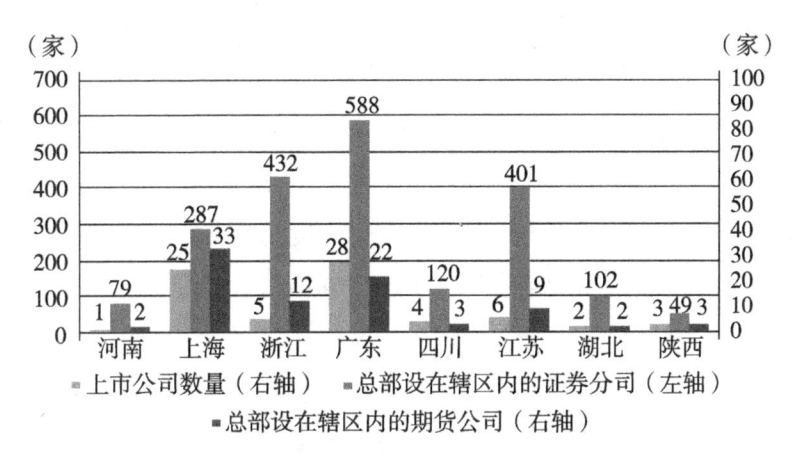

图 13 河南与相关省市证券业规模对比

河南省的保险业发展规模与其他省份相比也存在一定差距（见图14），截至2018年年底，总部设在河南省辖区内的保险公司仅有一家，与上海市的53家、广东省的34家有着天壤之别，属于发达省份的浙江省、江苏省也分别有8家、5家保险公司总部，与河南省同属中部省份的湖北省有3家总部设在辖区的保险公司。对比各地保险密度可以发现，河南省的保险密度也处于落后水平，为2356元/人，上海市的保险密度是河南省的2倍以上，广东省、江苏省的保险密度已突破4000元/人，四川省、湖北省和陕西省的保险密度也略领先于河南省。

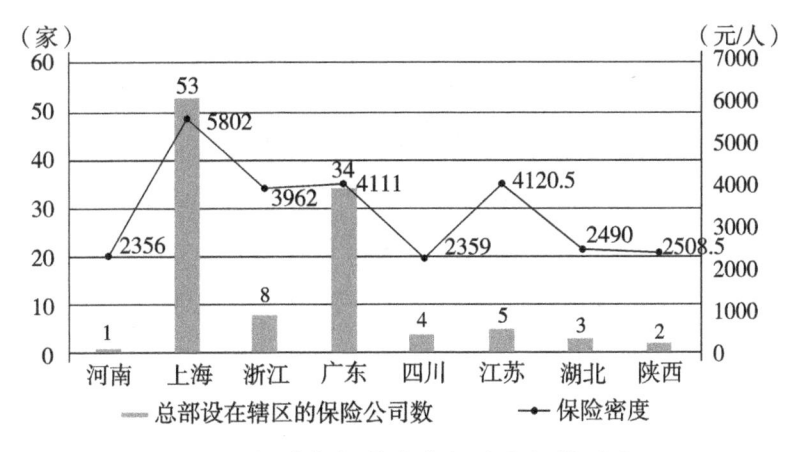

图 14 河南与相关省市保险业规模对比

2018年，广东省的保费收入为4664亿元，与广东省的经济实力相匹配，江苏省、山东省、浙江省、河南省、四川省、上海市、陕西省依次递减且与GDP总量排名完全一致，保险发展情况与经济发展情况密切相关。河南省保费收入2263亿元符合河南省的经济情况。但是，从保险赔付支出来看，河南省的保险赔付力度为0.29，远小于上海市的0.41，也低于同级别的四川省的0.32，保险资金的保障作用发挥得还不够充分。

（二）融资结构不优，直接融资严重不足

从前文给出的相关数据看，河南省的上市公司总数不足百家，股市融资规模全年不足百亿元，显然与将近五万亿元的贷款余额及当年数千亿元的新增贷款规模相比只是九牛一毛。与发达省份相比，河南省直接融资规模差距更为明显。在A股及H股等股权市场，江苏省以2713.7亿元的融资额遥遥领先，对江苏省实体企业的发展提供了大量的资金。广东省、山东省、浙江省、四川省、上海市紧随其后。河南省在2018年度通过资本市场获取直接融资仅有99亿元，只是江苏省（2713.7亿元）的1/27，甚至不足经济体量相当的四川省（314.1亿元）的1/3。

从企业债券融资情况来看，上海市以10044亿元的级别独占鳌头，充分体现了上海市多渠道融资能力之强。接着是江苏、四川、山东、广东等省份，河南省债券融资额只有1552亿元，不到上海市的1/6，与经济体量相当的四川省的6796.6亿元相比差距也比较大，不到四川省的1/4（见图15）。河南省社会融资除人民币贷款外，其他各项均占比较低，在图中比较的几个省份中，江苏省社会融资各渠道发展较为均衡，浙江省不仅人民币贷款总额显著高于其他省份，其企业债券、非金融企业境内股票融资和其他项目的融资能力也大幅高于河南省。

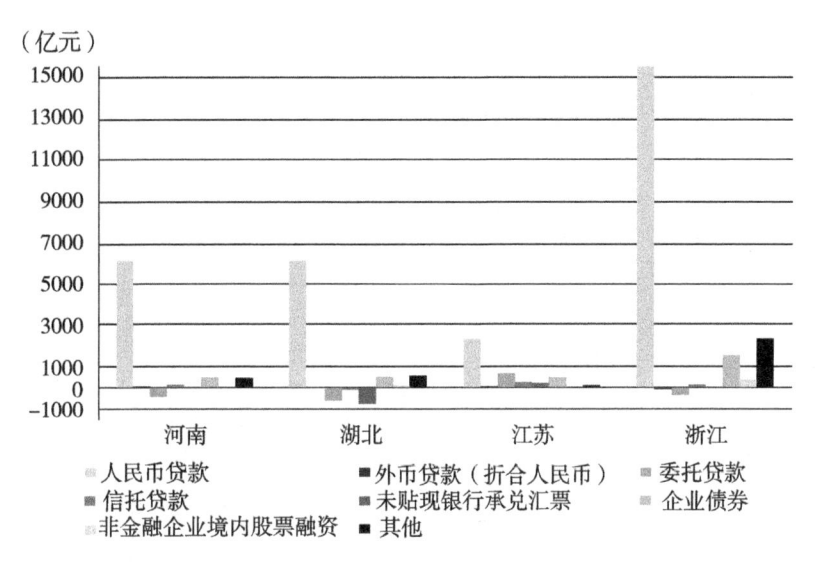

图15 河南省与相关省份社会融资规模分布结构对比

(三) 金融主体不强,"金融豫军"的实力尚且薄弱

被称为河南省城商行排头兵的中原银行的资产规模在2019年前三季度居全国城商行第12名,郑州银行处于第18名。但是,信贷资产质量不仅较大幅度低于全国城市商业银行的平均水平,更远高于其他上市的城市商业银行,郑州市银行开创了国内城商行"A+H"股的先河,2019年年底不良贷款率为2.37%,中原银行为2.23%,均高于全国城市商业银行不良贷款率1.86%,而宁波银行仅为0.78%,南京银行为0.85%,江苏银行为1.38%,上海银行为1.16%。目前对于城商行而言,一方面信用风险不断加速暴露;另一方面又存在不良贷款拨备覆盖率的法定监管要求。信贷资产质量不佳,不良率高企,意味着需要大量计提拨备,而一旦计提拨备,就意味着是对盈利的蚕食。如果不能尽快补充资本,无论是资产规模扩张还是不良贷款的处置都将受到资本金不足的制约(见图16)。

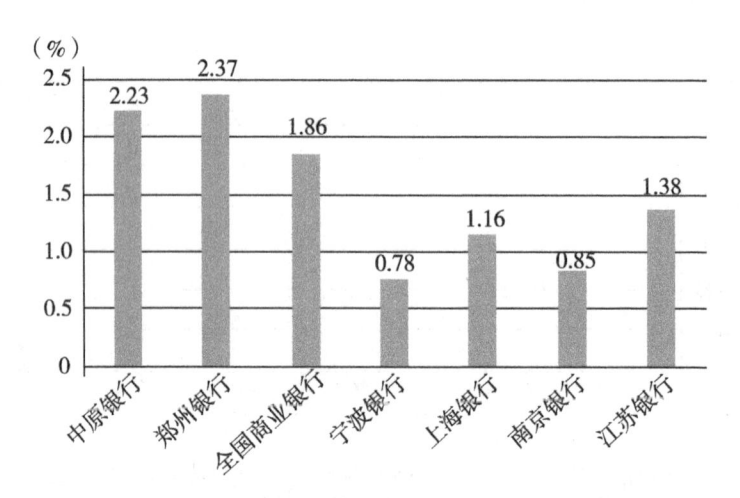

图16 河南代表性商业银行与国内同行2019年年底不良贷款率比较

中原银行 2.23；郑州银行 2.37；全国商业银行 1.86；宁波银行 0.78；上海银行 1.16；南京银行 0.85；江苏银行 1.38（单位：%）

（四）政府投融资体系不完善，政策支持有所欠缺

河南省在金融支持实体经济方面做出的努力还远远不够，金融行业五年规划等对全省金融行业发展有重大指导意义的文件尚属空白，对金融业的发展缺少前瞻性、系统性的全面部署。

2018年河南省对民营企业的贷款只有1030.6亿元，仅为广东省对民营企业贷款39000亿元的1/39，这与河南省的GDP为广东省GDP一半的差距相比，贷款对民营企业的支持力度与经济发展情况严重不协调。浙江省积极推进利率市场化，重点扶持小微企业，小微企业贷款利率为6.02%，低于一般贷款利率0.22个百分点。同时，出台《浙江民营企业债券融资支持工具三方协议》，使民营企业债券融资支持工具发行进展全国领先，民营企业发债利率比市场预期总体下降20个基点以上。江苏省推动"小微e贷"金融产品试点，小微e贷累放749笔，金额为14.47亿元，利率为5.46%，低于全部法人机构小微贷款利率0.88个百分点。截至2018年年底，四川省绿色金融信贷余额为5163.5亿元，较上年增长551.3亿元。河南省虽然在不断加大对小微企业和民营企业的扶持力度，但与浙江省、四川省相比仍有较大差距，缺乏针对性政策文件，小微企业融资难、融资贵的问题没有得到切实解决。

在融资租赁方面，上海市、天津市先后出台了一系列关于融资租赁行业标准化的财税优惠政策。比如，上海市自贸区对新设立的融资租赁公司按注册资本金最高一次性给予1500万元补贴；天津市滨海新区对新设立或迁入的融资租赁公司法人机构，给予最高2000万元的一次性资金补助及连续5年的营业税和所得税减免；哈尔滨市对向融资租赁公司租赁生产设备的中小企业，给予了连续3年最高不超过100万元的费用补贴。相比之下，河南省缺乏一些关于融资租赁行业的详细化、具体化、可立竿见影的财税优惠政策。这也是造成省内一些大型企业、上市公司等纷纷到上海市、天津市、深圳市寻求发展的原因。

（五）金融风险隐患集聚

中小法人金融机构资产质量堪忧。截至2019年11月底，在全省239家法人金融机构中，有80家机构的资本充足率不达标，占比33.47%。农信社不良贷款余额、新增额分别占全省金融机构的42%和89%，在230家参评法人金融机构中，不良贷款率大于或等于5%的机构有60家，占比26.1%。其中，处于10%～30%的有16家，处于30%～50%的有9家，超过50%的有6家。担保、小贷公司不良率分别为5.83%和24.98%。民营企业信用违约增加，同时监管新规要求逾期90天以上贷款纳入不良贷款，导致银行业金融机构不良贷款率上升。部分融资担保机构经营甚至处于停滞状态，个性风险问题较为突出。居高不下的代偿率同时引起放大倍数受限与新增担保额锐减等连锁反应。受经济下行、企业还贷困难等多种因素的叠加影响，部分小额贷款公司因逾期贷款过多已失去持续经营能力。

部分市县政府的财政和金融风险较大。周口和汝州等部分省辖市、县（区）政府隐性的债务过高，债务率超300%，达到了红色预警线。鹤壁、许昌、周口、安阳、南阳、信阳、驻马店等市的银行贷款不良率超过5%，远高于全省3.34%的平均水平。其中，许昌市达到11.06%，鹤壁市高达22.75%。

国有工业企业及政府投融资公司杠杆率高。省管工业企业平均资产负债率达80.9%，高于全国平均水平14.9个百分点。其中，郑煤集团、平煤神马集团分别高达85.1%、84.1%。市县级投融资公司普遍存在资产质量不优、市场化转型缓慢、短贷长用等问题，偿债风险日益凸显。2019年12月18日，漯河召陵区城投公司的3亿元定向融资产品已出现实质性违约。

农业、制造业领域债务违约风险突出。2019年，全省农业、畜牧业、农副食品加工业的新增不良贷款合计占全省的45%。农、林、牧、渔业不良贷款率为10.57%，高于3.3%的全国平均水平。雏鹰农牧、众品食品等农业龙头企业公开市场债务违约总额高达60.94亿元。制造业不良贷款率达9.45%，接近全国水平4.74%的2倍。

上述重点领域存在的金融风险，从表面看是企业负债过高、资金风险问题，深层次的原因是在当前经济下行背景下，河南省产业结构不优、企业实力不强、金融供给不足的矛盾更加凸显。一是经济进入下行周期，企业普遍面临资金链的紧张压力。企业之间的账期不断拉长，"三角债"问题逐步显现。二是河南省的产业结构不合理，低端产业与过剩产能较多，企业规模总体偏小，处于产业链的末端。三是部分政府投融资公司未实现市场化转型，普遍存在行政化色彩浓厚、专业人才缺乏、业务收入严重依赖政府等问题。产业类企业吸引不到优秀人才，创新能力不足。四是金融供给不足，融资模式单一。河南省70%的融资依靠银行信贷，债券、融资租赁、私募基金、商业保理等直接融资工具的运用不足。全省融资租赁公司有26家，仅占全国的0.22%。私募基金管理机构有133家，私募基金有290只，资本规模仅有615亿元，分别占全国的0.54%、0.35%和0.44%。全省尚无一家征信公司。

（六）河南金融发展滞后的原因

自20世纪90年代中期以来，河南省的经济之所以能够持续保持比较活跃的状态，且总量稳定在全国第5的位置，一是得益于资源优势；二是由于交通区位优势，既可以受到东部沿海发达地区的辐射和浸润，又便于利用中西部的资源和市场;三是坚持走农区工业化、城镇化的路子,一以贯之地实施了正确的区域发展战略;四是得益于巨大的人口基数和广阔的市场。然而,金融规模却持续跟不上实体经济发展的规模和节奏,无论是存贷款余额、法人金融机构数等总量指标,还是直接融资比例、资产证券化程度、金融资产质量等结构性指标,都与发达省市存在着较大的差距。究其原因,既有实体经济的结构和质量等问题,也有认识不到位、行动力度不够等主观及体制机制方面的问题,还有人才匮乏等金融领域自身的问题。

1. 实体经济质量不高、结构不优,影响金融活动的规模和质量

实体经济质量不高、结构不优,影响金融活动的规模和质量,主要表现:①资源型产业占比一直比较大,接近40%,且有不少重量级国有骨干企业。该领域沉淀了大量金融资源,随着结构转型去产能的压力增大,随之对金融资产质量的冲击也比较大。②近年来发展势头比较好的传统制造业和新增制造业,如农副产品加工、汽车、电子等产业,也大多处在产业链和价值链末端,业绩起伏比较大,稳定性差,给金融资产也带来了影响。③创新能力弱,经济由高速增长转向高质量发展阶段,新产品、新业态等新经济未形成爆发式发展态势,结构调整滞后,极具活力的市场主体数量少,层次不高,对金融资源需求的强度弱,支撑力度不够。上述诸多因素都导致存贷款规模增长受到约束,股权融资需求不旺,上市公司后备资源不够,直接融资规模增长不快,银行资产质量下降等负面效果。

2. 观念滞后,对金融的重要性认识不到位,制度环境不优

这表现在多个方面:①早期对企业股份化改造和现代公司治理体系建设的重要性认识不到位,导致一大批本来基础很好的国有企业因没有进入资本市场而失去了发展壮大的机会,也拉低了河南省上市公司的基数。与此同时,国有上市公司因机制转换未跟上而丧失了活力和持续再融资功能。②对近年来蓬勃发展的股权投资和基金反应迟钝,不是积极引导,而是采取一刀切堵的方式,使河南省的股权融资和基金业发展大大滞后于发达省份。③对小贷公司等民间金融发展也是限制有余而鼓励不足。④对稀缺金融资源的扶持力度不够。

3. 营商环境不优，金融人才缺乏

金融处在整个经济枢纽的位置，金融活动是高素质、高智商人才高密度聚集的领域，一个地方金融业的发展需要具备吸引人才和留住人才的良好环境。不仅要保证高级金融管理人才有较高的收入，较大的发展空间，而且要在住房、子女入学入托、就医等方面提供便利的条件和优质的服务，还要在个人所得税等方面能够具有国际化的竞争力。在所有这些方面，河南都有较大的提升空间。

五、金融支持实体经济发展有关政策梳理

（一）有关金融支持实体经济发展政策综述

1. 《中华人民共和国国民经济和社会发展第十三个五年规划纲要》中关于金融支持实体经济的内容

（1）丰富金融机构体系，构建多层次、广覆盖、有差异的银行机构体系，扩大民间资本进入银行业，发展普惠金融和多业态中小微金融组织。要强化金融支持，大力发展风险投资。规范发展互联网金融。稳妥推进金融机构开展综合经营。推动民间融资阳光化，规范小额贷款、融资担保机构等发展。提高金融机构管理水平和服务质量。

（2）要健全金融市场体系，提高直接融资比重，降低杠杆率。创造条件实施股票发行注册制，发展多层次股权融资市场，深化创业板、新三板改革，规范发展区域性股权市场，建立健全转板机制和退出机制。完善债券发行注册制和债券市场基础设施，加快债券市场互联互通。开发符合创新需求的金融服务，稳妥推进债券产品创新，推进高收益债券及股债相结合的融资方式，大力发展融资租赁服务。积极稳妥推进期货等衍生品市场创新。加快发展保险再保险市场，探索建立保险资产交易机制。建立安全高效的金融基础设施，实施国家金库工程。

（3）创新农村金融服务，发挥各类金融机构支农作用，发展农村普惠金融。针对脱贫攻坚，加大中央和省级财政扶贫投入，发挥政策性金融、开发性金融、商业性金融和合作性金融的互补作用，整合各类扶

贫资源，拓宽资金来源渠道。创新参与模式，鼓励设立产业投资基金和公益信托基金。完善开发性金融、政策性金融支持农业发展和农村基础设施建设的制度。推进农村信用社改革，增强省级联社服务功能。积极发展村镇银行等多形式农村金融机构。稳妥开展农民合作社内部资金互助试点。建立健全农业政策性信贷担保体系。完善农业保险制度，稳步扩大"保险＋期货"试点，扩大保险覆盖面，提高保障水平，完善农业保险大灾风险分散机制。

（4）完善新兴产业发展环境，鼓励民生和基础设施重大工程采用创新产品和服务。设立国家战略性产业发展基金，充分发挥新兴产业创业投资引导基金作用，重点支持新兴产业领域初创期创新型企业。

（5）建立绿色金融体系，发展绿色信贷、绿色债券，设立绿色发展基金。

（6）扩大开放领域，放宽准入限制，积极有效引进境外资金和先进技术，提升利用外资综合质量。发展出口信用保险。放开育幼、建筑设计、会计审计等服务领域外资准入限制，扩大银行、保险、证券、养老等市场准入。鼓励外资更多投向先进制造、高新技术、节能环保、现代服务业等领域和中西部及东北地区，支持设立研发中心。鼓励金融机构和企业在境外融资。支持企业扩大对外投资，深度融入全球产业链、价值链、物流链。建设一批大宗商品境外生产基地及合作园区。积极搭建对外投资金融和信息服务平台。

2. 近五年政府工作报告关于对金融支持实体经济的主要内容

（1）重视提高金融服务实体经济的效率，深化金融体制改革，促进金融机构突出主业、下沉重心，支持金融机构扩展普惠金融业务，发展民营银行和社区银行。

（2）更加注重对民营及中小微企业的支持力度，对金融机构实行差别化考核评价办法和支持政策。

（3）继续提升多层次资本市场健康发展，完善主板市场基础性制度，积极发展创业板、新三板，规范发展区域性股权市场，推动债券、期货市场发展。

（4）大力发展普惠金融和绿色金融，推动融资租赁业健康发展。

（5）增强保险业风险保障功能（见表6）。

表6 2016—2020年政府工作报告金融支持实体经济要点梳理

年份	金融支持实体经济核心内容
2016	要统筹运用公开市场操作、利率、准备金率、再贷款等各类货币政策工具，保持流动性合理充裕，疏通传导机制，降低融资成本，加强对实体经济特别是小微企业、"三农"等支持。 深化金融体制改革，加快改革完善现代金融监管体制，提高金融服务实体经济效率，实现金融风险监管全覆盖。深化利率市场化改革。 深化国有商业银行和开发性、政策性金融机构改革，发展民营银行，启动投贷联动试点。推进股票、债券市场改革和法治化建设，促进多层次资本市场健康发展，提高直接融资比重。适时启动"深港通"。建立巨灾保险制度。规范发展互联网金融。大力发展普惠金融和绿色金融
2017	抓好金融体制改革。促进金融机构突出主业、下沉重心，增强服务实体经济能力，坚决防止脱实向虚。鼓励大中型商业银行设立普惠金融事业部，国有大型银行要率先做到，实行差别化考核评价办法和支持政策，有效缓解中小微企业融资难、融资贵问题。发挥好政策性开发性金融作用。推进农村信用社改革，强化服务"三农"功能。深化多层次资本市场改革，完善主板市场基础性制度，积极发展创业板、新三板，规范发展区域性股权市场。拓宽保险资金支持实体经济渠道。大力发展绿色金融。推动融资租赁业健康发展
2018	管好货币供给总闸门，保持广义货币M2、信贷和社会融资规模合理增长，维护流动性合理稳定，提高直接融资特别是股权融资比重。疏通货币政策传导渠道，用好差别化准备金、差异化信贷等政策，引导资金更多投向小微企业、"三农"和贫困地区，更好服务实体经济。 加快金融体制改革。改革完善金融服务体系，支持金融机构扩展普惠金融业务，规范发展地方性中小金融机构，着力解决小微企业融资难、融资贵问题。深化多层次资本市场改革，推动债券、期货市场发展。拓展保险市场的风险保障功能。深化利率汇率市场化改革，保持人民币汇率在合理均衡水平上的基本稳定。 加快市场化法治化债转股和企业兼并重组
2019	既要把好货币供给总闸门，不搞"大水漫灌"，又要灵活运用多种货币政策工具，疏通货币政策传导渠道，保持流动性合理充裕，有效缓解实体经济特别是民营和小微企业融资难、融资贵问题，防范化解金融风险。深化利率市场化改革，降低实际利率水平

续表

年份	金融支持实体经济核心内容
2019	着力缓解企业融资难、融资贵问题。改革完善货币信贷投放机制，适时运用存款准备金率、利率等数量和价格手段，引导金融机构扩大信贷投放、降低贷款成本，精准有效支持实体经济，不能让资金空转或脱实向虚。加大对中小银行定向降准力度，释放的资金全部用于民营和小微企业贷款。支持大型商业银行多渠道补充资本，增强信贷投放能力，鼓励增加制造业中长期贷款和信用贷款。今年国有大型商业银行小微企业贷款要增长30%以上。清理规范银行及中介服务收费。完善金融机构内部考核机制，激励加强普惠金融服务，切实使中小微企业融资紧张状况有明显改善，综合融资成本必须有明显降低。 以服务实体经济为导向，改革优化金融体系结构，发展民营银行和社区银行。改革完善资本市场基础制度，促进多层次资本市场健康稳定发展，提高直接融资特别是股权融资比重。增强保险业风险保障功能

资料来源：中国政府网。

3. 中央经济工作会议关于金融支持实体经济的内容

中央经济工作会议对下一年的整个经济发展进行了深入分析和把握，深入研究会议内容对于地方及时抓住发展经济机遇尤为重要。2019年的中央经济工作会议重点强调了如下内容（见表7）。

表7 2016—2019年中央经济工作会议金融支持实体经济要点

年份	金融支持实体经济要点
2016	要支持企业市场化、法治化债转股，加大股权融资力度，加强企业自身债务杠杆约束等，降低企业杠杆率。 要规范政府举债行为。 降低各类中介评估费用。 要建设法治化的市场营商环境，加强引进外资工作，更好发挥外资企业对促进实体经济发展的重要作用。 加快推动国有资本投资、运营公司改革试点。 要深入研究并积极稳妥推进金融监管体制改革，深化多层次资本市场体系改革，完善国有商业银行治理结构，有序推动民营银行发展。 要有重点地推动对外开放，推进"一带一路"建设，发挥好政策性、开发性、商业性金融作用

续表

年份	金融支持实体经济要点
2017	保持货币信贷和社会融资规模合理增长，保持人民币汇率在合理均衡水平上的基本稳定，促进多层次资本市场健康发展，更好为实体经济服务，守住不发生系统性金融风险的底线。促进有效投资特别是民间投资合理增长。 打好防范化解重大风险攻坚战，重点是防控金融风险，要服务于供给侧结构性改革这条主线，促进形成金融和实体经济、金融和房地产、金融体系内部的良性循环。 抓紧完善外资相关法律。继续推进自由贸易试验区改革试点。有效引导支持对外投资。 发挥投资对优化供给结构的关键性作用
2018	稳金融。 稳健的货币政策要松紧适度，保持流动性合理充裕，改善货币政策传导机制，提高直接融资比重，解决好民营企业和小微企业融资难、融资贵问题。 提高金融体系服务实体经济能力，形成国内市场和生产主体、经济增长和就业扩大、金融和实体经济良性循环。 打好防范化解重大风险攻坚战，要坚持结构性去杠杆的基本思路，防范金融市场异常波动和共振，稳妥处理地方政府债务风险，做到坚定、可控、有序、适度。 要以金融体系结构调整优化为重点深化金融体制改革，发展民营银行和社区银行，推动城商行、农商行、农信社业务逐步回归本源。要完善金融基础设施，强化监管和服务能力。资本市场在金融运行中具有牵一发而动全身的作用，要通过深化改革，打造一个规范、透明、开放、有活力、有韧性的资本市场，提高上市公司质量，完善交易制度，引导更多中长期资金进入，推动在上交所设立科创板并试点注册制尽快落地。 规范政府举债融资机制。 积极参与世贸组织改革，促进贸易和投资自由化便利化。 要推进更高水平对外开放，着力稳外贸、稳外资
2019	我国金融体系总体健康，具备化解各类风险的能力。要保持宏观杠杆率基本稳定，压实各方责任。 稳健的货币政策要灵活适度，保持流动性合理充裕，货币信贷、社会融资规模增长同经济发展相适应，降低社会融资成本。要深化金融供给侧结构性改革，疏通货币政策传导机制，增加制造业中长期融资，更好缓解民营和中小微企业融资难、融资贵问题。财政政策、货币政策要同消费、投资、就业、产业、区域等政策形成合力，引导资金投向供需共同受益、具有乘数效应的先进制造、民生建设、基础设施短板等领域，促进产业和消费"双升级"

年份	金融支持实体经济要点
2019	要加快金融体制改革，完善资本市场基础制度，提高上市公司质量，健全退出机制，稳步推进创业板和新三板改革，引导大银行服务重心下沉，推动中小银行聚焦主责主业，深化农村信用社改革，引导保险公司回归保障功能。对外开放要继续往更大范围、更宽领域、更深层次的方向走，加强外商投资促进和保护，继续缩减外商投资负面清单

资料来源：中国政府网。

4. 国务院金融稳定发展委员会关于金融支持实体经济的内容

近3年来，国务院金融稳定发展委员会先后召开了十几次例行会议及专题会议，对短期金融市场的发展进行了分析和把控，使金融市场更加稳定，金融风险更低，有力促进了实体经济健康、稳定发展。国务院促进中小企业发展工作领导小组先后召开了四次会议，针对中小企业融资难问题进行了研究（见表8和表9）。

表8　国务院金融稳定发展委员会会议金融支持实体经济要点

会议	金融支持实体经济核心要点
第一次	研究了推进金融改革开放、保持货币政策稳健中性、维护金融市场流动性合理充裕、把握好监管工作节奏和力度、发挥好市场机制在资源配置中的决定性作用等重点工作
第二次	重点研究进一步疏通货币政策传导机制、增强服务实体经济能力的问题。 面对实体经济融资难、融资贵的问题，必须更加重视打通货币政策传导机制，提高服务实体经济的能力和水平。重点把握好以下几个方面：①处理好稳增长与防风险的关系。在坚持推进供给侧结构性改革的前提下，注意支持形成最终需求，为实体经济创造新的动力和方向。②处理好宏观总量与微观信贷的关系。在把握好货币总闸门的前提下，要在信贷考核和内部激励上下更大功夫，增强金融机构服务实体经济特别是小微企业的内生动力。③发挥好财政政策的积极作用，用好国债、减税等政策工具，用好担保机制。④深化金融改革，完善大中小金融机构健康发展的格局。⑤健全正向激励机制，充分调动金融领域中人的积极性，有成绩的要表扬，知错就改的要鼓励。⑥持续开展打击非法金融活动和非法金融机构专项行动，依法保护投资者权益，维护金融和社会稳定

续表

会议	金融支持实体经济核心要点
第三次	加大政策支持和部门协调,特别要加强金融部门与财政、发展改革部门的协调配合,加大政策精准支持力度,更好促进实体经济发展。 更加注重加强产权和知识产权保护,创造公平竞争的市场环境,激发各类市场主体特别是民营经济和企业家的活力。 更加注重激励机制的有效性,强化正向激励机制,营造鼓励担当、宽容失败、积极进取的氛围,充分调动各方面积极性,共同做好各项工作
防范化解金融风险专题会议	要深入摸清网贷平台和风险分布状况,区分不同情况,分类施策、务求实效。要抓紧研究制定必要的标准,加快互联网金融长效监管机制建设。防范化解上市公司股票质押风险要充分发挥市场机制的作用,地方政府和监管部门要创造好的市场环境,鼓励和帮助市场主体主动化解风险
防范化解金融风险专题会议	聚焦解决中小微企业和民营企业融资难题,实施好民企债券融资支持计划,研究支持民企股权融资,鼓励符合条件的私募基金管理人发起设立民企发展支持基金;完善商业银行考核体系,提高民营企业授信业务的考核权重;健全尽职免责和容错纠错机制,对已尽职但出现风险的项目,可免除责任;对暂时遇到经营困难,但产品有市场、项目有发展前景、技术有市场竞争力的企业,不盲目停贷、压贷、抽贷、断贷;有效治理附加不合理贷款条件、人为拉长融资链条等问题
第六次	深化金融供给侧结构性改革,加快完善金融体系内在功能,形成实体经济供给体系、需求体系与金融体系之间的三角良性循环。要把加强党的领导和培养专业主义精神结合起来,进一步提升服务实体经济的能力
第七次	金融部门继续做好支持地方政府专项债发行相关工作。充分挖掘投资需求潜力,探索建立投资项目激励机制,支持愿意干事创业、敢于担当、有较好发展潜力的地区和领域加快发展。高度重视基础设施、高新技术、传统产业改造、社会服务等领域和新增长极地区的发展。鼓励银行利用更多创新型工具多渠道补充资本,真正落细落实尽职免责条款,有效调动金融机构业务人员积极性,大力支持小微企业,全面加大对实体经济的支持力度。要进一步深化资本市场改革,坚持市场化、法治化、国际化方向,坚持稳中求进,以科创板改革为突破口,加强资本市场顶层设计,完善基础制度,提高上市公司质量,扎实培育各类机构投资者,为更多长期资金持续入市创造良好条件,构建良好市场生态,增强资本市场的活力、韧性和服务能力,使其真正成为促进经济高质量发展的"助推器"

续表

会议	金融支持实体经济核心要点
全国金融形势通报和工作经验交流电视电话会议	加大对实体经济特别是中小企业、民营企业信贷投放力度，对产品有市场、有效益、管理好但资金紧张的企业积极予以信贷支持。 强化激励约束机制，鼓励担当、创新和风控，对真正支持实体经济的要加大奖励力度。 加强金融与财政政策配合，支持愿意干事创业、有较好发展潜力的地区和领域加快发展；支持银行更多利用创新资本工具补充资本金，引导金融机构增加对制造业、民营企业中长期融资。 深化金融改革开放，为实体经济发展提供动力支持，落实好各项开放举措，以开放促进改革创新、促进高质量发展
第八次	要进一步深化政策性金融机构改革，完善治理体系和激励机制，遵循金融机构经营规律，发挥好政策性金融机构在经济转型升级和高质量发展中的逆周期调节作用。要加快构建商业银行资本补充长效机制，丰富银行补充资本的资金来源渠道，进一步疏通金融体系流动性向实体经济的传导渠道。重点支持中小银行补充资本，将资本补充与改进公司治理、完善内部管理结合起来，有效引导中小银行下沉重心、服务当地，支持民营和中小微企业。要进一步扩大金融业高水平双向开放，鼓励境外金融机构和资金进入境内金融市场，提升我国金融体系的活力和竞争力
第九次	要深化中小银行改革，健全适应中小银行特点的公司治理结构和风险内控体系，从根源上解决中小银行发展的体制机制问题。当前要重点支持中小银行多渠道补充资本，优化资本结构，增强服务实体经济和抵御风险的能力。要注意推广一些中小银行经营管理中的好经验好做法，改进中小银行的商业模式。 完善金融支持科技创新的政策措施，优化科技创新融资方式，改善配套政策环境。要坚持市场化、法治化原则，发挥好各类产业投资基金、创业投资基金的带动作用，更好满足科创企业的融资需求
第十次	多渠道增强商业银行特别是中小银行资本实力。 服务实体经济和防范金融风险，根本上要靠深化金融改革开放，通过改革提供机制保障，提供动力支持。 进一步深化资本市场和中小银行改革，引导私募基金行业规范健康发展，完善激励约束机制，通过释放活力、促进竞争、增强内生动力，提升金融体系的适应性、竞争力和普惠性，促进金融和经济良性循环

续表

会议	金融支持实体经济核心要点
第十四次	实行差异化监管安排,完善考核评价机制,对金融机构履行好中小企业金融服务主体责任形成有效激励。要深化金融供给侧结构性改革,健全具有高度适应性、竞争力、普惠性的现代金融体系。要多渠道补充中小银行资本金,促进提高对中小企业信贷投放能力。要继续完善政府性融资担保体系,加快涉企信用信息平台建设,拓宽优质中小企业直接融资渠道,切实缓解中小企业融资面临的实际问题

资料来源:中国政府网。

表9 国务院促进中小企业发展工作领导小组会议

会议	金融支持实体经济核心要点
第一次	加快体制创新和技术创新,健全激励机制,强化货币信贷政策传导,缓解融资难、融资贵问题。要完善资本市场,拓宽中小企业直接融资渠道,更好满足融资需求
第二次	贯彻第一次会议内容。高度重视中小微企业当前面临的突出困难,采取精准有效措施大力支持中小微企业发展
第三次	未涉及金融方面
第四次	要创新中小企业金融服务考核激励机制,完善中小企业融资担保体系,加快推进中小企业信用信息平台建设,鼓励科技型中小企业上市融资,切实解决融资难、融资贵问题

资料来源:中国政府网。

(二)金融支持实体经济发展:浙江案例

在金融支持实体经济发展方面,浙江成效显著,走在全国前列。

1. "个转企、小升规、规改股、股上市"的经验

浙江省自2013年全面启动了以"个转企、小升规、规改股、股上市"为重点的企业升级工程,效果凸显。

(1)"转"与"汰"相结合,推进"个转企"。首先,在"转"字上下功夫。重点推动资产、收入规模符合条件和部分通过努力即可满足企业条件的市场主体。以乡镇、县为单位,对现有市场主体进行摸底统计，排出重点转企主体名单，集中动员、上门政策宣讲相结合，同时通过制订"个转企"行业标准，强化扶持政策和指标考核，加大工作推动力度。其次，加大淘汰工作力度。以治理环境污染、治理乱占乱建、淘汰落后产能等手段，倒逼"低小散"企业加快转型或关闭淘汰。再次，深化转后服务。各级政府积极构建"三项机制、一个平台"，即转型企业跟踪联络机制、企业成长辅导机制、"个转企"督查督导机制、专业化服务平台的长效服务机制，为"个转企"畅通通道、优化环境、深化转后服务。

（2）围绕精准服务和扶持，加快推动"小升规"。首先，制订并下发《关于促进小微企业转型升级为规模以上企业的意见》，明确目标任务、政策措施和考核办法，把"小升规"责任落到乡镇、街道及园区等。其次，加强培育监测库建设，筛选并确定6000余家"小升规"重点培育企业，建立"小升规"培育库，引导和推进重点培育企业进入全省小微企业监测平台。再次，开展"创业之星"和"成长之星"评价，推动成长性好、创新力强、市场前景大的中小企业加快发展。最后，制订"小升规"工作培训总体方案，举办"小升规"业务专题培训活动，并对乡镇（街道、园区）"小升规"干部进行了针对性培训，实现全省基层"小升规"干部轮训一遍的目标。

（3）深化企业股改，稳步推动"规改股"。股改工作突出引入战略投资、优化股权和债权结构、强化法人治理和建立现代企业制度。首先，推动温州先行先试，2013年，温州市开展以规范提升为目的的股改工作，全年新增股份公司超过100家，占到温州市全部股份公司的75%。其次，依托浙江股交中心平台，围绕打造中小微企业规范提升平台等目标，将挂牌范围从股份制企业扩展到非股份制企业，推动挂牌企业股改、规范提升。再次，加大政策支持力度，连续两年出台《推动企业股改及对接资本市场工作要点》，不少市、县（区）在原有上市鼓励政策的基础上，对既有政策进行完善、细化，扩大鼓励范围，加大支持力度。

(4) 优化上市服务，大力推动"股上市"。根据浙江省在会企业多的状况，加强同意函、产权确认等主动服务，帮助协调解决上市进程中碰到的困难。在 2014 年召开全省股改及对接资本市场专题会议的带动下，各地召开各种形式的推进会和培训会，为企业提供零距离服务。出台《浙江省推进企业上市和并购重组"凤凰行动"计划》。首先，实施企业股改培育工程。建立股改清单，形成后备资源库；开辟绿色通道，多举措降低企业改制成本；积极引导股权投资机构参与股改。其次，实施上市公司倍增计划。拓宽上市渠道，明确企业属性、科学选择上市方式；加大上市激励力度，精准奖励；重点推动万亿产业企业上市，优化上市企业结构。再次，实施并购重组行动。重点推动海外并购，坚持引进高科技技术和高质量团队为目标；国内并购以传统制造业转型升级和服务业支持企业并购的目标。最后，深化服务平台建设，优化省内股权交易中心形成多元化、一条龙服务体系；专门成立并购服务平台，高标准建设多功能并购金融集聚区；建设一支强有力的中介服务团队。

2. 基金小镇建设经验

资料显示，截至 2018 年 7 月，在全国已公开的 61 个基金小镇建设项目中，浙江省占比 28%，居各省市之首。

政府主导型基金小镇以各地方政府作为发起人和主要运营主体，决定了其成立的初衷并不是以盈利为目的，而是以促进当地产业转型升级发展、反哺实体经济，以及推进多层次资本市场的构建完善为宗旨。在该种模式下，政府需要投入大量的资源来负责前期基础设施建设及后期运营管理等，包括成立专门的金融领导工作小组、基金小镇管理委员会、小镇开发建设公司等，统筹基金小镇从规划、招商引资到后期运营管理等各项工作，后期依靠收取租金的形式运营，但并非主要目的。以杭州玉皇山南基金小镇为例，其主要经验如下。

(1) 专门成立区私募（对冲）基金小镇领导小组，对基金小镇的政策优惠等进行研究、创新，在现有政策资源的基础上，制订并实施较为科学的扶持机制，实现省、市、区三个层次扶持政策的叠加。

（2）成立杭州市玉皇山南基金小镇管理委员会，为入驻机构提供硬件环境、服务配套，如引进专业金融数据资讯提供商 Wind 和全球最大的财经资讯服务提供商 Bloomberg 等。

（3）管委会下设两家国有独资公司，分别负责基金小镇规划、投资建设和运营管理，统筹小镇建设日常招商引资等工作。

（4）设立创投社区服务中心、基金管理人之家等交流对接平台，提供资本对接、项目路演、联合调研、人才培训等多类型活动形式，在募、投、管、退产业链全方位构建平台服务，协助对接银行资金池，打造私募基金产业链和生态系统。

（5）从政策保障方面，政府为入驻机构提供一系列税收减免优惠、人才支持、办公场地补贴等扶持政策。

（6）从制度供给方面，政府制定和完善各项规章制度，确保各项工作有章可循、有据可依。

（7）政府作为牵头方，能够调动多方面资源，并为基金小镇建设提供政府信用背书，加速小镇建设启动。

3. 蚂蚁金服支持实体经济经验

蚂蚁金服作为以小微和民营企业为服务对象的普惠金融机构，其经验也很有价值。

（1）推出"多收多赚"计划，其中包括多收多免、多收多赊、多收多得、多收多贷、多收多保等多维服务。延长商家提现免服务费期限至 2021 年 3 月 31 日。同时，蚂蚁金服将投入专项资金支持小商家推广和应用移动支付。

（2）尝试运用大数据为小微企业授信，6 年来累计为 600 多万家小微企业在线发放贷款 1 万多亿元（其中为 170 多万家农村小微企业发放贷款 2000 多亿元）。

（3）降低经济交易成本，支持实体经济发展，支付宝收取的消费手续费在 0.6% 以下，而美国最大的移动支付公司 Paypal 则要收取 3% 以上。

(4) 310模式服务农村经济发展，基于对客户非常精准的画像认知及近十年来蚂蚁金服发展到今天上千种人工智能授信的模型，实现3分钟申请，1秒钟放款，0人工干预，累计放款的金额达到7500亿元左右，户均贷款金额为3000元左右。

4. 浙商银行积极探索应用区块链技术支持实体经济经验

(1) 依托区块链技术，建立应收款链平台，依托供应链商圈平台，采取"付款人签发、承兑"的模式实现应收款的签发与保兑，解决应收账款占用企业流动资金的问题，拓展了供应链"微笑曲线"。具体流程如下：浙商银行运用应收款链平台为A企业搭建供应链商圈。在平台商圈上，A企业采用"付款人签发、承兑"的模式向B企业等其他供应商签发应收款，并利用自己"闲置"的授信额度，向银行申请保兑。和不易盘活周转的商票不同，供应商们在这一平台上收到区块链应收款后，可以在浙商银行直接变现或提用短期贷款，且这一切都可以在线完成。截至2019年9月底，已有近60家来自上海市、江苏省、浙江省的上下游企业加入A企业的商圈，累计签发金额4.5亿元，提用小企业短期贷款余额约2.3亿元；A企业在携手浙商银行帮助一批中小供应商获取较低成本融资、共享金融科技红利的同时，也进一步梳理和巩固了自己的供应链关系，拓展了自己的供应链"微笑曲线"。

(2) 依托区块链技术，推行"区块链+ABN"，探索区块链应收款进行资产证券化模式，帮助企业的区块链应收账款链接债市蓝海，获取低成本融资。具体操作如下：作为银行间市场首单应用区块链技术、直接以企业应收账款为基础资产的证券化产品，"浙商链融"的基础资产，即为应收款链平台上企业签发及承兑的应收账款。企业将其持有的应收账款通过浙商银行委托给受托人设立资产支持票据信托，后者以此作为载体发行资产支持票据。其中，区块链技术增强了底层资产的透明度、公开性，简化了操作手续，减少了中间环节，大幅降低了发行成本，获得了市场和监管部门的认可。

上述浙江省金融建设和服务实体经济发展的创新性做法，很值得河南省研究借鉴。

六、"十四五"期间经济高质量发展对金融提出的新要求

(一)"十四五"期间河南金融发展面临的机遇

1. 经济体量持续增大的机遇

河南省作为全国第五大省域经济体,过去五年乃至更长的时期内,一直保持着高于全国平均一个百分点以上的经济增速。按照年均增速7%以上的速度测算,每年GDP的增量应该在3500亿~4000亿元,到"十四五"末,河南省的经济总量有望接近7万亿元,甚至突破7万亿元大关。而且在整个经济发展阶段进入消费主导阶段的背景下,河南省将近1.1亿人所支撑的巨大消费市场和逐步释放的消费潜力,也会对河南经济成长的支撑能力越来越强。金融是经济活动的镜像,也是河南金融"十四五"发展的基础,将为金融的发展提供巨大的空间。

2. 以郑州为中心重要经济增长极形成和发展的机遇

近几年,国家相继将城市群纳入国家重大战略,尤其是黄河流域生态保护和高质量发展上升为国家重大战略,这对郑州大都市区及河南省来说都是重大机遇。随着公路、铁路、航空乃至通信网络等综合枢纽功能的日益强大,郑州对要素的吸引力和聚集能力也会越来越大,各种重大项目、高端制造业和各类创新要素的聚集,使城市本身及周边区域的发展质量得到不断提升,成为引领全省乃至更大区域范围内发展的增长极和发动机,也为金融规模的壮大提供空间。

3. 结构调整和创新发展的机遇

结构调整本质上是传统产业、产品和业态不断被新的产品、产业和业态替代的过程,也是创新驱动的过程。创新引领的深度结构调整是"十四五"时期驱动经济高质量发展的主旋律,要把创新作为最强发展动能,把创新作为提升区域竞争力的关键,把营造创新氛围作为最重要的发展环境,以新技术、新产业、新业态、新模式不断催生新的增长点。与此同时,金融活动自身也会不断调整和更新,以适应创新和实体

经济发展的新需求，引导创新型资源配置力度的风险投资在金融活动中的地位将会越来越重要，服务于中小微创新主体的民间金融会有更大的发展空间。随着区块链技术在金融领域的运用及数字货币的诞生，金融业态可能会发生巨大的变化。

4. 全方位深度开放的机遇

40年来，正是由于中国持续不断深入的开放，不仅获得了海外资本、国际化的高技术人才，以及广阔的国际市场，而且使中国参与国际分工，成为全球产业体系中不可分割的组成部分。随着深度开放和市场化改革的深化，也为金融领域和金融活动的市场化改革带来机遇。加快金融体系完善，提升对成熟市场的适应能力，更有效地服务实体经济。因此，金融业的深度开放，应该是"十四五"金融规划所关注的重要背景。

5. 城镇化和城乡一体化机遇

河南城镇化率已突破50%，未来5~10年，预计城镇化率还会以每年一个百分点的速度继续推进。要素驱动发展模式面临的外部环境、内部条件均发生了较大变化，预计在"十四五"期间以要素市场化为抓手的改革会加速推进，长期困扰城镇化发展的一些硬核问题会有破壳，城乡之间的篱笆会被拆除，要素在城乡之间自由流动得到破题，城乡一体化进程加快，城乡差别逐步消失。这些都预示着经济活动发展的新方向和新重点，也预示着金融活动的新责任和新机遇。

（二）"十四五"期间金融领域面临的挑战

1. 当前金融体系不适应经济结构的变化

中国以银行为绝对主导的封闭金融体系形成于人口红利和经济赶超时期，在客观上满足了这一时期动员储蓄、推动大规模投资的要求。但是，随着人口结构的变化，随着中国正在逐步从中等收入国家迈入高收入国家的行列，特别是随着中国经济在全球地位的迅速提升，目前的金融体系已经难以满足经济结构转型的要求，甚至在很大程度上，目前的金融体系已经成为中国经济转型发展的障碍。

（1）人口结构的转变。自2010年起，中国劳动年龄人口占比达到顶峰，并呈趋势性下降。储蓄率和投资率自2010年同样见顶并开始呈趋势性下降，同时也意味着人口红利时期动员储蓄、推动大规模投资的任务已经完成。随着储蓄率的下降，银行负债业务中最为稳定的居民存款占比不断下降，负债端越来越短期化，越来越不稳定；随着投资率的下降，容易识别、回报稳定的资产业务越来越少，习惯于抵押融资模式的银行业在过去10年中愈发依赖基建房地产行业，越来越集中在"土地金融"上，资产端越来越长期化。资产和负债业务受到双重挤压意味着银行业愈发脆弱，意味着以银行为绝对主导的金融体系愈发脆弱。

（2）产业结构的转变。作为中等偏上收入国家，我国自2012年以来，第三产业的产值超过了第二产业，经济已经进入服务业化的进程。金融业本身就是服务业的一个组成部分，因此，金融业的高效发展是经济进入服务业化进程的应有之义。我国以银行为绝对主导的金融体系不仅风险高度集中，效率越来越低，而且，这一体系也无法适应服务业化提出的要求：①与投资率下降相一致，服务业的发展意味着经济整体转向"轻资产"模式，偏好抵押融资的银行业无法适应这种模式；②公共服务部门的扩张自然地要求有与之配套的资本市场融资机制，尤其是债券市场的大规模发展；③银行偏好安全的风险文化和业务模式能够适应工业化时代的成熟技术投资，但现代服务业的发展充满了不确定性。

（3）需求结构的转变。从经济发展规律来看，投资拉动型逐步向消费驱动型经济体转变，从近些年三大总需求对经济增长的贡献看，消费的贡献愈发加大，但消费占GDP的比重依然非常低。从供给侧看，消费率过低的主要原因在于产业结构不合理，即服务业发展不足。反过来看，消费率过低又从总需求侧限制了产业结构的调整，导致经济供给侧不得不依赖第二产业。更为关键的是，科教文卫领域的消费率提升是消费升级的必然趋势，这些领域的消费率过低又限制了人力资本的提高，而人力资本是决定经济长期增长潜力的基础。就金融体系而言，促进消费有两个方面的措施：①提高居民的信贷可得性；②提高居民的财产性收入。

过度信贷消费不可持续，且蕴含风险。促进长期可持续的消费增长，要从提高居民财产性收入入手。而我国居民资产组合中主要是存款和短期的理财产品，养老金、保险和共同基金的投资占比远远低于其他国家。我国居民的这种资产组合结构导致金融资产的回报率极低，压制了财产性收入的提高。这种状况与养老金、保险和共同基金等机构投资者的欠发达有密切关系，也是股票市场和上市公司存在体制性弊端的必然结果。

（4）增长动力的切换。人口结构、产业结构和需求结构的转变都意味着未来经济发展需要从主要依靠资本、劳动力要素投入的外延式增长模式，转向依靠技术进步的内涵式增长模式。因此，需要推动科技进步，需要深化科技体制，加强国家创新体系建设。就金融体系而言，当前以银行为绝对主导的状况无法适应增长动力的切换。创新型增长模式能否顺利运作，在很大程度上取决于民营企业或者中小企业能否健康发展。现有的金融体系擅长服务大企业、制造业和粗放式经济发展。对银行来说，做风控的传统办法有三种：一是看历史数据，主要是三张表，即资产负债率表、利润损益表和现金流表；二是看抵押资产，有抵押，银行的信贷风险就比较容易控制；三是看政府担保。客观地说，目前的金融体系在服务民营企业和中小企业方面存在一些短板。

（5）从专注自身发展转变成一个在全球治理中扮演重要角色的开放的经济体。巨大的经济体量意味着中国在全球治理体系中不可避免地要扮演重要角色。在金融领域，全球治理体系的一个重要制度安排就是国际货币体系。人民币要想成为关键储备货币，中国就要为全球经济发展提供一个关键的公共品——能够吸收其他国家的商品和服务的国内总需求，显然，这要求中国经济完成上述结构性转型。在金融领域，中国就要为全球经济发展提供两个关键公共品：一是其他国家经济发展所需求的资本；二是价值储藏工具。显然，这两个公共品都依赖于一个高度发达、富于流动性、开放的资本市场。而目前的金融体系仍是以银行为绝对主导的金融体系。

（6）供求失衡与金融服务绕道。工业化高峰期之后，中国的经济结构转型带来了快速的金融服务需求变化,而金融服务的供给跟不上需求变化,造成实体部门和金融中介只能通过绕道的方式来满足新的需求。由理财产品、影子银行表外业务和同业业务及非银行金融机构组成的金融服务绕道,本质上还是建立银行、作为通道的非银行金融机构及企业之间的债权和债务关系,风险继续集中在金融中介。不仅如此,金融服务绕道的透明度低且监管不完备,一些金融中介通过放大杠杆率和加大期限结构错配来获取更高利润,加大了金融系统的风险。

2. 直接融资更适于支持创新驱动发展模式

经济发展阶段不同,金融发展形态也会存在差异。国家竞争优势的发展分为四个阶段:要素驱动发展阶段、投资驱动发展阶段、创新驱动发展阶段和财富驱动发展阶段。当前我国正处于要素驱动和投资驱动向创新驱动转型的历史阶段,而创新驱动发展阶段则更需要直接融资支持创新发展。

(1)银行在支持创新型发展方面明显弱于金融市场。银行三要素中最重要的是安全性和流动性,其次才是盈利性。银行天然偏爱大项目、大企业,大项目和大企业的稳健性、可预期性及银行自身追求安全性的目标具有一致性。而创新是高风险行为,周期长且不确定性高,银行的稳健信贷文化不适合高风险行为,不适合分散的依靠市场个体的创新活动。

(2)从金融需求方面看,产业经济对金融市场提供的融资及服务需求日益突出。经济发展初期,产业发展方向和市场需求相对明确,企业主体主要投资于房地产、厂房、机械设备等有形的固定资产,与银行以抵押担保贷款为主的风控模式是相匹配的。但当经济发展到创新驱动发展阶段后,经济发展高度依赖技术创新,企业投资更多集中于研发等无形资产投资,银行主导的金融供给日益难以满足各类创新型经济主体的需求。但是,竞争性资本市场具有信息归集和向投资者有效传递信息的功能,并且能将企业融资与企业的业绩联系起来,所以,金融市场机制将降低与银行有关的内在低效率问题,并促进经济增长。

(3) 从资金供给方看，当居民收入提高后，居民风险负担能力提高，风险偏好增强，居民倾向于将储蓄投向更丰富的投资理财产品。特别是经济增长和收入水平在一定程度上引致财富分配分化，高收入人群具有更高的风险偏好、更复杂的金融创新需求、更广泛的投资信息和渠道，更倾向于增加更加活跃的金融市场投资需求。而金融市场在信息传递和扩散方面更加透明，这一优势能够有效引导资金的产业投向和市场主体投向。

(4) 当经济增长到一定阶段后，需要开放的金融体系来满足各方需求。把更多风险资金引向资本市场以推动技术创新和产业升级，能够适应居民收入增长带来的资金风险偏好的提升，有利于提升金融市场的效率，增强金融市场的有效性，引导金融市场资源向更具创新前景的方向流动。

3. 河南省金融体系面临着全方位的挑战

(1) 经济下行压力持续增大使实体经济结构性问题更加凸显。在前文分析河南省的经济运行中，显示出近几年河南省的增速连续落后于中部其他省份，而且经济结构重型化仍未得到有效改变，金融机构面临的所谓"资产荒"，意味着没有更多的优质企业、优质项目可获得。此外，诸多企业面临着转型的压力和资金链断裂的考验，与之密切相关的金融系统安全也面临着考验。

(2) 在整个国家构建适应创新驱动发展模式的金融市场体系的背景下，河南省还处在金融规模远未能够与经济规模相匹配的状态，仍处在需要做大传统金融规模的阶段。目前，河南省的本土金融机构无论在规模上还是在盈利质量上，面临的任务都十分艰巨。

(3) 河南省落后的资本市场已成为严重影响产业转型的障碍。现代服务业和新经济的发展意味着经济整体转向"轻资产"模式，偏好抵押融资的银行业无法适应新经济创新业态的融资需求。如何培育和发展资本市场，也是河南省急需破解的问题。缺少多层次的资本市场，郑州市离成为国家区域性金融中心还有一段距离。

（4）金融的开放力度加大使金融领域竞争加剧。一方面，主要靠存贷利差或佣金维持生存的河南传统金融机构面临着考验；同时也面临着如何熟悉和适应国际市场规则的考验；另一方面，对于长期处于存差状态的河南金融体系来说，如何改变这种状态，将更多本地的金融资源留下来，并引入更多的法人金融机构或大型金融机构的区域总部，更好地服务于本地实体经济，同样是个挑战。

（5）金融人才的挑战。金融属于高级经济活动，也是高素质和高层次人才聚集的领域。长期以来，影响河南省金融业发展最大的制约因素之一是高素质金融人才的缺乏和吸引力的不足。如何在住房、子女教育、医疗及个人所得税减轻等方面下足功夫，提高汇聚高素质金融人才的竞争优势，也是河南省迫切需要解决的问题之一。

七、"十四五"期间金融支持经济高质量发展的总体思路和重点任务

（一）总体思路

以习近平新时代中国特色社会主义思想为指导，全面贯彻党的十九大精神，贯彻落实中央对金融工作的总体要求，加快推动金融供给侧结构改革，以金融体系结构调整优化为重点，以着力推进银行业、证券业、保险业的提升和发展为基础，以全力打造民营银行、融资租赁、互联网金融等新金融为增长点，以加快建设金融要素市场等直接融资渠道为着力点，以科学布局区域特色金融产业为落脚点，壮大河南省金融产业规模，完善多层次资本市场，优化融资结构，推动经济金融双转型、双提升，把河南省打造成金融改革示范省、金融创新集聚地和金融生态安全区，以金融的高质量发展助推经济实现高质量发展，构建适应经济新常态的新金融体系。

（二）重点任务

1. 统筹规划金融发展，争取国家金融战略布局

2018年5月3日，国务院办公厅发布《关于对2017年落实有关重

大政策措施真抓实干成效明显地方予以督查激励的通报》，提出 2018 年支持河南省等 6 个省份开展金融改革创新先行先试，在同等条件下对其申报金融改革试验区等方面给予重点考虑和支持。河南省应该抓住这一机遇以郑州航空港经济综合实验区、中国（河南）自由贸易试验区、郑洛新国家自主创新示范区为基本依托，统筹专题性战略，包括中国（郑州）跨境电子商务综合试验区、国家大数据综合试验区等，充分利用国家赋予的先行探索试验政策，在试验区内重点围绕金融改革、开放及创新等方面进行大胆探索与试验，抢占发展制高点，探索建立金融开放创新试验区，培育和打造中部区域性金融中心，发挥因金融集聚而产生的高强度的服务效应，创造出更多依靠创新驱动、更多发挥先发优势的引领型发展，服务引领性和整体性战略的实施。

2. 健全金融市场体系，打造开放创新的新型"金融豫军"

（1）推动城商行在特色化转型中提升可持续的盈利能力。中原银行、郑州银行、洛阳银行、焦作中旅银行和平顶山银行等 5 家城商行的资产规模稳健增长，资产负债扩张速度合理、结构调整明显，去杠杆、去通道态势突出，主要监管指标符合监管要求，表内外业务风险可控。目前对于城商行而言，一方面信用风险不断加速暴露；另一方面又存在不良贷款拨备覆盖率的法定监管要求。信贷资产质量不佳，不良率高企，意味着需要大量计提拨备。如果不能尽快补充资本，无论是资产规模扩张还是不良贷款的处置都将受到资本金不足的制约。但最为关键的仍是城商行能够健康发展，保有持续的盈利能力。

1）坚持回归本源，坚守定位。深耕地方经济特色领域，走专业化、差异化发展道路。城商行应当围绕河南经济的特点和中小微企业客户的需求，聚焦在交通物流、商贸大消费、食品农业、先进制造、政府及公共事业、医疗健康等行业，深度拓展上下游、交易对手、生态圈合作伙伴，服务其各个交易环节，向专业市场领域的特色银行转型，打造成独具特色的银行品牌。

2）健全中小银行治理体系。通过引资、扩大对外开放等方式，积极引入符合条件的境内外战略投资者,在引入资金的同时,重点引机制、引资源、引技术、引智力,改善内部管理,强化科技支撑,提高治理能力。

3)积极稳妥处置,化解风险。城商行要真实反映风险,紧盯不良资产率、拨备覆盖率、资本充足率,充分利用现有政策自救化险,通过不良清收、资产置换、批量转让等多种方式加大对不良资产的处置力度。董事会、监事会、高管层要切实承担风险化解的相关责任,制订管用可行的风险化解方案。

4)完善科学经营发展机制。城商行要杜绝一味追大求快的发展理念,加快转型,重塑战略能力,增强业务品质。建立和完善长短结合、激励相容、重视合规的激励约束机制。科学优化指标体系,增加体现特色化、差异化的经营指标,制定专门针对民营企业、小微企业的年度目标,提高内控合规、风险管理、战略执行类指标考核权重,发挥绩效考核对坚守定位、科学发展的引领作用。要树立科技兴行的战略,从体制、机制上保障科技投入,优化人力结构布局,提升银行科技人才的比重,积极运用大数据、云计算、人工智能、区块链等技术,提升获客能力,优化服务模式,提高服务效率,加强风险防控。

(2)探索"引进来""走出去",拓展业务渠道,提升竞争力。

1)积极引入外资金融机构,研究外资机构参股方案。国家发展改革委、商务部及一行三会均支持上海在金融服务业负面清单方面率先试点,并对《负面清单》的编制进行指导。2018年,广东省自贸试验区南沙片区颁布了《中国(广东)自由贸易试验区南沙片区金融服务业对外开放清单指引》。河南省可以通过借鉴上海市、广东省的做法,根据国家现行规定,争取新一轮金融开放相关政策在省内先行先试,推动一批国际知名的外资银行、证券、保险、再保险公司及外资保险经纪、国际评级机构总部或分支机构落户河南,聚集金融资源。

河南省本土金融机构引入外资金融机构投资参股的寥寥无几。然而,目前在全国城商行中,北京银行、南京银行、杭州银行等金融机构分别引入了荷兰 ING 集团、法国巴黎银行、澳洲联邦银行等国际知名金融机构。可以依托郑州银行、中原银行、中原证券、中原农险等本土金融机构，研究引入外资金融机构参股方案，一方面学习先进的管理模式、技术和规则，提升金融体系的稳健性和竞争力，降低金融风险；另一方面尝试投资、孵化、收购一些金融机构有需求，在行业内领先、有较强竞争力的金融科技企业，或参股或控股，以期达到孵化科技成果、提高金融服务效率、加速金融机构自身数字化及智能化改造和转型的目的。

2）探索"金融豫军"境外开设分支机构，增加跨境投融资能力。河南省开展跨境融资业务，主要依赖国有银行及全国股份制银行的境外分行或子公司，如果后者对河南省法人银行的授信额度不足或者融资主体不予认可，业务难以落地。所以，支持省内法人金融机构在纽约、伦敦等地开立分行或者收购子公司，充分利用国内、国际两个市场的资源为河南省的企业提供境内外、本外币、"一站式"、全方位的综合金融服务。

河南省拥有全国四家期货交易所之一的郑州市商品交易所，拥有省级法人银行——中原银行股份有限公司，拥有省级法人保险公司——中原农业保险股份有限公司，拥有航空产业发展的综合性融资租赁公司——中原航空融资租赁股份有限公司。如果能把这些地方金融力量整合起来，跨界合作，"组团"作战，充分发挥各自资源优势和引领协同作用，弥补本土金融机构的短板，为省内经济主体提供更为便捷、强大、优质的金融服务。这些金融机构之间可以共享跨境电商的海量金融数据，更容易开发跨业态的金融创新产品，推进跨境人民币资产转让业务创新发展，积极争取人民币贸易融资跨境资产转让业务。探索开展银行承兑汇票贴现资产的跨境转让、非贸易融资资产跨境转让等业务。鼓励境内外金融机构提供跨国并购贷款、股权融资服务，综合运用内保外贷、外保内贷、出口信用保险等金融手段，支持企业开展对外贸易投资，为"网上丝绸之路"发挥金融合力。

（3）积极推进农商行组建，探索农商行的改革模式。目前，河南省农商行总数达105家，3年组建总量全国第一、总数排名全国第二。全国农商行资金业务先后经历了委托—代理、约期存放及省、市、县三级营运等模式。由于省、市、县均为独立法人，省联社为行业管理部门，各资金营运模式都存在一定的缺陷。核心的问题在于如何定位和提升。如何定位体现在三个方面：一是省联社如何管；二是市级农商行如何传导管理；三是县级农商行如何提升自主资金运用能力。如何提升也体现在三个方面：一是县级农商行资本金规模小，对外单家投资量小，缺乏市场竞争优势；二是县级农商行监管评级低，对外投资范围严重受限，非标占比往往超标；三是跨区域投资受限，部分省联社规定县级农商行资金不能出省，有的市级农商行还规定县级农商行资金不能出市，资金"趴"在县域，收益难以提升。

关于农联社未来改革路径的探讨。改革以去行政化，强化服务功能为方向，改成一个面向农商行、基层信用社的金融服务供应商，提供资产管理（不良收购）、投资、科技、清算、运营等服务，且以市场化、商业化为主要原则建立交易对手的关系。农联社改革要借鉴农联社成立以来的有益经验，按照因地制宜的原则推进，按照党中央和国务院确定的大框架，结合本地实际探索具体的模式，主要有三种形式：农联社分拆模式、组建农村商业联合银行模式和金融控股集团公司模式。

在上述三种模式中，金融控股集团公司模式可能更合适河南省。河南的法人金融机构本来就少，变成一个省级法人会损失100多个独立法人金融机构，并且各地农商行实际不良率差异较大，清产核资工作量大、涉及面广、程序复杂，势必时间跨度长，特别是涉及法人股东、自然人股东不同的利益诉求，净资产分配及折股等操作难度大，极易引起法律纠纷。河南又是农业大省，农商行服务县级基层，保留多个法人主体模式可以更好地为当地农村经济服务。

从公司治理看，金控公司对基层农商银行进行控股投资，理顺了上下级管理关系，以母公司的身份参与农商银行的重大决策。从改革效果看，金控公司以凝聚辖内农商银行这盘棋的活力，统筹发展布局，提高法人机构间的业务协同能力，发挥全系统的规模效应，避免各家农商银行在经营中陷入单打独斗的局面。

从政策可行性看，金控集团突出了县域法人的地位，省、县仍为两级法人，与中央"保持农村信用社县域法人地位和数量总体稳定"的改革方针一致，能让原有的农村合作金融"不脱农"，扶持县域内的小微企业和"三农"发展。

从发展趋势看，随着我国农业现代化发展，衍生出土地期权、投贷联动、农业金融租赁等新模式，对多层次的农村金融供给结构提出更高要求，而金控集团恰好可以利用其集团优势获取全金融牌照，设立科技、银行卡、资产管理、互联网金融、融资租赁、消费金融等独资子公司，实行专业化运作，为相关农商银行提供服务，完善"小银行、大平台"服务机制。

(4) 积极申请民营银行的设立，壮大本土金融资源。2019年3月，国务院总理李克强在《十三届全国人民代表大会第二次会议政府工作报告》中指出"以服务实体经济为导向，改革优化金融体系结构，发展民营银行和社区银行"，明确提出了支持发展民营银行。随着首批试点的五家民营银行——深圳前海微众银行、上海华瑞银行、天津金城银行、温州民商银行、浙江网商银行相继开业，意味着我国金融改革向打破金融供给过于集中的目标迈出了关键的一步，民营银行第一次真正进入人们的视野。民营银行在促进金融体制改革、优化金融体系建设，为特定对象提供更专业的金融服务等方面具有重要而深远的意义。

1) 河南省各级政府和相关部门应继续推动河南省民营银行的设立。2015年，河南省政府金融服务办公室发布《关于对我省民营银行设立意向的函》（豫政金函〔2015〕271号）。2016年，省政府致函原中国银监会《河南省人民政府关于恳请支持筹建设立民营银行的函》（豫政函〔2016〕73号）。2018年，省政府再次致函中国银保监会《河南省人民政府关于恳请支持我省民营银行筹建工作的函》（豫政金函〔2018〕80

号）。各级政府和相关部门应继续积极推动，加快河南省民营银行的落地。

2）申请民营银行应立足于河南经济特色优势产业。郑州市作为未来国际物流中心和"一带一路"建设中的商贸物流中心城市，在发展过程中，将会产生大量的物流企业和农产品大宗商品贸易。设立民营银行，可以定位于"服务供应链，普惠金融"，为其提供专业化、特色化的金融服务，不但符合中原经济区规划中组建地方法人金融机构的需要，而且能为河南省更好落实"一带一路"建设提供金融服务和支持。同时，还支持符合条件的民营资本依法设立金融租赁公司、财务公司、汽车金融公司和消费金融公司等金融机构。

（5）支持企业申请保险经纪牌照，充分利用保险资源。根据中国银保监会最新出台的《互联网保险业务监管办法（草稿）》意见（以下简称《意见稿》），将银行类保险兼业代理机构纳入互联网保险业务开展的主体范围内，以及扩容互联网保险销售范围，保险经纪公司将可以在全国范围内开展互联网保险销售业务，保险经纪牌照价值将得到进一步提升。《意见稿》的主要内容有三方面：一是全面系统梳理流程，旨在规范互联网保险业务。此次《意见稿》中银保监会首次单独将银行类保险兼业代理机构纳入互联网保险业务开展的主体范围内，银行类保险兼业代理机构可在其自营网络平台开展互联网保险业务。二是扩容互联网保险销售范围，不受分支机构开设限制，此前只有专业互联网保险公司可以不设分支机构，在全国范围内开展互联网保险业务，《意见稿》打破了互联网保险销售的地域限制。三是强化第三方平台监管，设限资质、信用度。《意见稿》指出，第三方平台需符合国家信息系统安全等级保护三级认证等。

（6）充分利用试点资格，创新发展村镇银行。自 2007 年首家村镇银行成立以来，村镇银行已经历十多年的风雨。从总体上看，村镇银行已初具规模，逐渐成为支农支小、服务三农的有生力量。但是，村镇银行和其他银行相比，承担着最艰巨、最基础的任务，其成立时间短、规模小、抗风险能力弱，知名度、美誉度、品牌形象等也均有差距，加上监管政策"同质化"等诸多因素的综合影响，村镇银行在发展过程中面临诸多困难。

河南省村镇银行资产总额、负债总额、各项存款指标全国排名第一；村镇银行组建数达到80家，11个地市实现县域全覆盖，辉县珠江村镇银行已获得银保监会首批"多县一行"试点资格。一要充分利用试点政策，放开经营地域限制。二要集约化经营、抱团取暖。主发起银行对村镇银行日常经营管理投入了很多人力、物力和财力，压力大，且精力被分散，这不利于主发起银行集中精力抓自身发展。建议允许管理能力强、经营效果好的发起行成立控股公司，对村镇银行实行集约化管理，村镇银行抱团取暖更利于增强村镇银行的整体实力、抗风险能力，也利于人才交流、业务系统建设、科技金融发展、节约成本等，否则，凭某一家村镇银行的能力是难以做到的，也非常不利于村镇银行的发展。三要建议放开村镇银行的业务种类。针对村镇银行组织存款难的情况，建议允许符合要求的村镇发行小微和三农金融债券。给村镇银行相关资质，在村镇风险兜底、保证兑付的情况下，允许村镇银行将其小微和三农小额贷款通过P2P等方式进行网上众筹，以解决资金来源问题。四要继续加大村镇银行支持三农和小微的政策扶持。如加大财政存款支持力度，延长财政补贴期限，实行税费减免，降低资本充足率、流动性等监管指标。

（7）充分挖掘政策性银行优势，提供"投贷债租证"全方位综合金融服务。发挥政策性银行中长期投融资主力银行的优势，大力支持自贸区及郑州大都市区等基础设施建设与产业发展，积极提供"一带一路"建设相关金融服务。同时，政策性银行还具有集团、母子公司的协同优势，积极推动旗下的各种子公司，并加强与它们对接，提供"投贷债租证"全方位综合金融服务，推动区域金融中心快速崛起。

3. 大力发展新兴金融业态，构建多元化金融服务体系

（1）大力发展科技金融。如何通过金融服务推动科技企业创新发展，对于初创期和成长期的科技企业融资普遍是个难题。为了解决科技企业融资问题，2016年4月，银监会、科技部、央行联合发布《关于支持银行业金融机构加大创新力度　开展科创企业投贷联动试点的指导意见》，允许10家试点银行设立投资子公司、投资科创企业，为客户提供"信贷+股权投资"综合金融服务。如何真正发挥投贷联动的优势，这就需要银行内部在明确总体目标的前提下，形成有效协调机制，捆绑投和贷的考核，综合平衡风险和收益，调动好两方面的积极性。

1）积极探索和推出"孵化贷""成长贷""集合信贷""三板贷""微业贷"等覆盖企业全生命周期的科技金融产品。针对种子期的企业，对应集合担保信贷（投贷联合）；针对初创期的企业，推出孵化贷、微业贷等；针对成长期的企业，则开发出更加灵活多样的产品，如创新研发贷、科技保理贷等。此外，还应开发出新产品，推出"知识产权质押贷""创新研发贷""科技保理贷"等金融产品，形成完备的科技金融产品体系。

2）大力培育壮大河南省科技的金融企业。一是坚持政府引导和市场运作相结合的原则，发挥好政策引导作用。研究实施对有高新科技的中小企业提供税收优惠和政府补贴；研究探索设立专门为中小科技型企业提供金融支持的金融机构和金融产品。二是发挥好资金引导作用。探索培育政府引导基金，支持风投企业发展，活跃风险投资市场。三是通过政府介入建立完善的信贷担保制度，政府发挥好风险缓释的作用。进一步完善区域性担保机构和政策，形成有良好模式和覆盖面的担保体系。四是稳步推进科技保险的试点工作，扩大科技保险范围和产品创新。

（2）前瞻布局金融科技产业发展，培育发展本地金融科技企业。我国的金融科技发展在市场规模、融资金额、企业发展、人才培养等方面都取得了一定成绩，支付领域的开放加快了整个产业"走出去"的步伐。北京、上海、深圳、杭州已成为中国金融科技发展领先城市；雄安新区、成都、重庆、广州、南京、青岛等地也在积极布局金融科技产业发展。这主要表现在三个方面：一是推动人工智能、大数据、互联技术、分布式技术、安全技术等金融科技底层技术的创新和应用；二是从人才、企业、平台和基础设施建设等方面加快培育金融科技产业链；三是深入推动支付清算服务、融资产品服务、智能营销服务、保险产品服务、智能投研服务等新技术应用于金融服务领域。

随着商业银行金融科技力量的迅速崛起，银行系金融科技公司应运而生。众多商业银行，例如招商银行、民生银行等，已将金融科技提高到核心战略层面。作为商业银行发展的关键驱动力，成立银行系金融科技子公司已成为推进银行良性发展的重要举措。部分银行系科技子公司成立初期以服务本行集团及其子公司为主，随后逐渐扩展到服务同业，实现技术输出，即将本行的 IT 系统、金融云、运营和维护能力输出给中小金融机构。例如，兴业数金主要开展两方面业务：一方面是金融云，由兴业银行分拆出的成熟业务构成，为中小银行提供金融信息云服务，已相对成熟；另一方面是开放银行平台，不断完善技术平台，增加可开放的技术接口，解决教育、物流等商业生态客户的金融需求，搭建中间桥梁。目前，银行系的金融科技子公司大致上有三种类型：一是本行信息科技部门独立运营，如建信金融科技、民生科技；二是致力于银行信息科技系统的输出、运维，如兴业数金、招银云创；三是互联网金融综合平台，如光大云付。所以，我们要坚持引进与培育并重，鼓励引导金融科技企业与银行系金融科技子公司及其分支机构集聚。积极推动支持中原银行、郑州银行等本地银行发展金融科技，构建多维度、立体服务架构，推动小微金融、供应链金融、场景金融等迅速发展，在满足多元化金融服务需求的同时降低交易成本。

(3) 支持并规范互联网金融，破解普惠金融的困境。无论表现形式如何变化，传统金融和互联网金融的本质都是同时服务于负债端的投资人和资产端的借款人。互联网金融肩负"普惠金融"的重任，其作用在于让更多的投资人获得更高的存款利息，让更多的借款人获得更低利息的贷款。提到服务小微、"三农"、扶贫和普惠制金融，习惯性思维就是通过现有的金融机构实现"乡乡有机构，村村有服务""乡镇一级基本实现银行物理网点和保险服务全覆盖，巩固助农取款服务村级覆盖网络，提高利用效率，推动行政村一级实现更多基础金融服务全覆盖"。其实这只是其中的一方面，其本质是立足于机会平等要求和商业可持续原则，以可负担的成本为有金融服务需求的社会各个阶层的群体提供适当、有效的金融服务。让更多的公众（存款人或投资者）按照合意的价格向金融机构，或市场出售或购买金融资源，特别是让小微企业、农民、城镇低收入人群、贫困人群和残疾人、老年人等弱势群体能及时获取价格合理、便捷安全的金融服务，分享到经济发展所带来的红利。

破解普惠金融发展困境的根本出路是科技创新。互联网金融成立的前提是：能够弥补因提供了资产端和负债端的"普惠"，而压缩了原有金融机构的利润空间。所以，从"利润＝收入－成本"的角度看，互联网金融公司的首要目标是提高效率，必须用互联网等先进技术提高效率来弥补被压缩的利润空间。互联网金融的创新平台主要有P2P网贷、众筹和消费金融。其中，消费金融的模式不断创新。消费金融模式目前衍生出赊销、消费贷款、分期支付、首付先享等多种模式，缓解消费者资金紧张的问题。

河南是人口大省，也是消费大省，除了一般国内消费金融的业务外，依托中原消费金融公司，由政府牵头，进一步开放海关、工商、税务、交通物流等政务数据，联合省内消费金融机构、跨境电商企业、物流企业，共建跨境电商物流平台，开展互联网消费金融支持跨境电商试点，允许互联网消费金融机构融合跨境电子商务平台，提升金融机构跨境电商金融服务大数据的应用水平，共同优化网络信用环境，完善跨境电商征信体系，为数字金融、小微金融提供商务流、资金流、物流等数据支撑，助力跨境电商形成中国规则、中国标准，为跨境电商国际标准贡献更多中国经验、河南智慧。

(4) 关注"类金融"机构业务的发展动态。2018年4月20日，商务部制定融资租赁、商业保理和典当行三类公司的业务经营与监管职责划给银保监会，属于"类金融"机构。

1) 推动融资租赁市场化发展，积极争取融资租赁外债便利化试点政策。融资租赁行业在国内是一个高速发展的行业，融资租赁公司牌照并不像金融租赁公司那样严格管控，2015年中国的融资租赁公司不超过3000家，而到2019年已经超过1万家。国内融资租赁公司的经营模式非常简单，从银行批发资金，然后转零售，赚的就是资金批发转零售的息差。融资租赁行业作为金融行业的重要分支，一直在监管之外。缺乏监管的行业，一定也是风险快速暴露的行业。所以，加强监管、提高行业标准势在必行，2020年1月8日，银保监会发布《融资租赁公司监督管理办法（征求意见稿）》公告。

这次融资租赁新规对当下的融资租赁行业的主要影响表现在：①融资租赁定义。将金融租赁公司和融资租赁公司的业务范围和监管措施加以区分。强调了融资租赁业务中承租人的自主选择出卖人和租赁物的权利。②经营规则。为融资租赁公司业务设置正面和负面清单。在正面清单中，虽然监管允许融资租赁公司通过转让资产的方式对外融资，但在负面清单中又明令禁止对接网贷和私募这类高风险资金通道。规范了租赁物的范围，要求融资租赁交易的租赁物为固定资产，且权属清晰、无抵押、无争议、无瑕疵，可以产生收益的财产。③监管指标。对租赁资产比重、杠杆倍数、规定收益类证券投资占比、客户集中度等经营指标进行了量化，明确了经营合规边界。④监督管理。金融租赁公司需要银保监会核发许可牌照，而融资租赁公司强调的事中和事后监管，并不需要事前核发许可牌照。将存量金融租赁公司划分为正常经营和非正常经营两大类，非正常经营类中又分为"失联"和"空壳"公司，并对非正常经营类公司做出了给予过渡期安排，要求过渡期不晚于2021年12月31日。

总之，国内很多融资租赁公司原本是从企业的融资租赁部门独立出来成立的公司,这类公司的业务主要集中在股东方集团公司。这次新规进一步推动融资租赁公司市场化,其核心竞争力在于市场融资能力和风险定价能力。

《中国(河南)自由贸易试验区总体方案》提出"支持在自贸试验区设立金融租赁公司、融资租赁公司"。通过设立融资租赁母体公司或项目公司(SPV),开展交通运输设备、能源设备、基础设施及不动产、通用机械设备、工业设备、医疗器械等方面的融资租赁业务;支持融资租赁公司与银行、信托、保险、担保等机构搭建交流合作平台,开发长租短贷、租赁保理、供应商租赁、租赁信托、租赁保险、租赁担保等创新型产品,增强行业的金融服务功能,为客户提供多样化综合性服务。但是,面临的问题是SPV子公司在境外融资时会遇到外债额度不足的困难,而母公司有较高的外债额度,却因不直接运营业务,使用率相对低。可以利用天津东疆保税港区融资租赁的试点政策,允许SPV项目公司共享其母公司尚未使用的外债额度。该政策目前适用于母公司和SPV项目公司同时注册在天津的融资租赁企业使用。所以,积极探索租赁产业配套外汇制度创新,积极争取融资租赁外债便利化试点。一方面解决了SPV公司在保证独立经营、风险隔离的原则下,由于净资产较低,按照现行全口径跨境融资宏观审慎管理原则,外债额度不足,无法满足开展飞机、船舶等大型设备租赁的实际融资需求问题;另一方面解决了项目公司通过跨国公司外汇集中运营模式下委托融资须承担税费成本的问题。

2)积极推动商业保理业务的发展。长期以来,商业保理业务普遍呈现出重融资而轻应收账款管理及催收功能的特点,融资利息与融资成本轧差的净息差成为保理公司的主要收益,是否具备充足的资金及资金成本是否有优势成为保理商生存的重要因素。因此,要注重以下几个方面。

第一,进一步发挥财税政策作用,支持商业保理发展。一方面,调整增值税相关政策。在保理公司增值税收缴方面,坚持销项和进项均适用金融企业的原则，支持资产损失进项抵扣。另一方面，加强对财政补贴的激励。对于更好地支持重点制造业、高技术产业、新兴服务业的保理融资企业，给予利差补助和风险补助，提高保理公司支持供应链金融的积极性，推动其降低支持实体的资金成本。

第二，加快国际保理业务制度创新。探索建立适合商业保理发展的管理模式，支持商业保理公司探索和拓宽境外人民币资金回流渠道，进行境外保理项目人民币融资，比如在外汇方面，应当明确外汇结转规定，鼓励企业积极开展国际保理业务，建立保理外汇结转试点。

第三，加强对金融资源的配置引导。加强对保理公司业务投向的考核，引导保理公司向符合国家政策的相关领域投放。将符合投向要求及技术条件达标的保理公司优先纳入征信系统，并解决应收账款在人民银行动产融资统一登记公示系统的确权难问题，为应收账款交易提供保障，根据合同原则，对应收账款的处置做出明确的规定。

3）鼓励小额贷款公司、典当行特色化创新发展。以省政府办公厅《关于进一步促进小额贷款公司健康发展的意见》（豫政办〔2017〕30号）为引领，进一步深化支持小额贷款公司做优、做强的政策措施，放宽市场准入条件，稳步扩大行业规模，鼓励公司开展创新业务，积极与银行、保险、资产管理公司等金融机构、政府应急转贷资金平台开展业务合作，提高中间业务收入占比，增强盈利水平和综合竞争力。

随着典当行和小额贷款公司及其他民间借贷机构的增加，典当行与银行之间、典当行同行之间、典当行与小额贷款公司之间的业务将会出现高度的重叠，竞争压力将与日俱增，专业化、特色化是今后典当行的生存发展的趋势。发达地区的一些业务模式值得我们研究和借鉴，以深圳一家国有独资典当行为例，其客户选择均为集团公司下属融资担保公司的在保客户，客户在被保期间急需资金的情况下，可以以货物等进行典当，期限一般在30天内，典当行委托第三方机构进行仓库保管，到期客户赎回货物等，这一"担保+典当"的模式，在减少典当行调查成本的前提下，极快地优化了审批放贷时间，最大限度地减少了绝当的风险。

4. 高度认识资本市场的作用,改变河南省资本市场发展落后的状况

目前,河南省的上市公司数量较少,总数不及东部某些省份一年的新增数,在中部六省中与安徽省、湖北省、湖南省的差距也越来越大,证券化率仅为14.25%,低于全国(48.31%)34.06个百分点,居中部六省第5位、全国第28位。鹤壁市、驻马店市目前尚无A股上市公司,河南省107个县市只有20个县市有上市公司。要改变河南省资本市场发展落后的状况,必须高度重视,加力助推企业上市工作。

(1)持续落实地方各级政府对培育发展资本市场的主体责任。资本市场建设对于河南省社会经济现阶段的发展有着深远的意义。资本市场运作是帮助河南省摆脱过度依赖资源的粗放型经济模式,谋求高科技和高水平产业引进及产业转型升级发展的重要手段。要正视河南省资本市场发展相对落后的事实,目前的工作不仅是补足短板,更需要弯道超车。建议通过地方法规进一步明确各级政府及职能部门在培育发展资本市场工作中的地位和责任,形成政策措施体系,持续推动考核的落实。

(2)提高政府和国企工作人员的资本市场运作能力。

1)由省政府为区县级引导基金设立启动专项资金,由市级政府提供适当比例的匹配资金,支持和帮助有条件的区县发展产业基金。

2)将金融知识教育列入河南省各级公务员和党校的培训内容,并建立金融业发展高级研讨班制度,省内国家机关、企事业单位负责人应当定期参加金融业发展高级研讨班,学习金融理论,掌握金融发展动态,重点培养和提高地市级和县区级领导干部利用资本市场发展地方经济的意识和能力。

3)各级人大应当对当地金融业发展促进工作进行督促和评估,并要求政府定期向各级人大常委会报告,接受各级人大常委会监督。

4)由各级地方政府牵头当地龙头企业与中原股权交易中心设立定期的交流机制。中原股权交易中心作为地区股权交易所应该更多承担这方面的职能,设立多层次的平台促进对接,建立类似上证路演中心机构,支持各类企业在中原股权交易中心进行交易所路演示范工作。

(3) 多管齐下,加力助推企业上市工作。

1) 加大资源培育和整合力度,形成一批优质上市后备资源。推动地方企业遵循产业发展规律,积极进行产业整合提质,改善河南省实体经济存在比较突出的老(产业和模式)、小(经营规模)、弱(核心竞争力和抗风险能力)、散(行业集中度)的现象,形成更多有知识产权、有品牌、有规模、有效益,具有影响力和核心竞争力的龙头企业,对接资本市场,带动地区整体发展。

2) 推动企业积极进行股份制改造,加快企业上市进度。实行股改是企业上市和挂牌的前提条件,也是建立现代企业制度、规范企业发展的必要程序。

3) 统筹兼顾,用好境内外的资本市场。对于拟上市企业,建议境内外资本市场并重,按照宜则先行的原则,结合自身实际选择上市地点和上市途径。

4) 加强宣传培育,增强发展意识和信心,消除利用资本市场方面存在的顾虑和畏难心理。要使企业认识到上市是企业拓宽融资渠道、完善法人治理结构、提升企业核心竞争力的必由之路;要使企业认识到大企业之间的竞争就是资本市场的竞争,切实增强不进则退的忧患意识,不断增强企业上市的主动性和紧迫感。

5) 探索建立企业上市专项资金,对企业上市各阶段的费用进行补贴或支持,降低综合成本。

(4) 积极稳妥发展债券融资,形成股债协调发展的融资模式。鼓励推动符合条件的企业通过发行公司债、资产证券化产品等,调整负债期限结构,降低财务成本,大幅提升辖区公司债券市场规模。支持和引导融资担保机构加大对债券融资的信用支持力度,提高企业和债券信用等级,降低融资成本。

总之,落实企业挂牌上市"绿色通道"机制,推动重点上市企业上市进程。支持企业利用境外债券市场融资,帮助企业拓宽融资渠道,降低融资成本。持续筛选优质企业，冲刺科创板，完善多层次资本市场。

5. 全力助推郑商所再上一台阶

郑商所是河南金融领域的金字招牌，郑商所未来几年将实现从期货向期货及期权均衡发展转型，从场内市场向场内场外市场协同发展转型，从境内市场向境内境外市场兼顾发展转型，从期货交易所向期货及衍生品交易所发展转型，力争把郑商所打造成品种和工具丰富、场内场外协同、运行安全高效、功能发挥充分，及位居世界前列的期货及衍生品交易所。

(1) 加大对市场的培育力度，进一步扩大郑州市期货市场在国内国际的影响力。

1) 开展业务创新与市场拓展。一是积极引导企业科学，合理利用期货市场保值避险，降本增效，促进产业转型升级。二是加强对会员的引导和支持。积极引导会员在郑州开展业务创新、市场拓展和投资者培育等方面的活动。三是拓展"保险+期货"试点范围。鼓励驻郑期货公司、保险公司等金融机构积极参与"保险+期货"试点，探索"保险+期货+银行""订单+保险+期货"等新型服务模式。四是打造高端期货论坛平台。办好系列高端交流平台，吸引国内外知名产业客户、机构投资者、相关高层人士参与，提升郑州的知名度和影响力。

2) 以"郑芝通"和跨境并购交易所等方式，推进商品市场双向开放。随着原油期货上市，铁矿石引入境外投资者，郑州商品交易所PTA品种国际化工作基本完成，期货市场的开放进程不断加快。河南作为农业大省，可以向国家有关部门积极申请，仿照证券市场"沪港通""沪伦通"的做法，以郑商所为载体，与当前世界上最具代表性的农产品交易所——美国芝加哥商品交易所（CBOT）等建立互联互通机制，将郑商所交易较为活跃的小麦、棉纱和白糖等品种作为试点开放产品，并进一步深入研究合约设计、交易机制、基础设施、外汇管理、风险控制、交割结算等技术问题。"郑芝通"的建立有利于国内外农产品企业在全球市场上实现套期保值、市场定价和风险管理，有利于境内外投资者在全球参与资源和财富的配置，有利于通过商品市场开放吸引全球金融资源的集聚。继直连芝商所之后，积极探索建立直连伦敦金属交易所（LME）的快速链路。积极与国际期货协会（FIA）、国际商品及衍生品协会（ICDA）、国际掉期与衍生工具协会（ISDA）联络，争取早日加入，进一步扩展国际交流与合作平台。

（2）加强对上市品种的体系建设。

1）持续加强河南省主要经济作物大蒜、花生期货及鸡肉、牛肉、冻猪肉期货等河南优势品种的研发工作，助力相关产业将产量优势转化为经济价值，助推河南省大宗商品交易中心的形成。

2）围绕已有上市品种，加快推动主要期货期权品种、工具研发上市，大力发展指数产品、互换等衍生品，构建深度服务相关产业发展的多层次产品体系，更好满足市场多元化风险管理的需求。

3）按照"优质优价"的原则，尽快激活小麦、稻谷等粮食品种，逐步形成粮食价格由市场决定、生产者运用"保险+期货"管理风险的格局，更好服务河南省粮食生产核心区建设，保障国家粮食安全。

（3）推动仓储物流行业发展。立足郑州区位优势和交通枢纽地位，进一步推动郑州仓储企业做大做强交割仓库，促进设库企业建立品牌优势。

1）继续加强郑州交割仓库建设。重点围绕小麦、棉花、红枣等品种，充分利用郑州区位特色优势，在条件允许的情况下，优先考虑在郑州及其周边布局更多交割仓库，加强大型仓储基地的支持力度，更好推动郑州仓储物流产业发展，使更多国内外企业在郑州聚集，提升郑州物流中心枢纽地位。

2）充分用好自贸区的创新示范平台功能，结合河南自贸区郑州片区的物流特点和优势，有针对性地设置相关品种保税交割仓库，持续推进保税交割业务的开展，为自贸区建设提供创新案例，促进郑州保税业务高水平发展。

(4) 促进场外市场业务发展。

1) 开展郑商所场外业务发展试点。向河南省及国家争取政策支持，在河南自贸区开展场外市场发展试点工作，引导和推动企业积极参与郑商所仓单、期现结合和场外期权等衍生品业务，为国家试市、试功能、试制度。

2) 在郑商所与大宗商品现货市场合作方面提供协助。争取有关部门协调各类运作规范的大宗商品现货市场与郑商所开展客户资源共享、产品研发、仓单串换、仓储物流和系统建设等方面的合作，推动期货与现货市场在仓单标准和质检机构等方面的统一，促进期现货市场协同发展。

3) 在郑商所拓展清算服务方面提供支持。争取人民银行等单位支持郑商所建设清算服务平台，为商品现货市场提供清算服务，促进现货市场规范、高效运行。

(5) 助力郑州市期货小镇建设。充分利用郑商所中西部唯一期货交易所的平台优势，发挥郑商所"金融磁石"的资源汇聚作用，鼓励期货公司在期货小镇设立区域性总部、分支机构、风险管理子公司等实体机构，举办市场研讨会、高峰论坛等交流活动，加速期货相关要素集聚，增强市场关注度和吸引力，打造郑州期货小镇品牌，提升郑州区域金融中心的影响力。借助全球路由网络，进一步加强与芝商所、新加坡交易所、洲际交易所等境外机构合作，展示郑州形象，推动郑州高水平开放。

(6) 强化对期货行业人才的培养，营造期货市场开放氛围。一是加强对领导干部的期货知识教育。提高领导干部对期货市场的认识和理解，引导和支持企业利用期货市场管理风险、降本增效，实现稳健发展。二是加强对产业链企业期货人才的培养。做好对期货市场服务实体经济典型案例、模式和经验的总结、宣传、推广，推动企业加强对期货市场的认识，在引进和培养期货人才、建立健全期货运营队伍方面加大投入力度。

（7）借鉴上海、大连期货交易所出台的优惠政策。优先研究和出台相关政策，积极争取和上海交易所等同的所有的期货保税交割标的物均享有暂免征收增值税政策；研究出台鼓励郑商所上市期货新品种和业务创新的支持政策。推动郑州市多层次商品市场建设，促进郑州期货行业进一步发展。

6. 打造中原基金岛，建设中部资产管理中心

（1）鼓励民间资本设立创业投资基金，撬动各类社会资本注册中原基金岛。河南省正处于产业结构升级的战略转型阶段，积极发挥天使投资引导资金、新兴产业创业投资引导基金的股权撬动作用。通过私募股权基金支持创新型企业的融资，并在并购重组领域扮演重要角色。但河南省私募基金行业的基础相对薄弱，发展缓慢。截至 2019 年 11 月底，在中国证券投资基金业协会登记的私募股权、创业投资基金管理人的有 14880 家，管理的私募股权、创业投资基金 36243 只，基金规模达 97100 亿元。其中，注册地在河南省的私募基金管理机构仅 134 家，管理基金 292 只，基金规模为 626 亿元，占比均不足 1%。考虑依托郑州中原基金岛，设立政府产业引导基金，由引导基金、母基金、子基金三级架构组成。通过三级基金架构，几何级撬动各类社会资本，促进区域经济产业发展。一是积极探索政府基金与优质基金机构合作设立创业投资基金、私募股权基金。支持外资设立私募股权投资基金，争取外商投资股权投资企业（QFLP）试点，与卢森堡开展金融合作。二是制定基金支持产业领域的政策，引导投资方向。IPO 注册制推广、再融资、并购及新三板改革等资本市场改革，有望拓宽私募股权基金的退出方式和增厚投资收益。三是注重服务好在豫注册的企业，针对不同的企业需求，制订有针对性的方案，助推企业链条式发展，努力引入产业链上相关企业打造产业集群。四是针对河南省基金公司注册落地困难的现状，制定专门的基金公司落地直通车政策，研究和完善有利于私募股权机构聚集发展的税收政策体系，撬动各类社会资本注册中原基金岛。

（2）积极对接银行系资产管理子公司及其分支机构并推动落地。

在长期的分业监管环境下，我国银行、保险、信托、基金公司等不同资产管理产品所受监管的标准不一，造成了一定的监管盲区和套利空间，为了加强行业监管和防范化解金融风险，2018年4月《关于规范金融机构资产管理业务的指导意见》（银发〔2018〕106号）（以下简称《新规》）出台，要求所有具备公募基金托管资质的27家商业银行都必须设立子公司从事银行理财业务；在净值管理、期限匹配、控制非标、通道业务等多个方面对银行理财提出要求，并设置了两年多的过渡期，用以整顿存量业务。《新规》明确规定，在过渡期后，具有证券投资基金托管业务资质的商业银行应当设立具有独立法人地位的子公司开展资产管理业务，该商业银行可以托管子公司发行的资产管理产品。将银行的理财业务改造成打破刚性兑付，并以委托—代理关系为基础的机构投资者业务，应该是发展机构投资者的一个捷径，也是资管新规体现的改革方向。

2018年9月出台的《商业银行理财业务监督管理办法》明确了商业银行须设立理财子公司的要求；10月出台的《商业理财子公司管理办法》（以下简称《管理办法》）明确了专门针对银行理财业务的具体细则。《管理办法》中提到，银行系理财子公司是主要从事理财业务的非银行金融机构，应采取有限责任公司或股份有限公司形式，公司必须由商业银行作为控股股东，且注册资本最低为10亿元。《管理办法》放宽了《新规》中的部分条例，如允许理财子公司投资股票、不设置理财产品销售起点金额、不强制要求个人投资者首次购买理财产品进行面签、允许理财子公司和私募基金合作、允许子公司发行分级理财产品等。设立银行资产子公司和投资子公司，逐步实现其股权多元化，与投资银行业务、基金等证券公司的公平竞争，形成多元化的直接融资市场的投资者队伍，有效满足新经济的融资需求。

目前，工行、建行等四大行及招商银行、民生银行、广发银行、兴业银行、浦发银行、光大银行、华夏银行等商业银行纷纷发布公告设立资产管理子公司，此举不仅是遵循《关于规范金融机构资产管理业务的指导意见》的要求，也是为了强化商业银行在资管领域的风险管控和风险隔离，有利于资产管理业务良性、健康发展。我国仍以间接融资主导实体经济融资，更多依赖于银行信贷等方式，银行在金融体系的中的地位较高，银行系资管机构的优势明显，所以，主动把握银行系资产管理公司成立的时机，积极对接银行系资产管理子公司及其分支机构入驻，促进多元化资产管理行业发展。

7. 完善交易体系，优化金融资源配置

（1）充分发挥中原股权交易中心的服务功能，扩大直接融资规模。中原股权交易中心是经省政府批准设立的河南省唯一一家区域性股权市场，是河南省重要的金融基础设施。自2015年9月份开业以来，围绕企业展示、挂牌转让、私募融资、培育孵化、登记托管等五大功能服务实体经济。截至2019年年底，累计挂牌展示企业突破6900家，位居中部六省第1位，全国行业第6位。累计企业融资62亿元以上，托管企业334家410亿股，中心促进实体经济发展的能力和效果逐步显现。但是，目前在中心制造业企业挂牌的3217家企业中注册资本在1000万元以下的有2584家，占比高达80%。挂牌企业规模较小、盈利能力较弱、规范性较差，面临很大的生存压力。多数政府及企业希望挂牌后立即融资救急，对市场规范培育的认识和重视不足。

1）推动优质制造业企业挂牌。企业质量是实现中长期股权融资的基础和关键。建议省政府推动优质制造业企业到中原股权交易中心挂牌并进行股份制改造，减少投融资双方信息不对称，提高投资机构筛选企业效率。中原股权交易中心可为制造业挂牌企业举办专场路演会，加强投融资双方对接，帮助企业运用可转债、股权定增、股权质押等融资工具，获得中长期资金。

2）建立协同支持中小企业融资的综合服务模式。推进建立融资担保、中小企业信息共享、企业股权交易、政务服务及培训辅导宣传等一体化的中小企业服务中心，提供综合金融服务，提升企业经营管理能力，增强企业对股权投资资金的吸引力。

3）推动私募股权创投基金加快发展并与中心紧密合作。一是省政府出台相关政策，从注册、税收等方面，加快私募股权创投基金发展，并鼓励私募股权创投基金到中原股权交易中心开户投资。二是建立风险补偿机制，引导、鼓励各类产业发展基金优先投资区域股权市场挂牌制造业企业，支持制造业企业利用多层次资本市场扩大融资。三是推动基金将已投企业到中心挂牌，借助区域性股权市场实现规范、便捷投资退出。

4）加大融资奖补力度。为提高区域性股权市场帮助企业融资的积极性，降低企业融资成本，建议省政府应对在中原股权交易中心挂牌并实现融资的，按照实现融资总额的一定比例对企业和中原股权交易中心给予补贴和奖励。

（2）整合省内区域交易中心，成立河南联合产权交易所。目前，河南省18个区域交易中心分散在不同的监管机构，[①] 虽然不同交易中心的交易标的是金融属性的交易。为促进河南省产权交易市场的健康发展，更加有效发挥融资功能和资源配置功能，通过梳理武汉光谷联合产权交易所案例，可以考虑整合河南省内区域交易中心，成立河南联合产权交易所。统筹推动区域产权交易市场发展，探索建立相应的监管模式。

除金融资产交易所外，有些地方还致力于发展非金融资产交易所，以完善当地的资产交易体系。比如，重庆市形成了资产、权益和商品合约三大交易板块，包括重庆联合产权交易所公司、重庆汽摩交易所公司、重庆农村土地交易所、重庆航运交易所等，建设了具备交易结算、

[①] 河南省技术产权交易所有限公司、河南省产权交易中心、河南中原产权交易有限公司、郑州市产权交易市场、洛阳市产权交易中心、南阳市产权交易中心、许昌亚太产权交易中心有限公司、信阳市申资产权交易中心、平顶山市国土资源交易中心、濮阳市华宇产权交易有限公司、安阳市产权交易中心、河南省矿业权交易中心、郑州肉类商品交易所有限公司、郑州棉花交易市场有限公司、中京商品交易市场有限公司、驻马店市天元芝麻批发市场有限公司、河南亚太有色金属物流园有限公司、北京黄金交易中心有限公司洛阳分公司。

电子商务、融资增信等功能的综合服务平台。这些都应是河南可借鉴的，应大力发展非金融资产交易所，使资产交易体系不断完善，可以为河南省的金融资产盘活创造有利的条件。

(3) 创新知识产权交易模式，借助互联网信息平台大力发展知识产权金融。融资难一直是中小型科技企业面临的发展难题，依托知识产权获得金融支持，是破解这一难题的有效途径。

借鉴南京打造"麦田网"，推动知识产权融资的做法，考虑由政府引导共同打造知识产权互联网公共服务平台。平台采取"互联网＋知识产权＋金融"的模式，以知识产权，如专利、商标、版权等质押作为担保方式，帮助科技企业使用知识产权质押担保，快速获得贷款，为有资金需求的中小企业知识产权融资提供全链条服务。

由平台通过对中小企业的专利等知识产权进行分析评价，得出可信度高的报告，可以帮助银行摆脱繁琐的程序和高昂的评估费用，同时降低银行的贷款风险。由平台推出"园区＋平台＋担保＋银行"的风险共担模式，一旦企业无法偿还贷款，银行先直接与平台对接，由平台按照约定价值向银行购买质押的知识产权，将银行的贷款风险转移。

此外，应主动积极与社会资本合作，建立互联网知识产权融资交易平台。第一步，重点着眼于知识产权评估难、质押难、流转难的问题，对中小企业的知识产权进行分析、评价，并做出市场认可度高的报告。第二步，畅通与银行的沟通渠道，推动中小企业获得无形资产质押贷款。第三步，进一步扩大拥有高价值知识产权企业的融资渠道，如探索发行无形资产证券化。总之，创新知识产权交易模式，借助互联网信息平台大力发展知识产权金融，积极开展知识产权评估及其质押融资，打造具有特色的知识产权金融服务支撑体系。

(4) 将郑州市打造成为区域金融结算中心。一个国家或地区之所以能作为金融中心的内核，是因为其拥有各类结算中心。结算中心主要有四大功能：结算功能、资金融通功能、监督功能和扩大信用功能。支付清算是串联经济金融各领域的"连接线"。任何一笔资金流动都涉及支付与清算，并在清算机构内留存数据。通过大数据分析，能有效跟踪经济金融的运行状态，精准防控和化解金融风险。清算涉及支付、债券、证券、外汇、票据等金融行业各板块，包括清分与结算两大内容，其中结算涉及资金划拨与沉淀，为当地带来多方面货币供应利好。将郑州建设成为金融结算中心，不仅有利于促进河南省的经济金融稳步、快速发展，更有利于优化河南省的融资环境，促进地区产业联动。

依托河南区位、产业特点和优势，联合打造物流结算、要素交易所和跨境电商结算等特色创新结算平台。吸引各类结算平台落地郑州，有利于吸引资金富集，优化局部地区金融环境，而跨境结算也是"一带一路"对河南省的战略要求，支持郑州自贸区实体经济的发展，为自贸区企业走出去提供更加便捷的人民币结算服务，因此，一要大力发展跨境人民币结算；二要大力发展跨境电子商务结算；三要大力发展离岸金融结算，吸引银行机构设立离岸结算业务运营中心；四要大力发展金融要素市场结算，高标准建设统一结算平台；五要大力发展物流金融结算，提升辐射全国，甚至一带一路物流园区的能力。

积极争取人民银行的支持，与中原银行、郑州银行本地银行合作，创新人民币结算新模式，搭建跨境电子商务人民币结算服务平台，将中原地区的特色产品推向全球市场，并提供相应的金融、通关等配套解决方案。

8. 培育金融配套产业，践行生态圈战略

（1）加快培育数字经济新业态、新模式。加快数字经济发展，探索传统服务业转型升级的新途径，推动"大数据＋出行""大数据＋物流""大数据＋文化"等大数据与各行业的深度融合，发展"无车承运人""区块链＋文娱""医药电商"等新产品、新服务、新模式和新业态。

（2）推动软件和信息服务外包产业的发展。利用自贸区与大数据综合试验区联动发展优势，吸引大型通信商、软件生产商在智慧岛设立产品研发运营中心，承接技术研发、软件开发设计、基础技术和基础管理平台整合等业务。依托郑州国际数据专用通道等现有资源，研究在智慧岛打造"离岸数据中心"的可行性，为境内外客户提供面向境外的数据储存、处理、应用、安全等业务。

（3）打造中部地区大数据运营、服务及展示基地。依托智能建筑物联网技术与应用服务国家地方联合工程研究中心、河南省时空大数据产业技术研究院的资源优势，重点发展大数据融合应用服务。借助华为软件开发云、河南省农业大数据智慧云平台、"警视云"公共安全视频监控联网，大力发展云计算、物联网等产业，支持开发商业大数据解决方案。

（4）形成金融生态圈，对内孕育生态平台，对外链接生态资源。金融行业在金融科技的推动下，正在经历一场革命性的变革，"建立大金融生态圈，生态圈内开放金融机构内部数据平台，实现数据无缝链接与共享"是未来行业发展趋势。

大协作将是未来金融机构发展的重要基础，传统金融机构运营将转向"共享——生态环境和市场环境"的新运营模式。在这种新的运行模式下，生态链上的企业可以资源互补，发挥各自优势。例如，互联网公司利用大数据资源优势，可以提供广泛的数据资源支持；金融科技公司利用技术优势，提供技术解决方案和产品支持；银行与金融服务机构提供存贷、保险、证券、投资理财产品和服务。通过金融生态体系的建立，充分整合互联网、金融科技、金融机构、银行的数据资源、技术资源、金融产品与服务资源，为客户提供"整合的、无缝的、浸入式的"金融服务体验。麦肯锡预测，到2025年众多领域的生态圈将形成规模，金融企业应结合自身禀赋、聚焦优势行业，对内孕育生态平台，以客户为中心提供一整套综合金融服务产品和解决方案；对外链接生态资源，聚焦大健康、新零售、养老、教育、中介机构等生态圈，与各业务部门和外部合作伙伴内通外联，共创价值。

9. 持续提升金融业发展的软环境

一是更新、细化金融产业发展的相关扶持政策，适应金融业发展新形势，优化政策环境，推动金融产业结构优化升级。二是持续办好中国（郑州）国际期货论坛，并将其打造成为具有重大国际影响力的期货业盛会，促进国内外期货业交流、发展，切实提升郑东新区金融集聚核心功能区的软实力和吸引力。三是顺应国家多层次资本市场建设、金融业准入市场化等金融改革趋势，围绕实体经济的实际金融需求，大力推进金融产品、金融服务等方面的创新。四是打造区域金融中心。可以采取优惠税率、税前扣除、税收返还等被普遍采用的直接税收优惠政策鼓励企业和金融机构入驻本地区。五是优化审批服务。为推进区域金融中心建设，应为金融机构提供入驻咨询、注册登记、政策申请、问题协调等全方位一站式服务，比如专门成立金融发展综合服务中心，建立快捷的工商办理绿色审批服务，金融机构享有落户工商注册登记全流程专人协调、行政审批绿色通道等专项服务。

10. 强化对高端金融人才的扶持政策

河南省的金融人才存在不足，并且现有人才流失严重。在吸引金融人才，尤其是高端金融人才方面，河南省的优惠政策欠缺。目前国有金融企业现有高管的薪酬结构在市场中严重缺乏竞争力，不利于吸引高级管理人才。与其他发达省份相比，河南省目前尚没有针对有突出贡献的高层次金融人才的税收奖励办法。同时，河南省在教育、文化、医疗及城市管理水平等方面亟待提高。

要使本地法人金融机构更有活力和动力，必须解决高管人才问题和高管薪酬问题。要么董事长按照同级别干部对待，实行限薪，其他高管实行职业经理人制度，薪酬待遇按照市场规则走；要么包括董事长在内的所有高管团队都按职业经理人对待，实现市场化薪酬。金融机构高管需要高学历、高智商、高素质、高能力、高风险，也需要高薪酬。考虑到董事长在经营中具有不可替代的作用，限薪或纯行政干部在任一定会影响到经营活动，所以，省属法人金融机构建议采取后一种模式，全部按照职业经理人管理，为避免董事长"一长独大"，内部建立有效的制衡机制。此外，鼓励和吸引豫籍金融人才回郑州就业、创业、投资，特别是在住房、子女入托就学、医疗等方面予以优惠。还有，高收入群体的所得税优惠问题也是业内关注的问题，广东的办法是先征后退，使个人收入所得税与港澳地区拉平。也可考虑财政奖励资金由财政直接划转至员工个人账户，金额可根据经济贡献等标准确定。为加快打造一支适应特色金融发展需求、契合金融改革创新开放需要的金融人才"豫军"队伍，省委、省政府必须高度重视对金融人才的扶持。

11. 防范和化解金融风险

（1）全面风险管理体系建设。过去多年，国内金融机构沉浸于规模的快速增长却未能同步提升风险管理体系，致使业务扩展近乎"裸奔"。随着市场拐点的到来，中国金融业应将全面风险转型上升至战略高度并加大投入，建立以战略为导向，以精细化管理工具为手段的风险管理体系；建立基于大数据的智能风控，打造高度专业化的风险管理和风险转型团队，并建立专门的 PMO 机构，持续推动转型。

（2）齐心协力、扎实做好"六稳"工作，防范和化解各类风险。防范和化解中小银行、法人金融机构信用风险，深化中小银行改革，健全适应中小银行特点的公司治理结构和风险内控体系，从根源上解决中小银行发展的体制、机制问题。进一步探索农村信用社省联社改革，更加突出服务职能。积极稳妥推进同一地级市内各县、区农商行、农合行、农信社的兼并重组。在人民银行、银保监会的指导下，省政府的支持下，开展省域农商系统理财子公司的研究、探索、设立。建立完善信贷风险补偿机制，帮助企业化解股权质押平仓风险，发挥债权人委员会作用，妥善处置企业债券刚性兑付和担保连带风险。去杠杆、治乱象、抓规范、强监管，有效防范金融风险。开展政府隐性债务摸底审计调查，科学制订实施意见，积极、稳妥、有序地化解债务风险，确保地方债务风险总体可控。

（3）探索监管沙盒模式，把握好金融开放与监管匹配的程度。强化协调、做好预案，多措并举防控金融风险。加强金融监管协调，建立健全信息共享机制，监测预警和早期干预、风险应急处置机制，尽快出台《河南省重大风险处置预案》。充分发挥债委会的作用，实施"一企一策"，防范和化解重点国有企业、民营企业债券违约风险。坚决治理金融乱象，严厉打击非法集资、非法互联网金融等活动。健全守信激励和失信惩戒机制，严厉打击恶意逃废债行为，维持良好信用环境。在监管创新上，可大胆创新监管模式，尝试以监管沙盒的方式进行监管，推动金融开放与创新。同时在开放过程中，把握好金融开放的步伐与金融监管能力的匹配程度。

挖掘并放大自由贸易试验区对郑州国家中心城市建设的引领作用[①]

一、现代城市的特殊功能

交易与居住是城市的基本功能，店铺林立、买家摩肩接踵的市场和院落相接、巷陌交错的街区，就是城市最基本的功能区。随着交易品种增多、交易频率提升、市场空间的拓展和居住功能区规模的扩大，城市也会衍生出教育、医疗、文化等功能，这些衍生功能也会以聚集的形态存在，从而形成新的城市功能区。城市就是随着各种功能区规模的不断扩大和种类不断增多而逐步发展壮大的。从这种意义上说，各种经济社会活动聚集及相应功能区形成和功能集中释放是城市发展的基本驱动力。

根据聚集的动能源泉和特点差异，可以把活动聚集及功能区形成分为效率驱动型、规划引导型和政策驱动型三类。

（一）效率驱动型

效率是聚集及城市功能区形成的原始及永恒动力。如市场及商务功能区的形成就是因为多种类商品交易活动在同一个空间聚集比单个商品类型分散交易更有效率。同一类商品的众多卖家在一个空间聚集形成的专业市场，也是效率驱动的结果。之所以聚集更有效率，是因为聚集可以共享基础设施等公共资源，也便于技术、信息、人员等要素的交流，从而大幅度降低单个主体交易活动的成本。

---

① 本报告为中国（河南）自由贸易试验区办公室委托研究课题，撰稿人为耿明斋。

在城市发展的初期阶段，由效率驱动的经济社会活动聚集及相应功能区形成都是自发进行的。虽然也有诸如中国古代皇城所谓"棋盘式"街区，以及古罗马那种市政广场、公民浴场及角斗场等组成的公众活动区和居住区那样的功能区"规划"，但这些所谓的"规划"都不是建立在对城市发展规律认识和严格的科学论证测算基础上的。直到近代工业革命以后，在产业及人口大规模聚集，现代城市迅速兴起的大背景下，经济社会活动聚集及功能区形成和城市扩张过程仍未摆脱自发蔓延的格局。

(二) 规划引导型

在人们具有了效率聚集规律知识以后，为了使空间布局更科学、效率更高、环境更美，就有了自觉的规划。例如，现代城市探索始于19世纪中叶，1851年英国设计了"工人镇"，1853年法国进行了巴黎规划，19世纪和20世纪之交提出了"田园城市"理论等。进入20世纪以后，欧美各国普遍推出了各类有关城市规划的法律，如英国1906年颁布了《住宅与城市规划法》，随后1933年的《雅典宪章》和1977年的《马丘比丘宪章》更是对世界城市规划产生了巨大影响。无论在法律文本、实践探索和理论主张的集中主义和分散主义等有多大的不同和争论，一个无可争辩的事实是现代城市规划早已形成了系统的理论，现代城市经济社会活动的集聚和相应功能区的形成都是规划引导的结果。

(三) 政策驱动型

中国的城市规划理论多是从外部引进的，相关的法律法规也不完善。改革开放以来，为适应工业化和城市快速发展的需要，在国家统一指导下，全国各地各层级城市为实现某种政策目标，普遍推出各种特殊功能区规划，并加以实施，成为经济社会活动聚集及相应功能区形成和城市发展的主要推手。这些特殊功能区主要分为两类：一类是以发展为指向，如开发区、金融功能区、创新功能区、商务中心区等；另一类是以制度变革为指向，如各种试验示范区等。可以说，自20世纪90年代以来，中国城市的迅速扩张都是由各种政策型特殊功能区驱动的。

郑州市也不例外，既有高新技术开发区和经济技术开发区等以发展为指向的城市特殊功能区，也有跨境电商示范区和自由贸易试验区等以市场化制度变革为指向的特殊功能区，还有航空港经济综合试验区和创新创业示范区等两种指向兼具的特殊功能区。它们共同构成驱动郑州经济社会活动聚集及相应功能区形成和扩张，并带动城市规模扩张的强大推动力量。

二、郑州的城市发展需要实现从规模扩张向功能提升的战略重点转移

回顾近年来郑州市在多种政策驱动下各类特殊功能区规模拓展及城市快速扩张的过程，可以看到基于传统固有资源禀赋释放形成的两条清晰的发展脉络：一是区位交通优势推动了一系列重大交通基础设施建设，成就并放大了郑州的枢纽地位；二是巨大的省域人口体量引致了人口的大规模流入，催生了郑州巨大的房地产市场。两个因素共同驱动了投资和经济总量的快速增长，同时带来了政府可支配收入的大幅度增加。但是，此种城市发展模式并未形成与其规模相称的功能和服务能力，从而没有形成足够的全国乃至全球影响力。以下内容清楚地证明了这一点。

（一）大企业总部少，规模也小

从表1中可以看到，中国企业500强上榜企业，2019年河南省只有9家，在14省中处于中下游地位。中国民营企业500强上榜企业河南省只有13家，在14省中排第11名。

表1　2019年部分省份中国企业500强及中国民营企业500强数量

单位：家

省份	中国企业500强上榜企业数量			中国民营企业500强上榜企业	
	总量	民营企业	国营企业	数量	数量排名
北京	100	17	83	17	8

续表

省份	中国企业500强上榜企业数量			中国民营企业500强上榜企业	
	总量	民营企业	国营企业	数量	数量排名
广东	57	30	27	60	4
山东	50	37	13	61	3
江苏	49	43	6	83	2
浙江	43	32	11	92	1
上海	31	8	23	15	10
河北	23	18	5	33	5
四川	14	6	8	11	12
重庆	14	6	8	15	9
福建	13	6	7	22	6
湖北	10	5	5	18	7
河南	**9**	**4**	**5**	**13**	**11**
辽宁	9	6	3	11	13
山西	9	0	9	7	14
湖南	6	4	2	7	15

数据来源：2020年中国企业联合会发布。

（二）发展水平低

根据上海社科院发布的《2018中国城市发展水平研究报告》，郑州市在20个国家中心城市和区域核心城市中排在第17位（见表2）。

表2 中国城市发展水平前20

排名	城市	城市级别	总得分
1	上海	直辖市/国家中心城市	93.87
2	北京	直辖市/国家中心城市	92.04
3	广州	副省级/国家中心城市	90.51

续表

排名	城市	城市级别	总得分
4	深圳	副省级	90.22
5	武汉	副省级/国家中心城市	84.31
6	成都	副省级/国家中心城市	83.15
7	重庆	直辖市/国家中心城市	81.09
8	天津	直辖市/国家中心城市	80.03
9	杭州	副省级	77.76
10	南京	副省级	76.53
11	青岛	副省级	72.15
12	苏州	地级市	72.01
13	长沙	地级市	65.43
14	西安	副省级/国家中心城市	65.12
15	宁波	副省级	64.32
16	大连	副省级	60.51
17	郑州	地级市/国家中心城市	54.38
18	无锡	地级市	54.31
19	厦门	副省级	53.17
20	沈阳	副省级	53.02

大规模交通基础设施建设和房地产开发的投资驱动发展模式，虽然迅速形成了超大规模城市，但可能挤压或忽视了对功能的提升，从而使其在全国及全球的影响力难以与其规模相匹配。在整个国家进入高质量发展阶段以后，投资需求增速已进入下降通道，投资驱动城市扩张的发展模式也越来越难以持续。

所以，郑州市的发展要由投资驱动的基础设施建设和房地产规模扩张模式，转向创新和消费驱动的功能提升模式。这种城市发展模式转型不仅来自内在的需求，也是外在压力下的必然要求。

一般认为，国家中心城市既是区域核心城市，也在世界城市网络体系中处在中枢和顶级地位，从而是世界城市。郑州市应该按照世界城市的标准重塑城市功能，大幅提升面向全国和全球服务的能力。具体地说，应该按照联结国家与世界的枢纽、保持先进性和开放性，以及拥有对全球经济的影响力、辐射力和控制力等标准，谋划、布局、建设创新及先进制造业孵化聚集中心、贸易和金融中心、交通通信枢纽及人流、物流信息流中心，以及包括科技、教育、医疗、艺术、体育元素的广义文化中心。

要推动发展转型，实现上述发展目标，就必须充分利用和深度挖掘特殊政策功能区赋予的职能，在现有基础上整合和放大已有的比较优势，重铸新的比较优势。以探索建立规范市场化和高度国际化制度为指向的自由贸易试验区，是一个可以大有作为的政策和制度试验平台。

三、充分挖掘并放大自由贸易试验区对郑州功能提升和高质量转型发展的意义和价值

自 2013 年上海自由贸易试验区设立至今，短短六年间，国家已经分五批在全国各地设立了 17 个自由贸易试验区。之所以要在多地设立多个自由贸易试验区，是因为中国作为一个大国，各地情况千差万别，各地需要根据自己的实际情况进行各具特色的自由贸易试验，并在此基础上学习和引进国际市场体系规则，推进本地市场化深化。这就是说，各地的自由贸易试验区是国家根据当地的实际情况赋予特殊的自由贸易试验目标，并探索深化市场化改革的特殊路径和方法。

河南省及郑州市最突出的特点是内陆枢纽和物流中心，国家赋予河南省及郑州市自由贸易试验目标，就是依托内陆枢纽和物流中心地位，探索建立与国际市场规则充分对接的自由贸易体系，探索深化市场化改革的路径。

基于上述认识，结合郑州市高质量发展和建设国家中心城市及世界城市，完善并提升城市功能的需要，笔者认为，中国（河南）自由贸易试验区应该拥有四大职能，或者应该从四个方面挖掘自由贸易试验区

的价值并发挥其应有的作用。

(一)依托枢纽,做大物流,将郑州大都市区及河南带入全球经济循环体系

自由贸易试验区是依托枢纽运行的城市特殊功能区,从这个意义上说,枢纽的质量和效率决定着自由贸易试验区的质量和效率。事实上,贸易从来都是依托交通枢纽存在和发展的。不管是存在于特定空间的有形市场,还是借助于各种交通通道和通信渠道与结算方式半径无限拓展的无形市场,无不如此。就连农耕文明时代普遍存在于广大农村的集贸市场,也都是在交通便捷的"十字路口"发展起来的。由于水运成本低廉,现代化早期大规模贸易活动对水路运输的依存度高,这也是绝大多数现代化大都市都位于海洋或内河重要港口的原因。随着技术进步和交通运输工具的改进,火车、汽车、飞机等速度更快、便捷度更高的现代运输工具被广泛使用以后,郑州作为内陆交通枢纽的重要性才日益凸显出来。

所谓交通枢纽,就是多条交通通道的会合处。枢纽会合的交通通道数量越多(从十字交叉到米字交叉,再到放射状),种类与层次越多(水、陆、空及轮船、汽车、火车、飞机等),延伸距离越长(超越县界、省界、国界直至通达全球),通道质量越好(一级公路、高速公路、普通铁路、高速铁路、喷气式飞机、超音速飞机等),货流通过量越大,通过速度越快,枢纽的质量就越高,能量越大,能够支撑的贸易规模就越大,贸易效率越高,贸易所带动的经济规模也越大,经济运行质量越好。

如前文所述,中国(河南)自由贸易试验区得以设立的理由是拥有内陆交通枢纽的地位。承东启西,连南接北,处在整个中国腹地的位置。公路交通枢纽的优越地位自不必说,郑州作为"火车拉来的城市",其铁路交通枢纽的优势长盛不衰。近年来,随着机场扩建而迅速崛起的空中交通枢纽的优势也逐渐显现。尤其是"一带一路"倡议的实施和郑欧班列的开通,"空中丝绸之路"建设及跨境电商的蓬勃发展,更强化了河南省及郑州市交通枢纽的优势。中国(河南)自由贸易试验区的首要作用和重要职责就是依托郑州市这一强大的内陆交通枢

纽，做大物流，将郑州大都市区及河南带入全球经济循环体系。

依托枢纽将郑州大都市区及河南全省带入全球经济体系的必要性和重要性，不仅是因为枢纽本身具有承载贸易的功能，郑州市及河南省拥有枢纽优势且需要发挥，而且更深层次的意义在于需要借助枢纽驱动的全球贸易实现中原内陆地区发展阶段和发展方式的转换。

目前，中国的经济正在经历一个从资源依赖向技术和市场依赖发展阶段的转换。在资源依赖发展阶段，产业以供给初级产品为主，一般处在价值链的末端，市场半径也往往较小，产品运输距离短，从而对本地或本国市场的依赖程度高。进入技术和市场依赖阶段，产业则以供给深加工产品为主，一般处在价值链的顶端，产品运输距离长、市场半径大，对境外及全球市场的依赖程度高。所以，国际市场和全球经济体系对中国实现高质量转型发展至关重要，这也是中国在多地设立自由贸易试验区，持续推动全方位大规模开放的初衷。河南属于传统的资源型区域，初级产品比例大，产业链条短且处在价值链末端的产品多，市场半径小，开放和拓展国际市场的重要性显得更为紧迫和突出。郑州大都市区及河南全省需要通过枢纽及向全球各地延伸的通道，将产品输送到更远的地方，扩大市场半径，增大市场容量，推动分工和产业链条拉长及产业规模成长。同时，在将郑州大都市区及河南带入全球经济体系循环的过程中，也让本地产品接受国际市场的检验，承受国际市场的压力，促进本地的创新和产业升级。

（二）充分利用和挖掘政策红利，深化完善郑州都市区及河南市场经济体制和运行机制

国家设立自由贸易试验区的政策目标之一，应该是以开放促改革，探索与国际贸易体系和市场化规则接轨的方法，进行市场经济试验，为深化市场化改革提供路径和示范。

当初我们把市场经济看得很简单，似乎只要把价格和实物分配指标放开，市场经济就可以自动运行了。随着改革的深入和经济发展及经济活动的日益复杂化，遇到的问题越来越多，我们才感到建立社会主义市

场经济体制并不是一件简单的事情。进入新世纪以后,尤其是加入世界贸易组织以后,为了融入国际经济体系,就必须与国际市场规则对接,逐渐形成了以开放促改革的思路。这个思路的核心就是通过扩大开放,广泛与国际成熟市场经济的规则体系对接,在此过程中,不断熟悉并学习国际市场经济体系运行的规则,然后把这些规则引进国内,逐步建立起与国际市场体系规则相一致,又不失中国特色的成熟的社会主义市场制度。加入WTO被证明是以开放促改革的有效手段之一。2013年以来,中国分五批陆续在各地设立的17个自由贸易试验区,既是进入高质量发展阶段以后以开放引领发展的重要举措,也是新一轮以开放促改革的重要举措。

从目前看,自由贸易试验区的改革主要涉及两个层面:一是推进国际贸易便利化,这属于技术层面;二是推进国际贸易自由化,这属于制度层面。前者重点在于减少市场主体在政府系统办理各种手续的环节,简化程序,缩短时间,提高效率,如先证后照、多证合一、一口办、联网通办、即时办结等。后者重点在于改变既有的制度规则,使其最大限度地与国际规则对接,如降低关税直至零关税、投资按负面清单管理、不设股权比例限制等。

河南省应该在对国家自由贸易试验区政策体系进行深入研究的基础上,主动提出一些适合自身特点的制度试验项目,如突破现有外汇约束的"外汇资金池"形式、建立以贸易自由化制度改革为指向的特殊自由贸易区块等。

(三)创新引领先进制造业和现代服务业聚集发展,推动财富创造能力的提升

枢纽对于贸易量和贸易规模的支撑在于它的集货功能,也就是说,枢纽可以借助其四通八达向外延伸的各种通道,将更大范围内的各种产品集聚至枢纽区输往更远的区域,也能把更远区域的货物输送到本地市场来。近年来,郑州市及河南省物流规模和外贸市场规模的迅速扩大,在很大程度上依赖枢纽网络这种集疏功能,来自京津冀、长三角、山

东半岛及日韩,甚至珠三角地区的货物在郑欧班列及郑州机场航空国际货运量中占有了较大的份额。这也是郑州市机场年货运量能够迅速突破50万吨,进入全国第7大货运机场和全球前50强货运机场行列的重要原因,也是郑欧班列班次频率及货运量持续保持全国中欧班列前列的重要原因。但是,随着周边区域竞争的加剧及集货难度加大,郑州机场货运增速明显放慢,郑欧班列的发展步伐也相对慢了下来,甚至已经显现出了疲态,也使河南全省的外贸地位开始有所下降(见图1和表3、表4)。

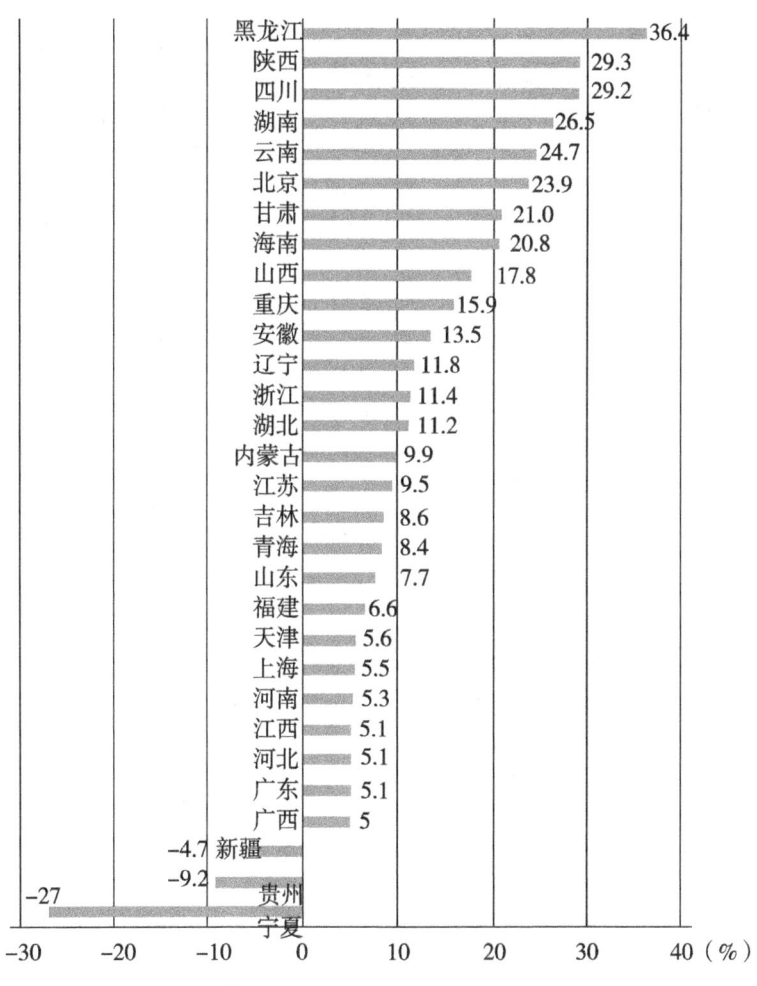

省市	增速(%)
黑龙江	36.4
陕西	29.3
四川	29.2
湖南	26.5
云南	24.7
北京	23.9
甘肃	21.0
海南	20.8
山西	17.8
重庆	15.9
安徽	13.5
辽宁	11.8
浙江	11.4
湖北	11.2
内蒙古	9.9
江苏	9.5
吉林	8.6
青海	8.4
山东	7.7
福建	6.6
天津	5.6
上海	5.5
河南	5.3
江西	5.1
河北	5.1
广东	5.1
广西	5
新疆	-4.7
贵州	-9.2
宁夏	-27

图1　2018年全国部分省市进出口总额增速排名

表3 2019年1—5月部分省市进出口总额排名

单位：亿元，%

地区	进出口总额	增速	增速排名
广 东	27075.3	1.4	18
上 海	24655.3	-0.9	22
江 苏	16964.2	0.9	19
浙 江	11685.0	7.4	13
北 京	11545.0	7.5	12
山 东	7957.2	6.8	14
天 津	5607.9	6.4	15
福 建	5170.5	6.1	16
辽 宁	2887.9	-0.9	21
四 川	2473.7	22.5	3
重 庆	2195.0	18.8	5
安 徽	1848.9	13.1	8
河 南	1739.7	-1.8	23
河 北	1461.5	4.5	17
陕 西	1450.7	0.8	20
湖 南	1413.5	34.9	2
湖 北	1373.5	15	6
江 西	1296.8	-7.9	26
云 南	871.6	13.5	7
黑龙江	771.1	20.9	4
新 疆	522.8	10.8	9
山 西	492.0	-5.1	25
内蒙古	451.8	7.9	11
海 南	246.8	41.7	1
甘 肃	163.0	-2.2	24
贵 州	162.0	-18.2	28
宁 夏	92.8	-12.1	27
青 海	16.9	10.3	10

数据来源：各地海关官网和统计局。

表4　2019年1—9月部分省市进出口情况

单位：亿元,%

地区	进出口额	出口额	进口额	同比 进出口	同比 出口	同比 进口
总　值	229100.00	124800.00	104300.00	2.80	5.20	-0.10
北　京	21082.60	3668.80	17413.80	4.60	1.20	5.30
天　津	10200.00	4743.70	439.20	1.30	-3.20	5.50
河　北	2960.90	1750.00	1210.90	13.80	9.00	21.50
辽　宁	5286.40	2343.10	2943.30	-4.00	-1.50	-5.90
大　连	5287.58	2342.46	2945.12	-3.90	-1.50	-5.80
上　海	23861.71	14209.63	9652.08	16.60	21.20	10.50
江　苏	32106.10	20129.40	11976.70	0.02	4.30	-6.40
浙　江	22400.00	16800.00	5601.00	6.30	7.50	2.80
宁　波	6810.10	4441.20	2368.90	6.80	8.20	4.30
福　建	9728.17	6145.15	3583.02	4.80	8.80	-1.40
山　东	14900.00	8111.70	6778.90	6.40	5.40	7.60
青　岛	4289.50	2436.70	1852.90	12.20	6.80	20.20
广　东	51442.60	31265.70	20176.90	-1.30	2.10	—
深　圳	21140.92	11954.39	9186.53	-1.80	4.80	-9.30
海　南	669.24	427.65	241.59	27.70	27.90	27.20
山　西	1034.90	596.00	438.90	23.30	17.40	32.30
吉　林	964.11	238.21	725.90	-7.80	-0.30	-10.00
黑龙江	1385.70	249.70	1136.00	13.10	19.60	11.80
安　徽	3587.50	2100.70	1486.80	9.00	12.30	4.70
江　西	2513.20	1797.20	716.00	1.70	2.20	0.50
河　南	**3667.20**	**2364.90**	**1302.30**	**0.00**	**2.30**	**-4.10**
湖　北	2741.80	1702.90	1038.90	11.30	10.40	13.00
湖　南	3134.10	2210.40	923.70	50.40	68.90	19.20
内蒙古	821.70	275.80	545.90	8.60	-0.40	13.80

续表

地区	进出口额	出口额	进口额	同比 进出口	同比 出口	同比 进口
西 藏	30.61	25.30	5.31	—	—	—
重 庆	4138.24	2637.40	1500.84	12.30	12.10	12.60
四 川	4814.40	2745.30	2069.10	14.60	18.70	9.50
贵 州	315.36	227.21	88.15	-14.07	-7.15	-27.93
云 南	1665.00	728.10	936.90	18.00	28.10	11.10
陕 西	2597.28	—	—	0.70	—	—
甘 肃	277.10	96.00	181.10	-7.50	-8.30	-7.10
青 海	29.02	—	—	-8.80	—	—
宁 夏	178.60	114.80	63.80	1.00	-9.30	27.10
新 疆	912.70	173.30	739.40	-11.00	23.90	-16.50

从图 1 中可以看到,河南省的外贸增速在 2018 年已经降到了全国各省市第 23 位。从表 3 和表 4 中可以看到,2019 年 1—5 月河南省进出口增速依然是第 23 名,1—9 月份河南省外贸进出口总额已经排在全国各省市区的第 16 位了! 撇开京、津、沪、渝 4 大直辖市不说,不仅东部沿海的福建省、辽宁省等经济总量远小于河南省的,但外贸总量排在河南省前面,中西部地区的四川、安徽、广西等省(自治区)也排在河南省前面。

如前文所述,周边区域竞争和集货难度加大是导致河南省外贸指标下滑的重要原因。但是,在自身枢纽强辐射范围内制造业结构不优、技术含量不高、产业链条短、价值链上位置靠后、产品全球竞争力不强等方面是更重要的原因。所以,从长期来看,要遏制外贸地位下滑的趋势,除了加大枢纽的建设力度,提升枢纽的集疏能力之外,更应该加大创新力度,提升制造业的水平和规模,从而使枢纽在强辐射圈范围内能够提供更多更有国际市场竞争力的货源产品。在这方面,需要通过研究,深挖自由贸易试验区中贸易自由化和降成本的政策空间,创造更好的商务活动环境，吸引和聚集高质量的先进制造业企业和现代服务业企业。

（四）推动郑州都市区及河南的国际化与现代化发展，在内陆开放高地建设中扮演重要角色

作为以国际贸易便利化和自由化为主要指向，以将国家及区域经济活动带入全球经济循环体系，以及以开放促改革，通过与国际市场规则体系对接而加快市场化进程为主要职责的开放性政策平台，自由贸易试验区运行的目标是推动国家及区域的国际化和现代化。事实上，在依托枢纽将区域产品输往国际市场和将境外产品输入区域市场的过程中，在完成境内外物质交换过程的同时，也实现了境内外技术和文化的交换；在承受了国际市场竞争压力的同时，也产生了国内及区域技术进步的动力；在对接国际市场规则体系的同时，也推动了国内市场规则体系的改造和优化。一句话，只要自由贸易试验区政策和功能平台良性运行，一定会助推区域及其核心城市向更为现代化的层级跃升。

为更好地履行职责，及早达成这一目标，要以自由贸易试验区为依托，以世界一流城市为标准，拿出河南尤其是郑州大都市区国际化和现代化的建设标准，并分解成若干项目分步实施。这不仅是内陆开放高地建设的需要，也是推动郑州大都市区及整个河南走向国际化和现代化的需要。

四、更好发挥中国（河南）自由贸易试验区功能的建议

（一）由商务厅及自贸办牵头，高标准制定三大规划并推动实施

为更好地发挥自由贸易试验区在推动郑州国家中心城市及大都市区建设和河南经济转型发展，以及推动市场经济体制、机制建设中的作用，不能就自贸区说自贸区，而应该把自贸区放在整个区域经济运行和经济发展的大格局中，对与自贸区建设密切相关的几个领域按照自贸区建设和推动其功能发挥的要求，拿出高水平规划并推动实施。

1. 枢纽完善和提升规划

河南省及郑州市虽然有良好的枢纽条件，但要按照高标准建设自由贸易试验区的需要，高效率地承载起覆盖全球的大规模人流量、货流量的要求来说，现有的基础还远远不够，至少是在三个方面仍有大幅度提升的空间。

（1）通道的密度和长度。就火车线路来看，以郑州市为枢纽点通往中亚和欧洲的线路需要尽快成网，通过东南亚、南亚和中东地区的线路开拓尚未真正起步，国内联结各个节点的铁路网如何以郑州为中心合理对接，也需要进行系统规划。就航空线路来看，郑州机场仍有很大的开拓空间。

（2）多式联运和多种交通通道与运输工具之间的顺畅对接。发货点和收货点之间公路、铁路和航空所形成的通道之间无缝对接，以及货物在各种不同的运输工具之间顺利转换，即建立起高效率的多式联运体系，一直是这些年我们追求的目标和试图解决的问题，但至今仍有很多问题有待解决。

（3）枢纽周边空间合理布局和如何实现中心枢纽与各种物流通道合理对接，也还是没有解决的问题。中心枢纽和次级枢纽如何布局和如何高效率协同的问题也需要解决。在这方面，建议在郑州大都市区范围内，以高铁郑州东站为圆心，以 30~50 千米为半径画圆，沿外圆轨迹分别在开封西、尉氏县北、高铁南站、新郑北、新密东、荥阳、武陟、平原新区北、原阳北、开封西等为次级枢纽，新建一条绕城环形铁路，将这些次级站点与市区内地铁和公交线路对接起来，使次级枢纽与中心枢纽形成放射状网络体系，这会大幅度减少拥塞，大大提高区域内人流、物流、信息流的转运效率。

2. 自由贸易政策体系和制度体系创新规划

国家对于自由贸易试验区虽然有一套规范的政策体系和明确的制度创新指向，但也为各个自由贸易试验区能够根据自己的实际情况进行自主政策和制度体系创新留下了很大空间，比如广州南沙自由贸易片区就根据自己与港澳毗邻的实际情况,针对人才竞争的需要,自我设计了灵活的人才所得税先征后返机制。河南可以直接使用其他区域类似的政策和制度创新,也可以根据自己的实际情况设计。我们应该在充分研究和认识国家自贸试验区政策和制度创新原则的基础上,根据自己的实际情况,对制度和政策创新做出规划,并分步实施。

3. 先进制造业和现代服务业规划

从根本上说,推动贸易便利化和自由化,推动本地产品走向国际,目的还是要推动本地产业发展和经济水平的提升。自由贸易试验区应该利用自己熟悉国际市场需求和国际市场的竞争格局,及其技术发展前沿趋势的优势,在系统研究的基础上,牵头做出郑州大都市区及河南省先进制造业和现代服务业产业发展规划,在培育产业规模和产业竞争力的基础上促进外贸的发展。

4. 都市区国际化、现代化规划

利用自由贸易试验区对外开放窗口和优势,以及建设更高水平的国际化、现代化区域的需要,由自由贸易试验区及商务厅牵头,把国际国内都市区中代表最高水平的国际化、现代化元素组合起来,以最适合郑州大都市区特点的元素为基础,在特定空间规划相应的功能区,并逐步落实规划,将其建设成为代表都市区国际化、现代化前沿的标志性区域。

(二) 理顺自贸功能区与行政辖区的关系

特大尤其是超大都市区,不仅空间规模和人口总量、经济总量庞大,而且功能复杂。所以,在空间布局上不仅要有多个中心,而且各个中心所承担的功能也要有所不同。也就是说,在城市规划和城市管理上,需要将复杂的城市功能进行分解,在空间上进行相对分割,由不同的区块承担不同的功能。在这方面,上海做得最好,城市格局最清晰。比如,陆家嘴是银行和证券机构高度聚集的金融功能区,张江是高科技企业高度聚集的创新和先进制造业孵化园区,由浦东机场和洋山港为核心构成的临港经济区是国际交往中心和物流中心,以虹桥机场和虹桥高铁站为核心的区域是商务中心区等。郑州也有高新区、经开区、郑东商务中心区等功能区划分。自由贸易试验区属于以探索对外贸易体制、机制，促进国际贸易发展，推动市场化改革深化的特殊政策功能区。

如果功能区和行政辖区重合或者套合，在管理和运行上就不会有问题，比如，各个城市设立的开发区往往也是直属市级政府相对独立的行政区，广东自由贸易试验区广州片区与南沙开发区套合，深圳前海自贸片区和珠海横琴自贸片区也是各自独立，河南自由贸易试验区洛阳和开封片区各自与开发区套合，它们在运行中一般都不会发生功能区政策目标与行政区发展目标冲突的问题。但也有一些城市功能区与行政区无法套合，这便会导致行政区与功能区的发展目标及运转方式不一致，甚至相互摩擦的问题。河南自由贸易试验区郑州片区的这个问题就比较突出。郑州将近80平方千米的自贸片区涵盖了金水、郑东、经开三个行政辖区。这样，在自贸区片区范围内的行政管理权限分别属于各行政区，自贸区政策体系和功能目标管理及实施权限则在片区管委会，其政策和功能目标要落地，就必须通过行政辖区的行政管理机构，而且自贸区管委会又不具备对功能区内相关行政辖区的管理权限，摩擦系数大，政策措施和政策目标落实难度大，给自贸片区管委会带来很多困扰。这显然是个急需解决的重要问题。

建议学习上海虹桥商务区的解决方案。上海虹桥商务区以虹桥机场和虹桥高铁站枢纽为核心，规划了86平方千米，涵盖嘉定、长宁、青浦和闵行四个行政辖区，明确功能定位为依托枢纽形成苏浙沪交界地区的物流和商务会展中心及企业总部聚集地。为实现这一功能区目标，上海市政府成立了功能区管委会，并由管委会主导做了功能区规划，通过市政府审核批准后实施。但管委会只负责规划和督促规划落地，并不行使对整个商务中心区的管理权，包括建设和运营管理权都仍归功能区涵盖的各个行政辖区。具体来说，就是功能区内隶属于各个行政辖区的区块，功能由市政府功能区管委会确定并监督依规划实施，而各个行政区块相应功能规划的具体实施由各个行政辖区负责。各个行政辖区为实施相应的功能规划也成立了管委会。不管是本行政辖区内按照规划进行的投资建设、招商引资，还是税收及投资收益回收，都属于各行政区管委会的权限。当然，功能区内各个行政辖区也会因为规划功能的不同而导致在特定时段内利益的不平衡，从而影响功能规划建设落地的进度，但总体上这种体制、机制设计得比较科学，运行也比较顺畅。

（三）谋划建立内陆自贸港

自从2018年海南省自由贸易试验区批准设立并被中央赋予探索自由贸易港的职责以后，自由贸易港就成为热门话题。大家对自贸港的热切期盼，也是源于自2013年上海市自贸区设立以来，虽然自贸区的数量增加了很多，其便利化改革也取得了很大成效，但在更为关键的贸易自由化改革方面却步履维艰，进展缓慢。人们希望通过自贸港建设，能在贸易自由化改革方面有所突破。顺应这种期盼，除了鼓励海南探索设立自贸港之外，中央批准上海自由贸易试验区拓展临港新片区，并为临港片区确立了新的更高的目标，即要建设世界上开放程度最高的自由贸易试验区。这实际上明确了上海临港自贸新片区的主要职责，应该是按照世界目前最高水平的自由贸易区，进行中国最前沿的自由贸易制度试验。

在自贸港讨论中，也时常听到有人说到，河南省没有海港，不具备设立自贸港的条件，所以自贸港建设与河南无关。对此，笔者不能苟同。实际上，自贸港无非是利用交通枢纽的位置和功能，尝试建立贸易自由程度更高的特殊功能区。海港枢纽可以，内陆港枢纽也可以。河南完全可以依托高铁枢纽或机场空港枢纽申请建立自由贸易港。尤其是空港枢纽，原本就有国家首个航空港经济综合试验区的概念，又有"空中丝绸之路"中国枢纽港的定位，河南申建自由贸易港还是有条件的，值得一试。更何况，机场枢纽及郑州航空港经济综合试验区至今仍在自由贸易试验区郑州片区之外，这与依托枢纽建设自由贸易试验区的逻辑多少有些背离。所以，从这个意义上说，也应该抓紧用自贸港的概念把机场枢纽纳入自由贸易试验区的体系中。

科学认识乡村振兴的内涵，明确乡村振兴的正确方向[①]

一、从国家现代化的角度认识乡村振兴的意义

如果我们要说乡村是国家的重要组成部分，没有乡村的现代化就不可能有整个国家的现代化，这个逻辑大家都很容易明白。但是，如果我们要说乡村振兴对于整个国家现代化的意义，在于乡村与以工业化、城镇化为主要内容的现代化，在结构上存在着无法切割的内在联系和互动关系，就必须要回到社会演化历史深处和逻辑原点，才能把这个问题解释清楚。

人类社会大约从一万年前完成农业革命，欧洲到18世纪中叶产业革命以后，中国至19世纪中叶鸦片战争及洋务运动以后，一直处在以农耕文明为主导的自给自足经济状态。在这种状态中，农业几乎是经济活动的全部，手工业只是农业生产间歇时间的副业，仅存在于农业经济活动单元内部，产品是满足自身的需要而不是为了出售。乡村基本上是整个社会的全部，城市只是统治集团及为之服务的文化教育和商业手工业聚集地，并且靠土地税赋供养。这些特点在中国两千多年的农耕文明史中最为突出。农民家庭始终是最基本的经济活动单元和最坚实的社会基础，变化的只是大约二百至三百年一次的涨落循环。每逢王朝末期，腐败必然导致社会动乱，人口锐减，经济活动收缩，然后是新王朝取代旧王朝，奖励农耕，与民生息，人口再增加，经济活动规模再扩大，然

---

① 本文为2019年河南省哲学社会科学规划重大委托项目"当前河南乡村振兴战略实施的难点及破解路径（2019ZDW05）"结项成果的一部分，主持人为李庚香、耿明斋，撰稿人为耿明斋。

后再陷入腐败和动乱的循环。在这种状态中，最好的结果无非就是奖励农耕所导致的人口繁衍，垦殖拓展，产量增加，余粮和兵员增多，国力增强，疆域增大。生产方式、生活方式和社会结构总是在同一水平上重复，而没有质的改变，所以，也不可能有我们这里讨论的乡村振兴。

现代意义上乡村振兴的源头可以追溯到18世纪下半叶由英国的产业革命引发的现代化。中国由于反应迟钝和被动，现代工业文明以商品为载体由舰炮裹挟着呼啸而来，把传统农耕文明为基础的经济社会结构冲了个七零八落。列强的入侵和国内政权更迭造成兵祸连年，工业自洋务运动以来虽也在夹缝中顽强生长，但却始终止步于上海、广州、天津、青岛等少数几个沿海城市的狭小空间，未能成为经济的主导力量。几乎所有的负担都压在了农民身上，导致民不聊生，农民破产、农村衰败日益严重。正是在这种背景下，至20世纪30年代初国民政府成立，社会稍微安定以后，一大批忧国忧民的知识分子开始将目光投向农村，寻求推动民族复兴的方法，形成了当时轰轰烈烈，对后世影响深远的乡村建设运动。他们思考的切入点不同，方法有异，但都是以世界眼光，针对中国的实际，不仅有系统的理论和完整的方案，还亲历亲为，深入基层推动实施。

他们中最具代表性的是梁漱溟和晏阳初。梁漱溟认为，中国的落后和衰败在于文化失调，表现就是散漫和无组织（不像西方，有宗教有组织）。中国要复兴，就必须改造中国文化，中国文化的根在乡村，要改造中国文化，就必须从乡村开始，从建立组织入手。办法是组织知识分子到农村去，与农民结合，创办乡农学校，让儿童接受学校教育，让农民接受成人教育。借鉴古代乡约的理念，把乡农学校与乡村组织结合起来，行使乡村社会的管理职能。引导农民关心社会，增强公民意识，提升劳动技能，展开合作，使用先进技术，提高农业效率，并逐步依托农业办工业，走上现代化道路。为此，他在时任山东省主席韩复榘的支持下创办了邹平乡村建设研究院，在邹平县展开实验，由县政府在乡村建设研究院的指导下推动实施，抗战爆发后终止。晏阳初与梁漱溟对中国问题的认识略有差异，办法则基本相同。晏阳初认为，中国的问题是人的问题，人的问题突出表现在"愚、贫、弱、私"四大症状，要改变中国就必须改变中国人，因为中国人的主体是农民，要改变中国人就必须从改变农民开始，办法也是教育。通过文化艺术教育增长知识治愚，通过职业技能教育提升能力治贫，通过健康教育增强体质治弱，通过公民教育治私。为此，他组织了"中华平民教育促进会"（简称平教会），并在河北正定展开实验，依托县政府，建立乡村学校，并把乡村学校赋予社会管理职能，实行政教合一的社会治理模式。他的这种实验还得到了当时国民政府的支持，并通过国民政府一定程度上在全国范围内推广，后来也是因为经费问题和抗日战争而终止。[1]

光阴荏苒，一晃就是近百年，这期间中国发生了翻天覆地的变化，现在我们要推动的乡村振兴与当初知识分子奔走呼号的乡村建设，不管是面对的历史背景还是要解决的问题已有天壤之别，完全不能同日而语了，唯一相同的是都是要说乡村的事。如果说当初中国还处在现代化酝酿阶段，"乡村建设"是要为整个国家的现代化找到切入点。现在中国已进入现代化高潮期，甚至将要转入下半程，乡村振兴是要补现代化短板，以完成现代化过程；当初农民破产、农村衰败，乡村建设是要救民于水火，解决农民的生计问题。现在农民的温饱问题早已解决，农村不断更新，乡村振兴则是要解决农民的富裕和发展问题；当初整个国家就是大农村，乡村建设是要从农业孕育工业进而促进城市发展，现在工业和城市早已成为国家经济社会活动的主导，乡村振兴是要以工业和城市引领、推动和改造农村。

按照《中共中央国务院关于实施乡村振兴战略的意见》（中发〔2018〕1号）和《乡村振兴战略规划（2018—2022年）》（中共中央、国务院2018年9月26日印发）两份文件的浓缩表述，乡村振兴是要实现"产

---

[1] 刘峰.20世纪30年代农村复兴思潮研究［D］长沙：湖南大学，2015.

业兴旺、生态宜居、乡风文明、治理有效、生活富裕",也就是我们习惯上所说的乡村振兴二十字方针。这二十字既明确了乡村振兴要发力的五个领域,又提出了各自要解决的问题和实现的目标。沿着前述现代化的演化逻辑,从澄清事物内在联系和抓住关键环节的角度来认识,"富裕""宜居"和"产业"是根本。富裕也就是提高收入,是总目标,是所有生产生活绕以转动的轴心,也是结果和表现形态;宜居是幸福的重要源泉,更重要的是放在大规模城镇化背景下来审视,农村宜居的实现一定伴随着居住空间结构的调整,只有建立在合理居住空间基础上的生态建设才是合理和有效的。进一步说,居住空间调整意味着乡村人口聚集空间的重构,文明乡风和有效治理也要建立在居住空间重组的基础上。所以,生态、乡风和治理三大行动及相应目标都以宜居空间为前提,甚至可以把它们归入宜居概念中,作为宜居的衍生因素来分析;产业的重要性是不言而喻的,它是财富的源泉,是提高收入和富裕的基础,也是宜居实现的前提,没有产业,一切都无从谈起。所以,抓住产业、宜居和富裕三个概念,也就抓住了乡村振兴的"牛鼻子"。

二、现代化进入下半场后乡村振兴面临的基本任务

如前文所述,与20世纪30年代知识分子所推动的"乡村建设"运动相比,当前我们所推动的乡村振兴是要解决中国现代化进入下半场以后涉及乡村的一系列问题。根据前面我们对乡村振兴二十字方针的认识和"产业""宜居"和"富裕"三个核心概念的提炼、解读,下面梳理出由现代化演化进程中提出来的乡村振兴五项基本任务。

(一)从"耕者有其田"到如何提高农业生产效率

现代化起步阶段首先要解决的是农民的生存问题。土地是农民生存的基础,实现"耕者有其田"就成为当时要解决的首要问题。1949年前后,我国进行了大规模的土地改革,按照人均等分将土地归属于所有农户家庭,以农户土地私有的方式全面实现了"耕者有其田"的

目标，也可以说，到 20 世纪 50 年代初就基本解决了农民的温饱问题。虽然后来以合作和效率为依据实行集体所有和公社化导致反复，但通过 20 世纪 80 年代的农业联产承包责任制改革，农民生计问题应该说是彻底解决了。至迟在 20 世纪 90 年代以后，主要矛盾转换成了如何提高农业劳动效率，从而如何通过种地而增加收入甚至是致富的问题。

人多地少是我国的基本国情，根据有关公开数据，我国人均耕地面积为 1.35 亩，河南省人均耕地面积为 1.27 亩。① 农户按照四口之家规模测算，户均耕地只有 5 亩多，与符合效率要求的耕地劳动比相距甚远，即使亩均土地产出在现有技术条件下已达到最大化，仅靠耕地种植所获收入也十分有限。以中原发展研究院组织的"百县千村万户整村调查项目"中提供的周口太康县、许昌襄城县和新乡获嘉县三个案例村的数据为例，其人均耕地分别为 1 亩、0.56 亩和 1.7 亩，均夏秋两季自种小麦/玉米或小麦/大豆等大田作物，亩均产量在 1300～2100 斤，按照当年市场价格，亩均收入分别为 1900 元（小麦/玉米）、1718 元（小麦/大豆）、1638 元（小麦/玉米）、2074 元（小麦/玉米），扣除种子、化肥、农药、灌溉、耕种、收割等亩均投入成本 840 元、620 元、780 元和 830 元后，包括劳务在内的亩均净收益分别为 1060 元、1098 元、858 元和 1244 元，人均分别只有 1060 元、615 元、480 元和 2115 元。② 即使以这个亩均收入标准按照全国及全省 1.35 和 1.27 的人均耕地面积算，能够来自土地种植的人均收入也少得可怜。所以，即使解决了"耕者有其田"的问题，以现有的人均土地占有量，农业劳动效率只能处在极低的水平上，依靠种地无论如何也无法解决收入提升的问题。现代化及现代农业最基本的要求和标志，是农民要能够通过农业种植和土地经营获取与其他劳动或经营活动大体上同水平的收入。这就是

---

① 2018 年，河南省第三次全国农业普查主要数据公报（第一号）河南统计网。
② 耿明斋．整村调查报告 2019［M］．北京：中国经济出版社，2020．

为什么说提高农业生产效率是乡村振兴所要解决的焦点和难点问题的原因。

（二）从非农生存空间拓展到就业迁徙衍生问题的解决

实际上，土地和农业作为生存的唯一依赖，只是自给自足农耕文明时代的事，进入工业文明和现代化以来，由工业和服务业构成的非农产业就成为更重要的生存依赖。前文说过，中国自19世纪中叶鸦片战争及洋务运动以来，非农产业就开始缓慢滋长，但直到中华人民共和国成立，工业服务业只孤立存在于沿海几个大城市的状况没有改变。到第一个五年计划实施前的1952年，三次产业比是50.5∶20.8∶28.7，非农产业占比还不足50%，能够为从土地依赖中分流出来的人群提供的生存空间很小。但到2018年三次产业比已经演化为7.0∶39.7∶53.3，非农产业在整个国民经济中的比重已达到93%。伴随着产业结构由"一二三"向"二三一"，再到"三二一"的转化，越来越多的人生存空间由土地依赖转向非农产业依赖，这表现为农业剩余劳动力大规模地向非农产业转移及农村人口大规模向城市迁徙（见表1）。

表1　改革开放以来中国城镇化率及增速（%）

指标	年份	城镇化率	增速	平均增速
五五	1976	17.44	0.10	0.41
	1977	17.55	0.11	
	1978	17.92	0.37	
	1979	18.96	1.04	
	1980	19.39	0.43	
六五	1981	20.16	0.77	0.86
	1982	21.1	0.94	
	1983	21.62	0.52	
	1984	23.01	1.39	
	1985	23.71	0.70	

续表

指标	年份	城镇化率	增速	平均增速
七五	1986	24.52	0.81	0.54
	1987	25.32	0.80	
	1988	25.81	0.49	
	1989	26.21	0.40	
	1990	26.41	0.20	
八五	1991	26.94	0.53	0.53
	1992	27.46	0.52	
	1993	27.99	0.53	
	1994	28.51	0.52	
	1995	29.04	0.53	
九五	1996	30.48	1.44	1.44
	1997	31.91	1.43	
	1998	33.35	1.44	
	1999	34.78	1.43	
	2000	36.22	1.44	
十五	2001	37.66	1.44	1.35
	2002	39.09	1.43	
	2003	40.53	1.44	
	2004	41.76	1.23	
	2005	42.99	1.23	
十一五	2006	44.34	1.35	1.39
	2007	45.89	1.55	
	2008	46.99	1.10	
	2009	48.34	1.35	
	2010	49.95	1.61	
十二五	2011	51.27	1.32	1.23
	2012	52.57	1.30	
	2013	53.73	1.16	
	2014	54.77	1.04	
	2015	56.1	1.33	

续表

指标	年份	城镇化率	增速	平均增速
十三五	2016	57.35	1.25	1.13
	2017	58.52	1.17	
	2018	59.58	1.06	
	2019	60.06	1.02	

数据来源：中国统计年鉴。

从表1可以看到，在1976—1995年的20年间，城镇化平稳增长，年均增速保持在0.5%左右，城镇化率从17.44%增长到29.04%。从1996—2010年的15年间，城镇化增速明显加快，三个五年计划期年均增速分别达到1.44%、1.35%和1.39%，城镇化率从30.48%增长到49.95%。2011年以后，城镇化增速逐渐趋缓，从当年的1.32%波动递减到2019年的1.02%，其中，前五年年均增速1.23%，后四年均增速1.13%。中国城镇化演化的上述轨迹，与已经完成工业化国家城镇化演化趋势基本上一致，即城镇率在达到30%以前是缓慢增长期，30%~50%是加速增长期，50%以后是逐渐减速的平稳增长期，直至70%乃至80%以上到达城镇化基本完成。用图来表示，这一趋势会显得更清晰（见图1）。

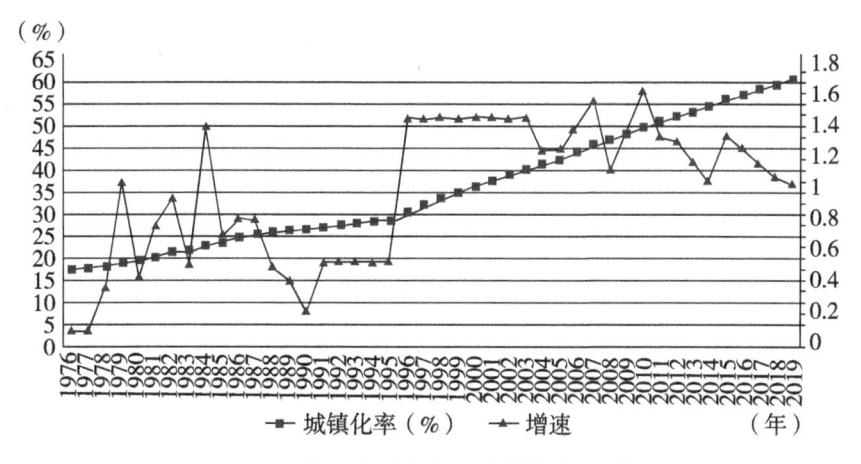

图1 改革开放以来中国城镇化率及增速

数据来源：中国统计年鉴。

梳理东部发达地区：北京、天津、河北、辽宁、上海、江苏、浙江、福建、山东、广东、海南等11省（直辖市），城镇化率逐年变化。这些地区从2011年城镇化率超过60%开始，增速就在1.0%及以下徘徊了，到2018年的城镇化率达到67.8%时，增速则降到了0.81%（见表2）。

表2　东部地区（11省市）城镇化率

时期	年份	城镇化率（%）	增速（%）	平均增速（%）
十一五	2006	54.53	1.24	1.35
	2007	55.35	0.82	
	2008	56.23	0.88	
	2009	55.88	-0.35	
	2010	60.01	4.14	
十二五	2011	61.01	1.00	0.99
	2012	62.16	1.14	
	2013	63.09	0.93	
	2014	63.91	0.82	
	2015	64.95	1.05	
十三五	2016	66.05	1.09	0.95
	2017	66.99	0.95	
	2018	67.80	0.81	

数据来源：中国统计年鉴。

把前文关于三次产业结构演化的结果与这里描述的城镇化演化趋势结合起来，应该说当前中国的发展已经进入现代化后半程的判断是比较准确的。这意味着，与前现代化或现代化起步阶段相比，中国的经济社会及相应的城乡关系至少有四个方面的变化问题需要研究。

（1）现代化起步阶段是城小乡大，农业产值占比超过50%，工业占比只有20%，城市总人口不足20%，乡村人口超过80%。现在农业产值降到7%，非农产业达到93%，乡村人口降到40%以内，城镇人口超过60%。这是整个社会结构质的变化，即我们已经完成了由农业国向工业国的转变，完成了由农民和农村为主体的社会向以非农业人口和城市为主体的社会的转变。顺应这种变化，整个国家宏观发展战略和政策方向理应跟着调整，比如，现代化起步阶段是以农补工，以乡支城，现在应该转向以工补农，以城扶乡。应该说，近年来事实上也在顺着这一方向在逐步调整。

（2）城镇化率超过60%，意味着接近2/3的人口已经居住和生活在城市，在非农产业就业，从而摆脱了对土地的生存依赖。但是，他们又是"新市民"和"老农民"，既没有在城市建立起完善的联系，又没有完全割断与农村的联系，身份转换和身份认同没有完成，不管是真正融入城市还是真正离开农村，都有一系列的问题需要解决。融入城市有稳定就业、固定住房、子女入学、本人养老保障等问题，离开农村有土地权益、父母养老和子女教育等问题。所以，这一部分统计意义上的城市人中的很大部分实际上仍然游移于农民和市民、城市与乡村之间，"农民工"大概就是这个群体的典型代表，他们隶属于家庭，但往往是一个人离家进城打工，却无法携带妻儿父母同行，他们靠非农就业工资获取收入，但土地耕种仍是家庭的一项重要活动，要么靠老人妇女耕种，要么自己间断性回归兼顾种地。他们在城市是漂泊者，在乡里是候鸟式。如何使这些人尽快完全融入城市，又如何使他们真正离开乡村或者合理解决他们在乡村的各种问题，应该是促进乡村振兴所要解决的重要问题之一。

（3）大规模农民进城已经把现代化不同步而客观形成的城乡二元结构和人为建立起来的制度壁垒冲开了诸多缺口，比如农民进城就业早已无须经过政府行政分派，而由企业和劳动者相互自由做出选择，绝大多数城市落户的门槛已经大幅度降低等。但一些基础性的制度壁垒的根基还很深厚，比如离乡进城农民的承包耕地权益还比较模糊，能否不受就业、户籍、居住空间等的变动而长期保有并自由处置还不确定，农村住房权益性质不明确，不能像城市住房一样可以市场化买卖，农民对宅基地也没有自由处置权，城市资本和人口还不能下乡，城乡之间要素不能双向流动等。所有这些问题也都是乡村振兴所需要解决的。

(4) 非农产业空间布局理论上不存在城乡界限，早期工业化的长珠三角地区有很多地方事实上也已经实现了城乡非农产业的全覆盖。但是，国家土地用途管制以后开始工业化的广大中西部地区，由于耕地大都进入了基本农田管制范围，农村基本上已经没有非农产业布局的空间，非农产业在县城和个别乡镇聚集发展是基本形态。然而，中国农业和农村的特点又注定了在很长时期内将会有一大部分农村居民以兼业的形式留在农村，也就是在不放弃耕地、不离开家乡的前提下兼做非农产业，甚至非农产业成为兼业农户的主要收入来源。这一方面为县域内发展非农产业提供了需求和劳动力供给；另一方面也对县域内的非农产业面向广大农村发展提出了要求。县域内的非农产业如何在聚集发展形态下向广大农村延伸，以满足兼业农民非农就业和增加收入的需要，也是乡村振兴需要研究解决的问题。

总之，现代化进入后半程后，在农村和城市两个方面都引出了一系列问题。这些问题的解决涉及诸多制度层面的调整和改造，也构成了乡村振兴所要解决的焦点和难点。

(三) 从收入结构改善与水平提升到人口结构恶化衍生的问题

实践证明，城镇化是一个要经历一代人甚至几代人才能完成的过程。就一个家庭来说，往往要经历一个从个别成员进城到举家迁徙的过程；就一个村落来说，则要经历多个农户逐渐举家迁徙的过程；就整个社会来说，则是绝大多数农户完成了从乡里人到城里人的转变，才算是完成了城镇化过程。

城镇化最初的驱动力来源于城市非农产业就业及获取收入对农民的吸引，率先踏入城市的往往是家庭成员中最有能力的青壮年劳动力，所以，城镇化给农村居民带来的第一个变化是收入结构的改善和收入水平的提高（见表3）。

表3 2013—2019年中国农村居民人均可支配收入来源结构与水平演化

单位：元，%

年份	工资性收入	占比	经营净收入	占比	财产净收入	占比	转移净收入	占比	合计
2013	3652.50	38.73	3934.83	41.73	194.71	2.06	1647.53	17.47	9429.57
2014	4152.20	39.59	4237.39	40.40	222.07	2.12	1877.22	17.90	10488.88
2015	4600.31	40.28	4503.58	39.43	251.53	2.20	2066.30	18.09	11421.72
2016	5022.00	40.62	4741.00	38.35	272.00	2.20	2328.00	18.83	12363.00
2017	5498.42	40.93	5027.82	37.43	302.96	2.26	2603.23	19.38	13432.43
2018	5996.00	41.02	5358.00	36.66	342.00	2.34	2920.00	19.98	14616.00
2019	6583.00	41.09	5762.00	35.97	377.00	2.35	3298.00	20.59	16020.00

数据来源：Wind数据库。

在表3中，工资性收入表示的是农民家庭非农就业取得的收入，经营净收入表示的是从土地经营取得的收入，转移净收入表示的主要是从政府各种补贴形成的收入。从表3中可以看到，从2013—2019年，工资性收入占比从38.73%增加到41.09%，增长了2.36个百分点。转移收入占比从17.47%增加到20.59%，增长了3.12个百分点。两者相加，增长了5.48个百分点。再加上财产性收入占比的提升，农业经营收入占比下降了5.76个百分点，从41.73%降至35.97%。这意味着农业已经不是农村居民获取收入的主要途径。农民收入总水平也因此大幅度提高，人均可支配收入从2013年的9429.57元提高到2019年的16020.00元。

但是，由于进城从事非农就业并赚取工资收入的多是家庭中最有能力的青壮年劳动力，多数家庭成员仍会留在乡里，甚至要继续从事原有的农业经营活动。这样，青壮年劳动力进城打工，老人、儿童乃至妇女在乡务农、就学和养老成为很多农民家庭的常态，这种半城市化状态一般都会持续较长时间，甚至需要经历一到两代人。结果就是农村人口结构相对于城市的变化（见表4）。

表 4 城乡人口年龄结构占比

单位:%

年份	0~14 岁 城镇	0~14 岁 农村	15~64 岁 城镇	15~64 岁 农村	65 岁及以上 城镇	65 岁及以上 农村
2000	18.421	25.518	75.157	66.979	6.422	7.503
2006	—	19.210	—	71.351	—	9.439
2010	14.076	19.163	78.124	70.779	7.800	10.059
2017	14.957	19.390	74.953	67.390	10.090	13.221

数据来源：2000 年第五次人口普查、2006 年第二次农业普查、2010 年第六次人口普查，2018 年中国人口和就业统计年鉴。

从表 4 可以看到，在 2000 年以来的 4 个年份节点上，除了 2006 年城市数据缺失之外，其他 3 个年份节点 15~64 岁的劳动人口城市占比都高于乡村占比 7 个百分点以上，65 岁以上老人占比农村则比城市高出 1 至 3 个百分点，且有不断上升的趋势，0~14 岁儿童占比农村也比城市高出 5 个百分点及以上。这一方面意味着多年来很多人担忧的农村高素质人口流失现象确实存在，从而构成乡村振兴要解决的问题之一；另一方面比重日益增长的儿童和留守老人也成为农村越来越大的社会问题。

（四）从存量居住空间改善到增量重组空间建设衍生的问题

非农就业和工资性收入增加带来的收入水平增长，对农村居民物质生活水平提高带来的最具标志性的变化是住房改善。近年来，甚至在最偏僻的农村，我们也能看到密密麻麻的楼房在各个村庄拔地而起，成为农村一道靓丽的风景线。也有越来越多收入更高的农户，为了就业的方便和子女获得优质教育的需要，开始在城市尤其是县城购置住房。在非农产业相对发达，居民比较富裕的焦作沁阳市，根据我们调研获取的信息，有些乡镇 80% 以上的居民在市区拥有住房，即使是纯农业乡镇，也有 50% 左右的农户在市区拥有住房。近年来，很多农村地区在城市拥有住房甚至成为子女婚嫁的条件，以至于即使在发展水平相对较低的农业县域，也有10%左右的农户在县城拥有住房。农村居民一户城乡双宅，虽然具体原因各异，但从趋势来看，这也是从部分家庭成员开始的半城市化到举家迁徙的完全城市化演化过程呈现出来的必然现象，而且这样的农户占比肯定会越来越大。我们不能排除对不少农户来说城乡一户双宅确属必须，但的确有不少准备举家迁徙的农户有变现农村住房和宅基地，以筹资在城市置业的需要，因制度屏障而无法如愿，不得不暂时维持低水平城乡双宅的状态。越是接近城镇化完成阶段，拥有这种需求的待转移农户就会越多。如果能够在明确界定农户权益的基础上，使农村宅基地及房产能够进入市场交易，为待转移农户提供农村财产变现的渠道，也是实现乡村振兴需要解决的问题之一。

与此相关的是，随着城镇化水平的提高，举家向城市迁徙的农户比例越来越大是不可逆的趋势，现在60%的人口常住城市，理论上也应该是同样比例的家庭在城市，待70%甚至80%人口常住城市以后，也意味着70%～80%的家庭应该在城市，逻辑上的结论是农村居住空间会收缩。这种收缩一般会以两种方式呈现：一种是存量村庄中常住农户会越来越少；另一种是一些村庄会因城市拓展被整体上拆迁改造而消失。空心村现象大量存在和城中村、城边村大量消失的事实也证明了上述结论。空心村如何治理，整村改造涉及的各种利益关系如何处置等，都是城镇化过程中必须要面对的问题。

总之，由居住空间转换带来的结构变迁和制度调整，这背后也有不少属于乡村振兴需要解决的难点与焦点。

（五）提高农民收入，缩小城乡差距是根本

前已述及，工业化、城镇化为农村居民拓展了新的就业和收入空间，摆脱了单一土地依赖的农民大规模进入非农产业领域，随着工资性收入比重上升，收入总水平也持续大幅度提高。但是，城镇居民收入提升的幅度更大，城乡收入差距反而进一步扩大了（见表5）。

表5 中国城镇与农村居民收入差距比较

单位：元，倍

年份	城镇居民家庭人均可支配收入	农村居民家庭人均纯收入	城镇/农村
1978	343.40	133.60	2.57
1979	405.00	160.20	2.53
1980	477.60	191.30	2.50
1981	500.40	223.40	2.24
1982	535.30	270.10	1.98
1983	564.60	309.80	1.82
1984	652.10	355.30	1.84
1985	739.10	397.60	1.86
1986	900.90	423.80	2.13
1987	1002.10	462.60	2.17
1988	1180.20	544.90	2.17
1989	1373.90	601.50	2.28
1990	1510.20	686.30	2.20
1991	1700.60	708.60	2.40
1992	2026.60	784.00	2.58
1993	2577.40	921.60	2.80
1994	3496.20	1221.00	2.86
1995	4283.00	1577.70	2.71
1996	4838.90	1926.10	2.51
1997	5160.30	2090.10	2.47
1998	5425.10	2162.00	2.51
1999	5854.00	2210.30	2.65
2000	6255.70	2282.10	2.74
2001	6824.00	2406.90	2.84
2002	7652.40	2528.90	3.03

续表

年份	城镇居民家庭人均可支配收入	农村居民家庭人均纯收入	城镇/农村
2003	8405.50	2690.30	3.12
2004	9334.80	3026.60	3.08
2005	10382.30	3370.20	3.08
2006	11619.70	3731.00	3.11
2007	13602.50	4327.00	3.14
2008	15549.40	4998.80	3.11
2009	16900.50	5435.10	3.11
2010	18779.10	6272.40	2.99
2011	21426.90	7393.90	2.90
2012	24126.70	8389.30	2.88
2013	26467.00	9429.60	2.81
2014	28843.90	10488.90	2.75
2015	31194.80	11421.70	2.73
2016	33616.20	12363.40	2.72
2017	36396.00	13432.00	2.71
2018	39250.84	14617.03	2.69
2019	42359.00	16021.00	2.64

数据来源：Wind、国家统计局。

由表5看出，从改革开放初开始，城乡收入比就在2.5倍左右的高位，除了1982—1985年4年间降到了2倍以下之外，其余年份最低也在2倍以上。尤其是进入新世纪以后，城乡收入差距迅速增大到3倍以上，并且一直保持了将近10年的时间，直到2013年以后才逐步缓慢下降，2019年仍在2.64倍的水平上。图示更能凸显城乡收入差距不断扩大的演化趋势（见图2）。

如图2所示，城镇和农村居民人均可支配收入虽然都随着时间的延续持续增长，但城镇居民收入增幅明显大于农村居民的增幅，两条趋势

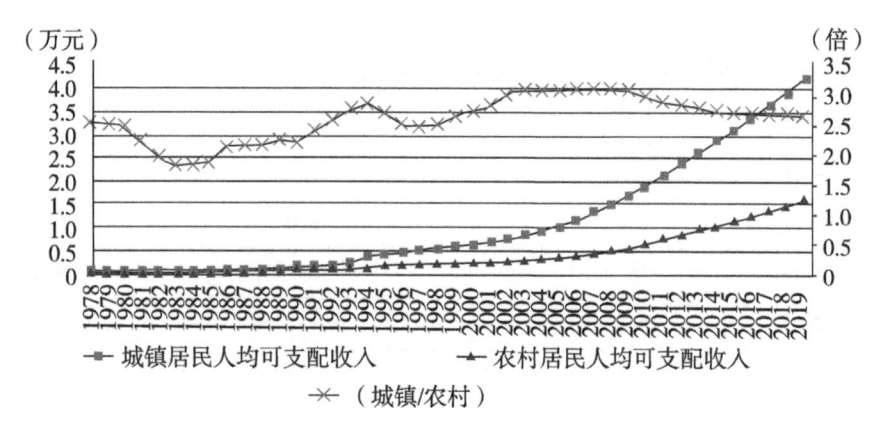

图 2　中国城镇与农村居民收入水平差距趋势

线犹如剪刀开口一样也呈现出逐步扩大的态势，不但相对比例保持在高位，而且绝对量差距更大，2019 年城镇居民人均 42359.00 元的可支配收入绝对量，比农村居民的 16021.00 元多出 26338 元。

与我国一样，日本自启动工业化进程以来，城乡收入差距也曾一直呈上升趋势，从最初的 1.32 倍上升至 1930 年的峰值 3.1 倍，但到 20 世纪 60 年代，由于政府一系列政策推动，乡村居民收入增幅连续数年超过城市居民收入增幅，城乡居民收入关系从根本上得到改善，1974 年、1975 年和 1977 年三个年份，农村居民的收入绝对量甚至超过了城市居民收入。近年来，日本城乡居民收入比值基本稳定在 1:0.86~1:0.97 之间。韩国也经历了城乡收入差距从大到小演化的过程，到 2004 年，城乡居民收入比缩小到 1:0.9，几乎持平。

相对于日韩，我国城乡居民的收入差距仍然非常大，提升农村居民收入，缩小城乡居民收入差距应该是乡村振兴各项举措绕以转动的轴心和根本。

综上所述，农业效率、劳动力转移和人口迁徙、居住空间调整等方面，都是由现代化所引出来的当前涉农新问题，我们可以习惯性地把它们归类到"三农"（农业、农民、农村）名下，但实际上，它们都是由整个中国社会的现代化进程引发的，从而都是整个中国经济社会全局性问题的有机构成部分,与现代化所要解决的其他问题不可分割地联结在一起,不能就事论事孤立地提供单独解决方案,而必须从整个社会现代化进程的角度统筹给出解决方案。另外,上述每一类问题的背后,都涉及若干个棘手的制度问题,它们共同构成乡村振兴的焦点和难点,下面我们择其要点进行分析,并给出解决问题的思路与方向。

三、乡村振兴若干焦点、难点问题解决的思路与方向

(一)调整补贴方向,促进土地流转,培育家庭农场,实现职业农民致富

无论是理论上从要素流动、资源优化配置和宏观经济运行效率的角度说,还是从现实中提高农民收入水平的角度说,农业现代化的目标都应该是提高农业劳动生产率。只有农业劳动生产率提高到与非农产业劳动生产率相当的水平,农民的收入水平才能大体上与非农产业领域劳动收入持平。随着工业化、城镇化的快速发展和农业劳动力大规模向非农产业转移,农业劳动力迅速减少,越来越多农户的土地闲置,土地流转随之发生,截至目前,全国农户土地流转率在1/3左右。承接流转土地的经营者是三类:第一类是转出农户的亲戚或近邻,为补充自己承包地不足,拓展耕地规模而承接,也有在相互信任基础上的互助性质,即使承接转移,仍不会改变其小规模农业经营者的性质;第二类是土地种植面积拓展到可以靠种地谋利的程度而承接转移,这类经营者未来的目标就是成为职业农民,也就是我们所说的成为家庭农场主;第三类是工商资本经营者,他们往往是在非农产业领域成功经营获得了相对雄厚的资本基础,并有了一定的市场经验,看好了农业市场化发展的前景,把农业作为自己新的产业方向而大规模承接流转土地。根据现代经济理论逻辑及发达国家农业现代化的经验和我国现代化进程的实际看,这三类承接者未来演化的前景很可能是:第一类承接转入户中的一部分在未来某个时间点上随时可能离农进城,反身成为转出者,很大一部分可能长期成为兼业小块土地经营者。第三类工商资本一般承租规模很大,远远超

出了农业适度规模的水平,他们从事土地经营往往以诸如蔬菜、林果等特色种植为主,也有一部分发展成为工厂化设施的农业经营者。由于市场约束和国家保粮食种植的政策约束,这些工商资本经营者的发展会有硬边界,在农业经营中不可能占有很大的比重。第三类承租者以职业化、专业化、适度规模化和市场化为目标,以粮食种植为主,以收益最大化为宗旨,是现代农业最普遍的存在形式,代表了中国农业未来发展的方向,也是政府扶持和培育的重点。我们说现代农业的根本在于提高劳动生产率,主要是以这一类适度规模经营的家庭农场为对象。

要提升家庭农场的劳动生产率,将这类真正的职业农民的收入提高到与同类非农劳动者或小规模经营者大体相当的水平,途径无非是两个:一个是增加投入和不断引入现代科技,提高单位面积的产出水平;另一个是增加承租土地面积,使之达到适度规模。增加投入是经营者自己的事,对于引入现代科技,政府可以并且应该提供帮助,这也是几乎所有现代化国家都在做的事情,我们国家也有相应的政策措施,今后当然还应该不断地加大力度。增加承租土地面积,加大补贴力度,降低经营成本,着力培育适度规模经营的家庭农场,当前应该是政府农业政策的着力点。具体地说,政府可以在三个方面发力:一是可以根据当地实际,考虑产量、成本、价格、机械化及社会服务水平等因素,以农民家庭劳动人口专门从事农业可以负担的土地规模,以及能够获得非农劳动者大体相当的收入为原则,测算家庭农场的适度规模,确定家庭农场的标准,作为遴选扶持对象的依据。考虑到不同地域农业条件的差异较大,标准的制订和扶持对象的遴选由县级政府负责比较合适。二是调整政府对农业的补贴方向,向家庭农场倾斜,降低家庭农场的经营成本。目前,我国农业补贴分为直接和间接两种形式,直接补贴是按耕地面积直接发到农民手上的货币补贴,目前每亩地为 110 元左右。由于各种各样的原因,此类补贴至今仍是面向土地承包者,而不是面向土地耕种者,由于土地流转,承包者与耕种者分离,包括家庭农场在内的实际耕种者基本上拿不到政府的直接补贴,这无疑偏离了政府补农的初衷。目前有一种思路是逐步缩减面向承包户的补贴数量,而把剩下来的部分以奖励的名义补贴给家庭农场。这种思路当然没有问题,问题是有些农民把它当成政府给予的福利。与其如此,政府不如就做个顺水人情,把每亩地110元的农业补贴就以福利的形式按人口向农户发放,增加专门面向家庭农场的补贴,并且最好仍然由中央财政负担。以18亿亩耕地为基数测算,每亩仍按110元补贴水平,新增补贴总量也不过1980亿元,这对于年度预算支出数十万亿的规模来说,应该不算是很大的问题。更何况,这18亿亩不可能都成为补贴对象,如果按照其中1/3作为补贴对象的话,补贴所需财政支出也不多区区660亿元,更不会成为问题。这样,也能借此加大中央财政对农业尤其是粮食主产区转移支付的力度。间接补贴是指政府对农田基础设施建设的投入,比如河南省政府实施多年的高标准农田建设,以及郑州市等相关市级政府资助建设的都市农业园区等。此类补贴也可以调整方向以加大对家庭农场的资助力度。办法如下:①将这些间接补贴项目集中向家庭农场发展比较好的地方布局;②在此类项目已经覆盖大部分粮食主产区的前提下,逐渐削减此类项目实施的数量,将剩余资金用于单个家庭农场农田的基础设施建设;③加大财政预算,增设专门针对家庭农场基础设施建设补贴的项目。

扶持家庭农场以提高其劳动生产率的另一个途径是加大对农业技术人才和经营人才的培养力度。政府可以专门设置面向家庭农场经营者的人才培养项目,如职业类农业院校定向招收家庭农场主的子女,录取条件尽可能放宽,读书期间的学费尽可能优惠甚至减免,并加大生活费补贴的力度。也可以在此类院校开设面向农场主的短期培训班,还可以由农业技术部门组织专门面向家庭农场主的技术培训课程。总之,要通过各种途径增加家庭农场经营者及其家庭成员的农业技术水平和学习能力,提高家庭农场的经营能力和经营水平。

(二)推动县域非农产业聚集发展与链条延伸,实现兼业农民致富

如前文所述,农村非农就业和向城市迁徙人口转出承包地的承租

者，有一类本身就是小块承包土地的经营者，他们未来有可能也成为全职的非农就业者和迁徙者，这个群体的数量随着工业化、城镇化和农业现代化的进一步推进可能会变小。但是，根据已经完成或接近完成现代化的日本与韩国的经验及我们的实际，我们几乎可以肯定地说，中国即使到了现代化完成阶段，也会保持有数目不小的小块土地经营者。他们收入的一部分来自自营农业，大部分可能来自非农产业兼业收入。作为兼业农民群体，他们非农就业的空间不可能太大，这也是县域非农产业发展的基础。换句话说，这个将长期存在且群体规模不小的兼业农民群体的存在和收入的提高，要以县域内非农产业的发展为前提。从这个意义上说，县域非农产业的发展与大量兼业农户的存在是相辅相成的，兼业农户就近为县域非农产业的发展提供相对廉价的劳动力，县域非农产业为兼业农户提供非农就业机会和增量收入。我们曾经一度认为，在长珠三角地区制造业已经得到充分发展，中国已经深度融入全球产业体系且国际市场竞争日益激烈，目前又处在产能过剩发展阶段的背景下，后发农区非农产业尤其是制造业发展的机会可能已经不多了。自2018年下半年以来，通过对诸多县域的深度考察和仔细研究，觉得后发农区县域制造业发展还是有机会有空间的，原因除了前述兼业农户相对充裕的廉价劳动力供给之外，任何一个区域一般总能找到自己独具特色的资源优势，依托这些特色资源培育特色产业，还是能在市场上找到生存空间的。这一观点也已经被很多县域特色产业发展的经验所证实。

这里要特别指出的是，后发农区特色制造业的发展只能在县城产业聚集区或少数乡镇特色产业园区聚集发展，究其原因，一是符合非农产业聚集发展的规律和趋势；二是在基本农田广覆盖的条件下，普通村落已经没有了非农制造业发展的空间。这就是说，后发县域非农制造业只能走以县城为空间载体聚集发展的路子。而且要一县一品，众多同类产品生产企业在特定空间聚集发展，形成特色产业集群，才有活力和竞争力，实现持续发展和良性循环。

还有一点需要警示的是，最近轰轰烈烈推动实施的乡村振兴战略，二十字方针中非常重要的一条是产业兴旺，很多基层干部把产业兴旺理解为是要普遍在村上推动非农产业发展，并且以响应中央省委号召发展集体经济为借口，开始涌动在村上办企业的热潮，有的地方政府甚至开始进行规划，提出指标，限期推动。我们认为这是要不得的，应该坚决杜绝和避免。我们不反对在有特色资源的村落，比如依托特色自然景观资源和特色文化资源举办乡村旅游事业，等等，但是，毕竟拥有此类特色资源的乡村是少数，不能相互攀比，一哄而上，更不能用行政手段推动。即使要办，也要遵循市场在资源配置中起决定性作用的规律，县乡政府可以作出规划，村集体可以以资源入股，投资经营还是要靠民营市场主体来做。

对于缺乏特色资源的广大乡镇农村，可以鼓励县域龙头企业将产业链条向乡村延伸，在有条件的乡村设立小规模加工点，将一些劳动密集型环节或原材料收集整理和初加工环节分流到这些加工点。这样既便于兼业农户就近实现非农就业，又能使龙头企业降低成本，提高竞争力，使农户和企业双赢。政府可以在加工点用地和场地建设等方面投入相应的补贴。

（三）破除城乡制度壁垒，加快农民进城的步伐，实现离农群体安居致富

前文已经提到，在统计意义上的城镇常住人口中，有很大一部分实际上是城乡之间的"漂泊者"。他们或者是本身在城里就业不稳定而刚刚尝试进城的农民，或者是虽然在城里已经有了稳定的就业和收入，但由于积蓄微薄而无法在城里购房安家定居，或者是虽然在城里已经安家定居但放不下农村那些权益牵挂，或者是诸多条件都具备但尚无力实现举家迁徙。乡村振兴的重点应该是着力推动这些城乡之间"漂泊者"尽快完全离土，融入城市定居。因为城镇化发展演化规律决定了乡村的绝大部分人口迟早都要完全融入城市，而这些已经一只脚踏进城里的"漂泊者"自然应该是优先用力推动的对象。办法无非是在进城和离乡两方面进行深化改革，拆除壁垒，即一方面在就业、安居、子女入学等

方面真正平等享受市民待遇；另一方面解除其对农村的权益之忧。

具体来说，一是在耕地现有延长承包期政策的基础上，进一步推动以农户初始权益为依据，承认其永续承包占有权（类似永佃权），并使这种权益与建立在村庄户籍基础上的集体成员身份脱钩，从而可以在自由迁徙的前提下永久保有承包地占有权，并可通过自由流转持久获取相应的收益；二是在现有确权基础上，承认农户宅基地初始权益的永久化，像耕地权益一样，与建立在村庄户籍基础上的集体成员身份脱钩，允许其在自由迁徙条件下自由处置甚至转让变现；三是城市要努力实现不稳定或高频率转换单位的就业者在"五险一金"等社会保障体系全覆盖，对吸纳此类就业的中小微企业降低社保缴费标准或者给予补贴，对就业转换当频率高的劳动者给予社保账户转换的便利，对空挡时间给予补贴接续；四是实行住房政策无差别待遇，对"新市民"实行公租房、廉租房政策全覆盖，对暂时无法获得固定居所安置的城市稳定常住就业人口给予房租补贴；五是保障新市民子女入学入托。

（四）提高留守老幼就学和养老保障标准，解除进城农民的后顾之忧；鼓励城乡双向流动，提高农村人口素质

前已述及，大量农村青壮劳动力离家进城务工，派生出一个在城乡之间候鸟式迁徙的"漂泊者"群体。在由工业化、城镇化引发的农村人口向城市迁徙的大潮中，该群体不仅占比大，而且持续时间比较长。结果导致了农村人口结构恶化，老人、儿童等非劳动人口占比上升，青壮年劳动人口占比下降。这引出了影响农村社会发展和乡村振兴的三个问题：一是有活力和创造力的高素质人才流失；二是对失去父母关爱的留守儿童的教育难度加大；三是留守老人家庭养老难度增大，社会养老负担加重。

我们认为，针对这三个问题的解决思路如下：一是针对留守儿童教育问题，不应把一些治标办法当成重点，比如，保证学校在农村合理布点，改善办学条件，足额配备教师等，而应该把重点放在高水平寄宿制学校的建设上。一个普遍存在的现实是，随着工资性收入比重的增大和

收入水平的提高，普通农家子女对优质教育的需求也日益强烈，他们愿意花去家庭收入的较大比例送孩子进城读书，从而造成农村学校生源大量流失。加上农村公共服务体系的缺失，高素质教师很难派得去、留得下，农村学校形成恶性循环，这也是近年来县域内农村学校撤并增多，基础教育向县城集中趋势明显的重要原因。在县城和部分重点乡镇建设更多的寄宿制学校，既能更好地满足留守儿童对优质教育的需要，也顺应了基础教育向城镇集中的趋势，是优化教育结构，提高农村教育水平的正确方向。二是针对留守老人养老问题，应该通过建立更多的养老院，完善社会化养老体系的办法来解决。虽然家庭养老是中国的传统，目前也仍然是养老的基本形式，但随着家庭规模变小，子女和老人之间因工作和生活习惯等原因居住空间相互分隔的现象越来越普遍，家庭养老形式越来越与现代社会的生活方式不适应。不仅城市如此，乡村也已呈现出这种趋势，对于青壮年劳动力常年务工在城的农村居民家庭来说，老人对社会养老的需求也日趋强烈。所以，社会养老比例日益增大也是农村养老事业发展的基本方向。需要指出的是，社会养老机构的建设和管理不能全由政府包办，而应采取政府负责规划，建立示范机构，制定标准，提供补贴和相应支持政策，让民间机构来建设和运营管理，即采取民办公助，政府监管的办法。三是针对农村高素质人才流失问题，不能采取堵的办法，也就是不能指望通过把农村青壮年劳动力堵在家里的办法留住人才，事实上也无法堵，堵不住。鼓励外出务工人员回乡创业当然是个好办法，但受到资金、技能、创业机会把握等因素约束，现实中对解决农村人才问题的作用是有限的，不能把解决农村高素质人才聚集都押在回流创业上。事实上，一个比较有效的办法是放开城乡人口双向流动的闸门，在鼓励农民进城的同时，也鼓励城里人下乡，不管是创业还是居住休闲，城里人下乡都不仅会带去资金，也会带给乡里诸如新的观念和新的生活方式，在改善乡里人口结构的同时，也能活跃乡村的经济，提升乡村文明风尚。

（五）澄清举家迁徙方式，把握迁徙规律，分类施策，渐进式完成特殊存续村落的修复保护和普通存续的改造

在工业化、城镇化进程中，城乡之间候鸟式的"漂泊者"或者说是半迁徙者虽然群体比较大，持续时间也比较长，但从趋势上看，随着城镇化的推进，这个群体在所有向城镇迁徙的群体中所占比重是持续降低的，而且越是接近城镇化的完成阶段，该群体所占比重越低。反过来，举家迁徙或者说完全城镇化的群体所占比重会越来越大。这就引出来两个问题：一个是这些举家迁徙者迁徙的方式有无不同？二是他们迁徙以后留下的空间该如何处置？

第一个问题的答案是，举家迁徙者的迁徙方式无非是两类：一类是整村同时被城市化改造，这大概包括由于城市的发展自然演化过程被城市围起来的城中村，由于城市规划拓展被一次性大面积覆盖的城边村，比如郑东新区、航空港经济试验区等各种城市新区覆盖的村，开发区、产业聚集区、特色产业园区等各类产业聚集空间被覆盖的村，还有非农产业比较发达县域内农村特定区域空间的村等，大体上就属于这一类。它们是数十甚至数百平方千米范围内的众多村落，或同时或分批次在确定时限内被全部拆迁改造为城市区域，农村居民也同步被用一个模式重新安置。另一类是既定存续村落的外出务工农民在城市有了稳定职业和不菲的收入，有了固定的住所和长期生存的基础，最终实现了举家迁徙，也有一些农户因子女升学就业而获得了举家迁徙进城的条件。这些举家迁徙的案例都是渐次零星发生的，但日积月累，此类举家迁徙者在存续村落农户中所占的比重也会越来越大，结果是存续村落中空置宅基地和房屋越来越多，形成大家所熟知的空心村现象。此类零星迁徙和空心村现象大都存在于上述区域空间之外，远离城市和不在非农产业发展集中区的广大纯农业地区。

第二个问题的答案是，在以整村改造方式实现举家迁徙的类型中，现有的实施方式已经给出了明确的回答，即在政府的主持下，被拆迁改造村落居民异地或就地重建新居加以安置，被拆旧宅按标准补偿，新居

要么按人头以相应标准无偿分配，要么以优惠甚至成本计价按核准面积付费，要么两者结合。宅基地由政府按核定价格征用，并由集体所有转变为国家所有，然后由政府按照规划确定用途，重新开发建设和使用。劳动力可能会按家庭分配名额安置公益岗位，对居民或给予相应的养老等各种保障。问题是对于零星迁徙逐渐积累的广大农村地区的存续村庄来说，面对空心村现象越来越严重的情况，到底应该如何处置，尚未有普遍适用的统一模式。

十年前河南曾经尝试用建设新型农村社区的办法来对存续村庄进行改造，以5000人为社区规模标准，以县域为单元统一规划，全省统一实施，同步推进，限时间，限进度，试图在较短时间内在全省实现所有存续村庄改造的全覆盖，结果失败了。究其原因，不外两个：一个是存续村落中大部分农民尚未举家迁徙，多数就业结构没有转换，离开原居住地上楼，给种地带来很大不便，即使社区建成了也不愿意搬迁进社区，更不愿意放弃原有宅基地房屋；另一个最重要的原因是，本来指望用集中安置以后腾出来的集体建设用地再开发升值来弥补拆迁安置的成本，结果是就地开发没有市场需求，土地也升值不了。土地指标异地转移使用不仅存在制度障碍，而且指标价格升幅也不足以补偿拆迁重建的成本。拆迁安置成本补偿落空，社区建设工程最终成了一堆烂账，只能不了了之。

重庆的空心村闲置宅基地复耕，腾出增量建设用地指标以地票的形式通过集中交易在全市范围内重新配置使用，被认为是一种较好的尝试。但实际上操作起来也有很多具体问题难以解决，最主要的是由于存续村落中举家迁徙是零星进行的，不仅时间不集中，而且宅基地的闲置空间也不连片，很难成片进行复耕改造。看起来，比较可靠的改造方式还是整村推进，但这要等待举家迁徙农户在存续村落中占有较大比重，剩余村民的收入水平也有了较大幅度提高，从而有了被改造的意愿，才是存续村落整村拆迁改造的适当时机。在该时机到来之前，最好的办法是等待。

这里需要特别提醒的是，在当前乡村振兴战略实施过程中，很多地方把操作的重点放在存续村庄的整治上，办法是由各级政府每年做出预算，拿出额度不等的一块固定资金，每个县遴选若干个村庄，对其街巷道路、上下水、厕所、污水处理、绿化等设施进行改造建设。我们在一个县调研时，当地干部告诉说，此类改造建设，小村需要投入200万~300万元，大村需要投入500万~600万元。这样做，且不说政府财力有限，根本不足以满足如此多存续村落改造的需要，最后只能是做个典型样板了事。即使财力雄厚，能满足大部分存续村落改造的需要，结果也会造成大规模的重复建设和无谓浪费。道理很简单，我们多次重复说过，从趋势上看，存续村落中零星举家迁徙的比例会越来越大，空心村现象会越来越严重，最终待城镇化完成时，80%左右的人口和家庭都进城安居以后，很多村落会消失的，大部分村落会萎缩。在这种情况下，不考虑居民和村落的动态变化，完全按照其存量状态进行投入建设，结果一定是大量投入闲置浪费，甚至会成为下一步改造的包袱。合理的办法应该是避免集中大额度资金高强度投入少数样板村来做典型，而是把有限的资金分散投向更广的面，最好是能够实现所有存续村落的全覆盖，摊薄的资金主要用于存续村落村容村貌的整治与加强物业管理，以整洁有序为基本目标。这样一方面可以惠及整个农村，另一方面也是在等待过程中保证未来农村的永久居民享受到现代化带来的实惠。

笔者认为，在进行村落规划之前，先要组织各方专家对存续村落进行一次全方位的普查，除了已经进入城市新拓展区域和产业聚集区规划范围且尚未改造的村落之外，将余下所有存续村落进行分类，把有非农产业基础、有特殊自然资源、有传统文化积淀等的村落单列出来，它们未来要么是随时提前被整体改造消失的，如拥有非农产业基础的村落，要么是永续存在并且需要妥善保留修复的，如文化积淀深厚的传统村落。这些村落应该是规划的重点。而对此类村落以外的更多普通村落，可以考虑暂不纳入规划，而是在上述保持村容整洁和加强物业管理的前提下，等待可以被改造的时机。

沁阳市转型跃升发展总报告[①]

一、基本思路与核心观点

基本判断：沁阳市曾经是县（市）域发展的领头羊，进入21世纪后地位迅速下滑，近年来虽略有回升，但基本处在停滞与水平循环状态。

停滞原因：①没有跟上消费驱动和创新引领转型的步伐，结构调整滞后；②产业链条短，结构比较散，没有形成具有市场竞争力的新型产业集群；③创新能力不足，企业普遍缺乏核心竞争力；④没有形成完善的现代公司治理体系，企业持续发展的制度基础不牢固；⑤没有形成扎根本地的高质量现代企业家队伍。

突出优势：沁阳也有民间资本充裕、创业群体大、产业基础好、交通区位优势，重新凸显与城市设施相对完善、文旅资源丰富等优势。

定位与目标：牢牢抓住工业这个牛鼻子，将沁阳打造成中原城市群核心区及郑州大都市区圈层内特色突出的制造业重镇。以创新促跃升，重回排头兵位置，成为县（市）域转型发展的示范。

主要举措：①搜索、整合、对接重点行业顶尖技术，以创新驱动链条拉伸；②着力培育化工、铝型材、玻璃钢三大产业集群，探索新业态和终端消费品等增量产业成长的新方向；③培育造就一支现代化的企业家队伍；④以进入资本市场为指引，规范和完善现代公司治理体系，筑牢工业持续发展的制度基础；⑤以呼南高铁沁阳站建设为契机，进一步

---

① 本文为沁阳市人民政府委托的"沁阳市经济转型发展战略规划"项目成果的一部分，主持人为耿明斋，项目组成员为王永苏、李燕燕、王保海、张国骁、李少楠、黄宏飞、曲梓宁。

拉大城市框架，拓展规模，增强功能，建设美丽宜居城市，提升城市对工业经济活动的承载力和服务能力；⑥深度挖掘怀府文化内涵，整合山水资源，做大旅游产业，增强沁阳吸引力、凝聚力和影响力；⑦以推进"全域土地综合整治试点"为契机，深化农村改革，拆除城乡制度壁垒，打造城乡一体化示范区，促进农民进城，优化以主城区为中心的空间结构和规模结构，率先跃入发达县（市）域行列。

二、引言

受市委、市政府委托，由著名经济学家耿明斋院长和资深政策咨询专家、省政府发展中心原主任王永苏率领的中原经济发展研究院团队，就沁阳如何摆脱传统路径依赖，走出结构老化甚至固化、发展停滞、地位下滑的困局，突破瓶颈约束，找到切入点，抓住"牛鼻子"，推动经济进入新的良性循环轨道，跃上新台阶这一重大课题，从2019年5月中旬开始进行了大规模、多角度、全方位的调查研究，对沁阳经济发展的现状有了一个基本判断，对进一步发展的基础条件有了明确认识，对问题及成因进行了深入分析，综合考虑区位、城乡、产业、社会、文化等多种因素，提出了以打造市（县）域转型发展示范区为愿景的沁阳跃升发展整体方案。下面把调查过程、认识判断、分析思考和跃升发展整体方案依次加以叙述，供批评讨论和制订实施方案时参考。

三、调查概况

从5月中旬至8月底，中原经济发展研究院包括耿明斋、王永苏，郑州大学李燕燕教授、省自然资源厅王保海博士在内的8人团队，先后5次到沁阳，累计实地调研时间将近半个月。在这期间，聆听了市委、市政府主要领导，特别是卢希望书记关于沁阳经济社会发展历史和现状的介绍，对面临问题的深刻分析和对未来发展思路方向与措施的精心谋划；依次组织召开了市直主要职能部门、城建城管、工业环保、文化旅游、乡镇村干部、企业家等11个综合或专题座谈会；实地考察了晋煤天庆、昊华宇航、广东兴发、天鹅型材、永威安防、锦辉风电、第一造纸机械、銮銮云、和光光电等数十家企业；饱览了神农山、丹河峡谷、沁河湿地等大美自然风光；领略了怀庆府古城、曹谨纪念馆、沁阳博物馆、朱载堉纪念馆及朱载堉墓、山王庄黑陶小镇、尚河村传统古村落等历史文化遗迹丰厚的内涵；多次往返穿梭于沁北、沁南两个产业聚集区；见证了西向、紫陵、崇义、柏香、常平等主要乡镇的巨大变化和正在崛起的新业态的勃勃生机；深入种植、养殖大户的田间地头、花圃菜棚、奶场牛栏，感受到了基层新型农村居民创业的激情。参加座谈或直接交流的政府部门超过 20 个，实地考察及座谈交流的企业有几十家，座谈或面对面交流的人次过百。

总之，研究团队在数月时间内走遍了沁阳大地，深入产业聚集区、主要乡镇、主要部门、主要企业、典型农户和代表性景点，从产业、城乡到文化进行了多角度观察，从市委、市政府主要领导到基层经营主体进行了多层次的交流，可以说，这是一次对沁阳经济社会发展立体化和全方位透视式审视，从而为沁阳转型发展思路的形成奠定了坚实的基础。在此基础上，研究团队又消化、梳理了一系列相关文献和数据资料，并把沁阳放在全省县（市）域发展格局中进行比较，消化吸收市委、市政府主要领导的思想和愿景，最终形成了完整的转型跃升发展方案。

四、基本判断

沁阳市曾经是县（市）域发展的领头羊，进入 21 世纪后地位迅速下滑，近年来虽略有回升，但基本处在停滞与水平循环状态。

梳理 20 世纪 90 年代以来沁阳市 GDP 总量在全省县域中排名的变化（见图 1），很容易得出上述结论。

从图 1 可以清晰地看到，20 世纪 90 年代初至中期，沁阳市 GDP 总量在全省（市）域中的排名有一个迅速的爬升，从 1991 年的第 30 位上升到第 7 位，世纪之交又经历一次迅速下滑，从 1998 年的第 12 位跌落到 1999 年的第 24 位，此后虽有起伏，但基本上在 15~20 位之间徘徊，

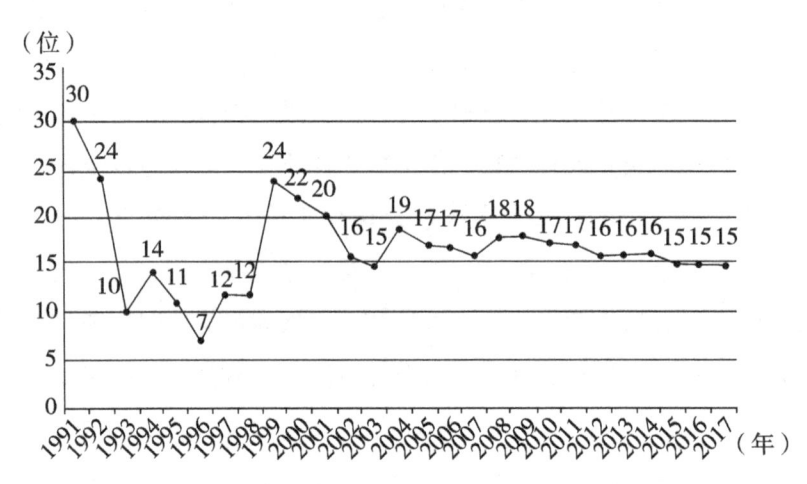

图1 沁阳市GDP总量在全省县（市）域中排名变化

2015年之后稳定在了第15位。

为了便于比较，我们梳理了20世纪90年代以来不同年份GDP总量在河南省排前20名县（市）及其位次的变化情况（见表1）。

表1 河南省县域经济指标排名变化分析（以GDP总量前20排名）

单位：亿元

1995年 县域	GDP	排名	2000年 县域	GDP	排名	2010年 县域	GDP	排名	2017年 县域	GDP	排名
巩义市	50.27	1	巩义市	98.23	1	巩义市	419.31	1	新郑市	1099.44	1
偃师县	44.03	2	偃师市	80.51	2	新密市	399.24	2	中牟县	870.22	2
渑池县	38.08	3	新郑市	76.60	3	新郑市	390.25	3	巩义市	755.79	3
林县	37.17	4	禹州市	75.23	4	偃师市	372.12	4	新密市	721.77	4
禹州市	36.54	5	新密市	69.00	5	荥阳市	358.76	5	荥阳市	679.4	5
辉县市	35.76	6	长葛市	68.08	6	灵宝市	332.13	6	禹州市	645.39	6
汝州市	35.62	7	灵宝市	66.58	7	禹州市	331.45	7	登封市	640.4	7
邓州市	35.52	8	荥阳市	63.78	8	林州市	316.48	8	长葛市	591.96	8
新乡县	34.66	9	邓州市	63.77	9	登封市	313.03	9	林州市	551.57	9

续表

1995年			2000年			2010年			2017年		
县域	GDP	排名	县域	GDP	排名	县域	GDP	排名	县域	GDP	排名
扶沟县	34.5	10	镇平县	62.79	10	永城市	288.71	10	灵宝市	520.14	10
沁阳市	**34.27**	**11**	汝州市	60.24	11	安阳县	285.84	11	永城市	509.11	11
镇平县	33.48	12	项城市	58.48	12	中牟县	264.64	12	偃师市	508.6	12
中牟县	33.25	13	永城市	51.27	13	长葛市	259.84	13	新安县	475.52	13
登封县	31.66	14	唐河县	47.89	14	汝州市	258.57	14	汝州市	430.63	14
长葛县	31.54	15	登封市	47.21	15	新安县	258.26	15	**沁阳市**	**413.71**	**15**
荥阳县	31	16	临颍县	43.94	16	邓州市	234.75	16	濮阳县	412.3	16
唐河县	30.2	17	辉县市	43.40	17	**沁阳市**	**233.96**	**17**	邓州市	410.54	17
永城县	28.85	18	林州市	42.58	18	伊川县	228.77	18	安阳县	402.03	18
安阳县	27.97	19	固始县	41.01	19	辉县市	207.27	19	伊川县	374.32	19
新郑县	27.65	20	新野县	40.90	20	襄城县	198.66	20	辉县市	367.07	20

资料来源：《河南省统计年鉴》，2000年沁阳市GDP总量排名第22名。

从表1中可以看到，在近30年中，有12个县（市）始终稳居前20之列，它们是巩义市、新郑市、偃师市、禹州市、长葛市、荥阳市、登封市、林州市、汝州市、邓州市、辉县市、永城市等。沁阳市曾经在2000年出局，显然，沁阳市发展的稳定性与地位的稳固性不如上述12县（市）。

在第20～30位之间，也有几个进步神速或十分稳定的县（市），比如，长垣县从第66位进到第24位，襄城县从第37位进到第23位（一度进入前20），尉氏县从第41位进到第21位。同属焦作市的武陟县和孟州市持续稳定在第22位和第26～28位。相对于这些县市，沁阳市的活力与可持续性就显得稍差一些。[1]

---

[1] 30年中，有10个曾经进入前20名又最终出局的县（市），分别是渑池县、扶沟县、镇平县、固始县、新野县、临颍县、唐河县、襄城县、新乡县、项城市等。甚至有极少数地位一落千丈的县市，如扶沟县、镇平县从曾经的前20掉到了第81和第42位。与这些市县相比，沁阳市发展的基础也是显而易见的。

除了 GDP 总量之外，其他几个反映经济发展水平和发展潜力的指标在全省县市域中排序更靠后，降幅也更大。

2000 年前后，随着 GDP 排位的急速下滑，财政收入、固定资产投资、消费品零售总额和贷款余额等所有相关指标都经历过一次急速下滑过程，随后都在比 GDP 更低的位次上大体上稳定下来。比如，财政收入 2017 年排第 25 位，固定资产投资排第 20 位，社会消费品零售总额排第 32 位，贷款余额排第 48 位，分别低于 GDP 排序第 10、第 5、第 17、第 33 位（见图 2、图 3、图 4、图 5）。

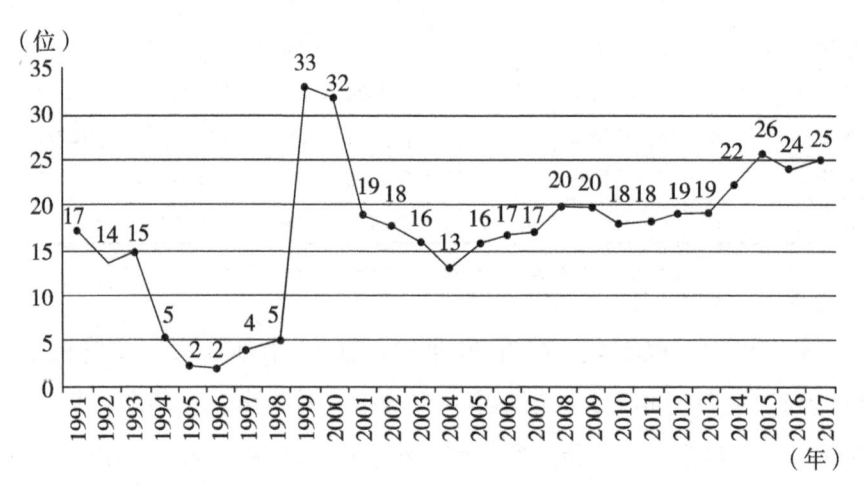

图 2　1991—2017 年沁阳市公共财政收入排名变化情况

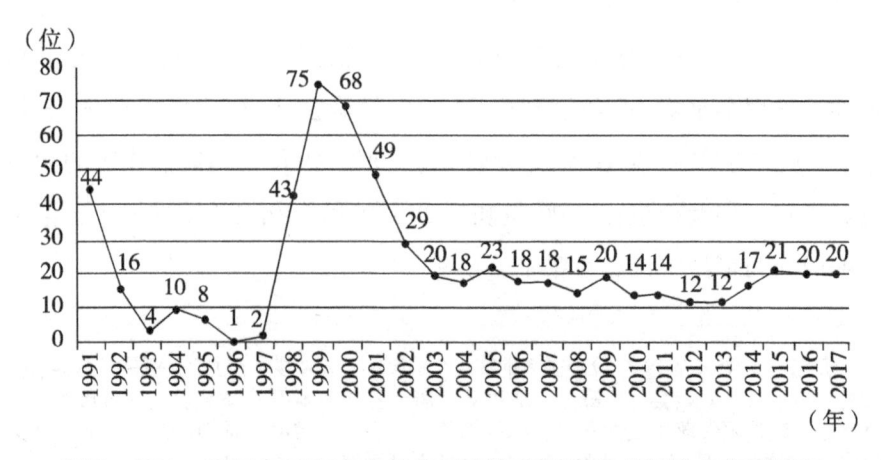

图 3　1991—2017 年沁阳市全社会固定资产投资完成额排名变化情况

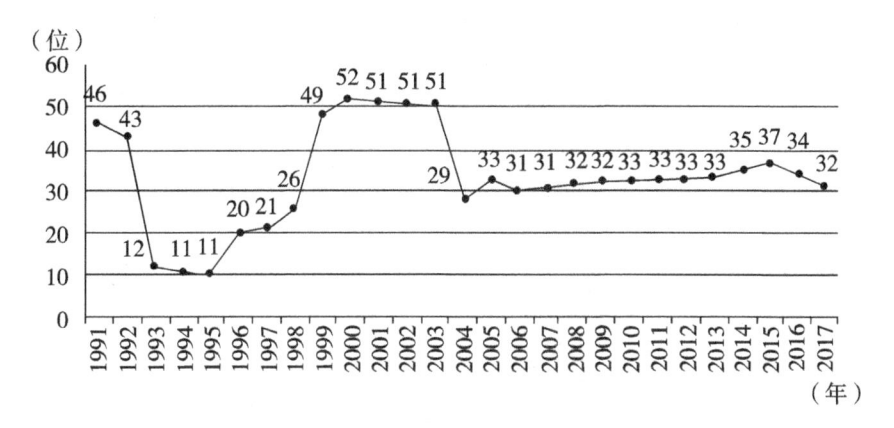

图 4　1991—2017 年沁阳市社会消费品零售总额排名变化情况

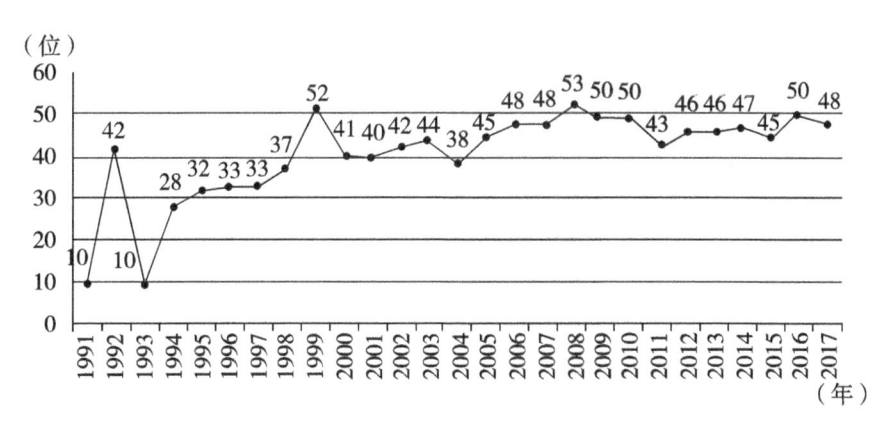

图 5　1991—2017 年沁阳市金融机构贷款余额排名变化情况

财政收入排位滞后于 GDP，意味着财政收入在 GDP 中占比相对较低（见表 2，只有 3.4%，在 20 强县市中基本处于末位），在现有财富水平上政府能支配的部分相对较少，支持未来发展财力腾挪空间较小。固定资产投资和贷款余额排位滞后意味着经济主体对未来信心不足或经营偏于保守，扩张欲望不强。消费品零售总额排位靠后要么是消费能力不足，要么是部分消费行为未发生在辖区内，都意味着消费需求拉力不强。总之，这些指标排位靠后透露出来的都是经济肌体内部动能不足的信息，从而更坐实了前述沁阳市经济活力与可持续性不强，甚至停滞与水平循环的判断，从而亟须找到突破口，进入跃升发展轨道。

表2 2017年前20强县市GDP排序及财政收入占比

单位：亿元，%

县域	GDP	GDP排名	财政收入占比
新郑市	1099.44	1	6.2
中牟县	870.22	2	5.5
巩义市	755.79	3	5.6
新密市	721.77	4	4.4
荥阳市	679.40	5	6.3
禹州市	645.39	6	2.9
登封市	640.40	7	3.9
长葛市	591.96	8	4.1
林州市	551.57	9	3.6
灵宝市	520.14	10	4.2
永城市	509.11	11	7.4
偃师市	508.60	12	4.0
新安县	475.52	13	4.7
汝州市	430.63	14	7.0
沁阳市	**413.71**	**15**	**3.4**
濮阳县	412.30	16	2.6
邓州市	410.54	17	3.6
安阳县	402.03	18	1.0
伊川县	374.32	19	5.4
辉县市	367.07	20	6.6

五、问题及分析

问题还在于制造业。从直观上看，制造业的问题表现在如下几个方面。

（一）没有跟上消费驱动和创新引领转型的步伐，结构调整滞后

观察沁阳市经济演化的轨迹不难发现，20世纪90年代迅速崛起的基础无疑是以玻璃钢和造纸机械两大产业引领下乡镇企业的蓬勃发展。世纪之交迅速下坠也应该是外部市场环境变化对这两大产业及其乡镇企

业群体造成的冲击所致。幸好这时整个国家宏观经济实现软着陆进入探底回升阶段，由投资驱动和资源依赖支撑的重化工业呈现出爆发式成长态势，并很快迎来了新一轮经济的高速增长。这一时期，超威电池、昊华宇航、晋煤天庆、广东兴发等有一定规模且较为规范的外来企业及新的业态陆续进入，既是整个宏观经济和发展阶段驱动的结果，也是沁阳市经济结构调整的内在需求，从而遏制了下滑的势头，稳定了局面，甚至呈现出缓慢回升的迹象。2015年以后，沁阳市的GDP排名基本上稳定在全省县市域第15名的位置。

但是，2008年金融危机之后，国际环境日趋恶化，国内结构性产能过剩的问题突出，经济下行压力日趋增大，投资和出口驱动增长方式向内需和消费驱动增长转化的步伐加快，中国经济正在经历新一轮更深刻、更具根本性的结构转化，即由资源依赖的发展阶段转向创新引领和技术依赖的发展阶段，新经济迅速崛起并很快在整个经济活动中唱起了主角。沁阳市在这一轮显然没有跟上转换的步伐（见表3）。

表3 沁阳市工业增加值按部门分类的排名情况

单位：万元

2018年数据			2019年1—9月		
类别	工业增加值	排名	类别	工业增加值	排名
现代化工	127927.0	1	复合材料	285317.6	1
新能源动力及储能电池（新能源）	99875.2	2	装备制造	158024.1	2
复合材料	89695.4	3	现代化工	130667.7	3
铝加工（有色金属及深加工）	39864.3	4	新能源动力及储能电池（新能源）	82811.6	4
装备制造	9639.3	5	铝加工（有色金属及深加工）	35865.6	5
大数据及光电信息	910.6	6	大数据及光电信息	766.8	6

数据来源：沁阳市发改委提供。

从表 3 可以看出，能源原材料产业仍然是沁阳工业的大头，在工业增加值中占有绝对的比重。虽然有了蛮蛮云大数据及和光光电等具有新经济性质的企业，但它们的增加值还没有进入千万级，规模太小，远未形成对整个经济的扩散覆盖和替代能力。超威电池、昊华宇航、晋煤天庆等骨干企业普遍受到较大的环境压力，规模扩张受到严格约束（晋煤天庆就因为只有 80 万吨年燃煤指标而无法释放 130 万吨燃煤的产能）。显然，继续依赖这些企业和产业的产能扩张来支撑经济增长的难度肯定会越来越大。

（二）产业链条短，结构比较散，没有形成具有市场竞争力的新型产业集群

现代产业都是以集群形式存在的。所谓产业集群，就是生产同类或相互关联产品的诸多企业在空间特定空间聚集而形成的产业密集区。在集群中，由于基础设施和信息、技术、市场、劳动力等共享或分享的原因，能够大幅度降低单个企业和单个产品的成本，从而具有较强的竞争力。产业集群是现代区域经济的重要支撑，从全球及全国视野看，美国的硅谷、北京的中关村，以及深圳市和杭州市等，近年来都是以半导体、电子信息技术和互联网产业集群而成为区域名片的。具有发达县域经济的长三角、珠三角和福建泉州地区，无不是由各类产业集群支撑的，几乎每个县都有一个主导的产业集群。如广东顺德的小家电、中山古镇镇的灯饰、义乌的小商品、桐乡的羊绒衫、福建晋江的运动服装等，都是众多同类企业密集布局、市场广覆盖、产品驰名全球的产业集群。

沁阳市近年引入的几大骨干企业都分散在电池、铝型材、煤化工和盐化工等各自不同的产业领域，相互之间缺乏内在联系，几乎是孤岛式存在，形不成产业集群。各企业在各自所在的产业中都处在价值链的前端，属于原材料初级加工型的，链条短，向前向后都拉不开，尤其是向后，下游产品几乎没有。广东兴发和天鹅型材都是购进铝锭加工成门窗型材或机车零部件出售，没有大规模地拉伸到家具及各种铝制品等容量

大、扩张能力强的环节，所以，没有形成集群。昊华宇航和晋煤天庆都是购进工业盐和煤炭等原材料，生产烧碱、PVC、合成氨、尿素等基础化工产品，没有形成以这些产品为原材料的深加工产品，所以，也没有形成产业集群。超威电池属于单一产品企业，更是一个孤立的存在。

以玻璃钢为代表的复合材料和造纸机械这两个本地土生土长的产业，各自都有几十家甚至几百家企业，倒是具备了产业集群的雏形。但这两个产业同样具有产品链条短，相互缺乏内在联系的问题。除此之外，技术含量低，产品同质化严重，缺乏龙头企业带动，发展方向不明确等问题更为突出。所以，这两个本土产业也仅是具有产业集群的雏形而已，还不属于严格意义上有市场竞争力的现代产业集群。

在以产业集群为载体的区域制造业竞争格局中，沁阳市工业的前进方向和竞争力提升路径需要认真探索。

（三）创新能力不足，企业普遍缺乏核心竞争力

在高度开放的现代市场经济体系中，任何一个国家和区域的任何一个企业及其任何一种产品，都必须面对全球市场的竞争。企业及其产品只有做到全球最好，才能在竞争中胜出并获得发展。随着技术进步步伐的加快，产品更新的速度也日益加快，一个企业只有跟上技术进步的步伐，不断更新产品，才能立于不败之地。况且，现代社会多元化趋势和消费偏好的高频率变换，也要求企业高频率更新产品。企业要适应这种全球竞争、技术快速进步和消费迅速变换的环境，就必须具备较强的创新能力并具有核心竞争力。沁阳市的企业普遍缺乏这两种能力。

就本地工业赖以起家的造纸机械和玻璃钢两大产业来说，前者产品几乎是几十年一贯制，只是型号和尺码加大而已，生产工艺差不多还是几十年前的，所以，造纸机械行业在沁阳市的萎缩与骨干企业举步维艰固然与整个市场环境和技术环境的变化有关，但一定也与本地企业跟不上技术进步的步伐有关。后者虽然随着市场需求的转换，产品也在不断更新，但基本上都是如风力发电机机罩外壳、农村用卫生间化粪池等大路货，产品多是简单复制，高度雷同，基本上靠低价恶性竞争来维持。

近年来引进的几家大型骨干企业，基本上都是总部设在外地的集团公司的子公司，大都是按照总部根据产品和市场布局来生产特定的产品，其职能相当于大公司的事业部或者是生产车间，企业功能比较单一，经营性职能比较弱，多是复制或者从总部获得相应技术支持，自身缺乏研发功能，也不掌握核心技术。

据悉，近年来，受到市场和政府推动技术进步大潮的驱动，也陆续有一些研发平台在相关企业落地。据统计，沁阳市有省级企业技术中心9家，焦作市有级企业技术中心16家，省级工程研究中心1家等，但没有国家级平台，也没有院士工作站和博士后工作站这种更具创新能力和实用价值的高端研究平台。

在整个经济进入技术依赖和高质量发展阶段的大背景下，沁阳市的工业要缓解竞争压力和环境压力，走上螺旋上升的良性发展轨道，就必须要在创新能力提升方面实现突破。

（四）没有形成完善的现代公司治理体系，企业可持续发展的制度基础不牢固

现代公司治理体系的标志是拥有清晰的产权结构和合理的股权结构，以及权责明确的股东会、董事会、监事会和经理层等完善的法人结构，并且拥有股份有限公司或者有限责任公司的形式，有符合公司法要求和企业实际的公司章程与财务会计等各种规章制度。一般来说，进入资本市场的上市公众公司由于受到市场规则各个方面严格的规范检验和政府监管，都是现代公司治理的典范。而沁阳市至今没有一家法人上市公司，超威、豪华航宇、晋煤天庆等都只是外地法人上市公司的异地子公司或更低层级的公司，不具有规范意义上的法人治理职能。本地的玻璃钢和造纸机械两个产业领域大多数仍然是家族企业，多数没有严格意义上的股东会、董事会、监事会等公司治理体系和治理功能。

现代的公司治理体系就如同建筑物的地基一样，是公司运行和发展的重要制度基础，它的主要功能是可以使公司依法依规运行，避免因内部权力利益关系处理不当危及企业的生存，可以拥有良好的激励约束机

制，保证企业拥有前进的动力；可以广泛吸纳社会贤才，满足企业发展对人才的需求。尤其是治理体系完善的上市公司，这些功能对公司良好运行和健康发展的作用十分突出。在这方面，与沁阳市差不多同时崛起的长葛市，其上市公司已有森源电气、黄河旋风等数家企业，大多数企业也都摆脱了家族经营的羁绊，建立起了现代企业制度和完善的公司治理体系。要保证沁阳市工业的持续健康发展，这一课必须下大功夫补上。

（五）没有形成扎根本地的高质量现代企业家队伍

企业家是把经营和发展企业作为自己职业和事业的那一群人。他们有情怀、有胸怀、有抱负、有眼光，善抓机会，处事果断，目标明确，坚韧不拔，抗风险能力强。不论是适应市场扩张的企业，还是创新掌握核心技术来提升竞争力，都要靠企业家来实现。一个由企业家统率的企业，就能做大、做强，持续发展。一个区域有一个此类优秀企业家群体和众多优秀企业组成的集群，该区域就拥有持续发展的活力和良好的发展前景。沁阳市显然缺乏这样一个优秀企业家群体。传统造纸机械和玻璃钢产业领域虽然企业众多，创业人群很大，但多数仍属小业主性质，视野狭窄，观念保守，小富即安，发展欲望不强，抗风险能力弱，没有完成向企业家的跳跃。至今规模最大的永威安防年销售额也不过7亿元人民币，生产风力发电机机罩的几家大一点的企业年销售额也不过2亿~3亿元，多数企业年销售额停留在千万元的层级上。

长葛市、长垣市等工业较为发达的县市都有一批像森源电器、黄河旋风、青山金汇、卫华起重等那样的著名企业，以及楚金浦、韩宪宝那样叱咤市场的企业家。沁阳市没有那样的企业和企业家，这是目前沁阳市发展面临的所有问题的总根源，也是未来需要着力解决的根本问题。

六、基础和优势

（一）沁阳市转型发展有很好的基础和突出的优势

人均指标靠前，结构较优，仍是发展水平较高的县（市）域，民间财富充裕,资本积累潜力大。

沁阳市的 GDP 总量虽从早期高位下落至第 15 位,且持续徘徊,但仍处在全省县域的前 15% 以内。由于人口规模较小,人均 GDP 更是排在全省县域第 4 位。2018 年年底三次产业结构比是 4.6∶62.3∶33.1,第一产业占比已经不足 5%,非农就业已经占据绝对优势,也是农村居民收入的主渠道。土地规模经营和农业组织形式现代化水平大幅提升。根据我们实地考察座谈得到的信息,工业基础较好的西向镇土地流转率超过了 80%,即使是纯农业区的崇义镇,土地流转率也超过了 50%。承租规模少则几十亩、数百亩,大的上千亩乃至数千亩,已经初步完成了由传统家庭小农业向经营性规模农业过渡。农民进城常住人口的比例也在快速上升,西向镇等发展水平高的乡镇几乎家家在市区购置房子,像崇义那样的农业乡镇农户进城购房率也达到 50% 左右。居民收入稳定且水平较高,民间较为殷实,资本源泉充裕,进一步发展的基础较好。

(二)民间创业活动活跃,市场主体多,创业群体大,具有转型发展的重要人力资源基础

沁阳市早年以乡镇企业闻名,并形成了造纸机械和玻璃钢两大本土产业,虽然几经风雨,但至今每个产业领域仍有一个不小的企业群体在正常经营。沁阳市有造纸机械几十家,玻璃钢超过 200 家,其中规上企业 30 多家。这是一支撑沁阳市工业持续发展的重要力量。由于创业传统和工业文化的多年积累与传播,除了这两大产业及其相对集中布局的西向、紫陵等乡镇,整个市域内的很多地方都充满了创业冲动,并滋生、孕育了大量各类市场主体。典型的如柏香镇的绝缘材料产业,也初步形成了集群。在全镇 15000 户中,至少有 5000 户家庭有经营项目,创业群体占到了全部居民的 1/3。这构成了未来转型发展最重要的人力资源基础。长三角和珠三角地区,包括河南省的长垣和长葛等发展水平较高的县市,几乎无一例外都是由本地庞大的创业群体所构筑的产业集群支撑的。

（三）工业优势突出，主导产业在同行中有一定影响力，转型发展有良好的产业基础

如前所述，沁阳市的经济是以造纸机械制造和玻璃钢两大本土工业起家的，进入 21 世纪后陆续引入超威电池、昊华宇航、晋煤天庆、广东兴发等领域的大企业，本土成长起来的天鹅型材发展势头也不错，使沁阳市的工业更上一层楼。近两年，随着互联网大数据新经济潮流，又有了蛮蛮云、和光光电等新产业业态滋长。目前，沁阳市的工业除了传统的造纸机械、玻璃钢复合材料之外，电池、化工、铝型材等也在各自领域内有一定影响力。较长的工业发展历程，厚重的工业文化积累，强大的工业基因，众多的工业经营人才和较大的熟练工人群体等，共同构成了制造业持续发展的重要基础。

（四）区位交通优势重新突显，城市框架结构较好，设施较为完善，转型发展有基础支撑

沁阳市在历史上一直是晋豫之间的交通要道，这也是怀庆府城存续和怀商文化发展的基础。只是近现代以来，由于焦作市和济源市东西两翼是现代通道的开通，夹在中间的沁阳市的通道地位才有所下降，但至今仍是从常平乡进山西的重要货运通道。近年来，随着现代交通基础设施布局密度的加大，以及以郑州市为中心的中原城市群及大都市区在整个区域经济中重要性的增强和与周边城市区域联系紧密程度的加深，沁阳市区位交通优势重新凸显。荷宝（长济）、南太行、郑焦晋、焦桐、二广等数条高速公路要么穿城而过，要么四面交叉环绕，形成了沁阳市通向东西南北各方和省内外及全国各地的便捷通道网络，一个半小时到区域核心城市郑州市，一小时可到区域副中心城市洛阳市。焦枝铁路东西向穿境而过，且有两个功能齐全的货运站点及相应的铁路专用线，并与太焦铁路月山枢纽站为邻，服务本地的同时还可以辐射南面的孟州与温县。即将动工建设的呼南高铁西通道在沁阳市城西设站，并将链接从新乡市至焦作市经沁阳市、济源市到洛阳市，串联起整个中原城市群核心区各主要城市的城际铁路系统。这又使沁阳市成为中原城市群核心区

及大郑州都市圈内高速铁路和城际铁路系统中的一个枢纽点，从而会进一步拉近沁阳市与国内各大中心城市之间的距离，并深化与郑州都市圈内各节点之间的内在联系。可以说，通过高速公路、高速铁路和城际铁路所组成的现代快速便捷交通网络，使沁阳市成为中原城市群核心区及郑州大都市区内不可分割的重要节点。

沁阳市的怀府古城格局清晰、可辨，新城格局大气，街道宽阔整齐，设施时尚新颖，功能齐全，且已有近20万人常住人口聚集，对经济活动有了一定的承载力。

总之，具有完善的现代交通体系和完整框架结构及一定承载力的城市，构成了转型发展的重要基础支撑。

（五）文化厚重，山水旅游资源丰富，转型发展有人气支撑

数千年的河内人文浸润和数百年的怀府古城，使沁阳市成为英才辈出之地。唐代著名花间派诗人李商隐、被称为现代大禹的清代台南地方官治水专家曹瑾、抗战英雄狼牙山五壮士之一宋学义等，就是各个历史时期沁阳名人的典型代表。他们与声名远播的怀商一起，共同营造了沁阳市独具特色的厚重地域文化，持续散发着她的魅力，展现着她的影响力。沁阳市也是山水福地，神农山奇峰、沁河湿地、丹河峡谷等山水景观，都对越来越大的观光休闲人群有着持久的吸引力。

总之，厚重的文化和丰富的山水旅游资源，使沁阳市的转型发展有人气支撑。

七、思路与措施

（一）定位与方向

牢牢抓住工业这个"牛鼻子"，以转型促发展，将沁阳市打造成中原城市群核心区及郑州大都市区圈层内特色突出的制造业重镇。

这里需要重点强调如下几点。

（1）工业是沁阳市最大的比较优势，沁阳市应定位于郑州都市圈核心层内的工业重镇，坚定不移地继续走工业强市的路子。工业是现代

化的基础，正是由于工业的发展与聚集，才有了对基础设施和市场及居住、教育、医疗、文化、体育等的需求，从而促进了城市这种空间结构形态的形成和持续膨胀，并日益成为越来越重要的经济社会活动中心，第三产业即服务业也才有了依托和发展的基础。同样，正是由于工业的扩张和对农业剩余劳动力与乡村人口的持续吸纳，以及产品和技术的源源不断输送，才使农业与乡村的现代化改造有了空间和条件。

沁阳市于20世纪90年代初因造纸机械和玻璃钢复合材料两大本土工业繁荣而崛起，21世纪以来因超威电池、昊华宇航、晋煤天庆、广东兴发等增量产业和骨干企业的进入与健康运行，使沁阳得以持续保持在省域发达县市行列。近半个世纪的工业发展史、良好的产业基础、厚重的工业文化、众多的工业经营人才和熟练劳动力聚集等元素，共同构成了沁阳市突出的工业比较优势。所以，将沁阳市定位于郑州都市圈紧密层内的工业重镇，未来继续走工业强市的发展道路，应该不会有异议。

（2）在区域分工的背景下，沁阳工业重镇定位不应受到"三二一"结构演化趋势的干扰。这里需要澄清的是，思想上不要受到所谓"一二三""二三一""三二一"发展规律的干扰，人为地刻意为降低二产比重而忽视工业对区域发展的重要性。在更大的空间尺度内，上述结构演化规律是没有问题的。但由于地域分工的因素，在县市域这样较小的空间尺度内，并不排除工业高结构比状态的持续存在。尤其是在郑州都市圈紧密层内，由于枢纽物流、市场、教育、医疗、文化、体育等各种服务功能在核心城市郑州的高度聚集和辐射共享，在偏外围空间形成若干个类似沁阳市这样的高密度工业聚集县市域，不仅是可能的，甚至是必须的。现实中也正在朝这个结构方向演化，除沁阳市之外，长垣、长葛、巩义、尉氏、武陟等，就是这种结构的典型形态。

问题是，沁阳市的工业沿着现有产业通道还能走多远？未来往哪里转？怎么转？这些确实是需要认真回答和解决的问题。

（3）依靠存量产品和产业规模扩张来支撑工业持续增长的空间已

经十分有限。从相关主导产业和骨干企业的现状看，据有关方面提供的信息，昊华宇航和晋煤天庆等化工骨干企业现有产品规模扩张已经受到环境容量的硬约束；传统玻璃钢复合材料产业不仅受到环境约束，加上产品方向的不确定性，规模扩张前景存在极大的不确定性；超威电池基本上是个自我循环的闭环体系，待正在实施的铅回收项目完成，销售收入规模突破百亿元后就会稳定下来。从未来经济运行的宏观背景看，目前正由过去的高速增长转向高质量发展阶段，经济发展的基础正由过去的资源依赖转向技术依赖，经济发展的动力正由投资和出口转向消费和内需驱动，结构性产能过剩的问题在短期内很难得到缓解，资源型产业和产品在未来长期内会处于持续萎缩的状态，该领域竞争会更加激烈。像晋煤天庆、昊华宇航、永威安防、超威电池等属于化工、能源原材料及玻璃钢复合材料行业的骨干企业，规模扩张的市场空间也有限。

（4）拉长产品链条，着力打造化工、铝型材和玻璃钢复合材料三大产业集群。在存量产品规模扩张严重受限的条件下，现有企业和产业规模扩张剩下的路径是两条：一条是依托生产过程中的副产品寻求外部投资合作，如晋煤天庆的氯气寻求与焦作佰利联合作，昊华宇航的烧碱寻求与电解铝企业的合作等，或是将排放物在内部消化，走化工企业吃干榨净的路子；另一条是拉长产品链条，依托现有原材料中间产品向终端消费品方向拉伸，并借此把更多的企业拉进产业体系，形成越来越大的产业集群，走集群发展的路子。这是化工、铝型材和玻璃钢等产业未来规模扩张的基本方向，也是现代区域工业发展的基本趋势。相关行业企业应该坚定不移地向该方向努力，政府也应加大引导和扶持力度（三大产业集群具体培育方案已有相关专题报告详细谋划）。

（5）探索增量产业拓展的方向。除了存量优势产业通过拉长产品链条，打造有竞争力的产业集群，支撑工业经济的持续增长之外，从更长远的方向看，也还是要重视增量产业拓展的探索。这主要有两个方向：一是依托蛮蛮云与和光光电等骨干企业，以更好的营商环境吸引有较高技术含量的新产业、新业态在沁阳市聚集；二是依托郑州聚集规模越来越大的人口所造就的巨大消费市场，借助长珠三角地区劳动密集型制造业转移的趋势，探索培育和引进生活消费类最终消费品制造产业集群在沁阳市的成长途径。

（二）整合、对接重点行业顶尖技术，拉伸链条，培育集群，实现创新驱动转型发展

掌握行业顶尖技术是进入价值链高端，提升竞争力，在市场上赢得主动的唯一途径。这不仅因为在现代高度开放的国际市场环境中，任何一个产品和企业都必须面对全球市场的竞争，只有在所有生产同类产品的商家中做到最好，才能在市场中占据有利地位，甚至实现赢家通吃。也是因为在结构性产能过剩和资源类产品趋于萎缩的情况下，要想在这些领域继续生存甚至求得发展，只有掌握核心技术的企业才有可能实现自己生存和发展的目标。

为实现创新驱动转型发展的目标：①必须是企业和政府共同努力，下决心整合、对接行业顶尖技术，首先弄清楚行业技术前沿是什么？然后千方百计找到技术持有人对接上。襄城县煤化工产业就是因为从上海交大找到了一位掌握顶尖技术的教授，成就了一个硅烷气产业分支和数十亿元销售额的高科技企业。在这方面，值得沁阳市学习。②鼓励企业与北京市、上海市等创新要素高度聚集地的高等院校和科研院所合作，在异地建立研究院所，以源源不断地提供创新技术及产品，并及时引入到沁阳市来实现产业化。③鼓励企业与相关高校及研究机构的相关实验室挂钩，甚至将其产业化前端环节引入沁阳市，共同推动沁阳市实现产业化。济源市引入河南大学张志军教授团队的纳米工程技术中心，现在正在依托其打造千亿元级产业集群，沁阳市也可以借鉴。④鼓励企业建立院士工作站和博士后工作站，通过打造高端专业人才工作平台的方式，推动技术创新并实现本地产业化。⑤政府从战略高度着眼，以少修一条路，少建一栋楼，少启动一项工程，不怕面子受点损的精神，每年尽可能拿出最大财力，用于研发投入和顶尖技术与顶尖人才的引进。若上述措施都能不折不扣落地，沁阳市转型发展一定会呈现好的态势。

(三) 采取多种措施，尽快培育、造就一支现代化的企业家队伍

方向确定之后，企业家就是决定性因素。长葛、长垣等县市工业之所以能够持续以螺旋上升的态势发展，就是因为有一支随着时代变化而不断成长的现代企业家队伍。沁阳市的工业转型遇到问题，也是因为这样的企业家队伍没有真正成长起来。市委、市政府要把培育和造就一支现代化的企业家队伍作为一项战略任务。具体可以采取如下几个措施：①财政每年专门预算较为充足的培育经费，由工信部门在全国范围内组织最优秀的专家，定期来沁阳市为企业就开设培训课，或者提出要求，委托第三方智库机构来操作。②定期组织企业家赴国内发达地区或发达国家考察，开阔视野，增长见识，激发创业热情。③开展评优奖先活动，每年定期依据成长性、创新成果及纳税等指标，评选出若干先进企业和优秀企业家，由市委、政府给予重奖，给企业家以物质激励。④给优秀企业家留出更多人大代表、政协委员位置，提升企业家政治地位和自身荣誉感，加大精神激励力度。

(四) 利用资本市场，拓宽直接融资渠道，规范和完善现代公司治理体系，筑牢工业持续发展的制度基础

源源不断的资金供给是企业良性运转和持续发展的重要前提。自我积累当然是企业资本最可靠的来源，但沁阳市的本土企业更需要解放思想，更新观念，积极进取，尽可能利用现代银行体系，调整资本结构，适度扩大债务规模，借助社会资金促进企业加快成长步伐。除此之外，利用资本市场扩大直接融资规模，是实现企业良性运转和快速成长的更好途径。建议学习浙江省的经验，在全市范围内面向所有市场主体，推动实施"个转企、企转股、股上市"工程，政府给予规划指导和适当的补贴，促进更多的个体户转化为规范的企业组织形式，更多的企业规范为股份公司，建立现代公司治理体系，更多的股份公司争取上市。同时也要推动昊华宇航等国有企业深化混合所有制改革，吸纳民间资本。这样，不仅可以使更多的企业建立直接融资渠道，利用资本市场吸纳更多社会资本，助推良性运转和快速成长，而且可以利用直接融资和资本市场的规则体系，促进企业建立现代公司治理体系，广纳贤才，筑牢企业永续发展的制度基础。

（五）建设美丽宜居城市，提升城市对工业经济活动的承载力和服务能力

现代城市既是工业化的结果，也是以工业为基础的现代经济活动的重要支撑。没有可以让企业共享的道路及水电气暖等城市基础设施，企业的生产活动就无法落地；没有构成城市核心元素的市场体系，企业的生产活动赖以展开的买卖环节就无以依托；没有住房、教育、医疗等构成城市重要功能的设施供给和相应的人口聚集，企业的生产经营活动所需要的人力资源就无法立足。总之，离开了城市依托，工业生产及现代经济活动不可能正常进行。这也是城市的规模和功能总是与其经济活动的规模和层次相适应的基本原因。

与同类县（市）域比，沁阳市的城市基础还是比较好的，但要与工业经济活动规模和郑州都市圈层内制造业重镇定位相适应，沁阳市的还必须站在时代的高度，以更广阔的视野和更远大的目光，通过谋划、实施若干重大工程和项目，进一步拉大城市框架，大幅度提升城市承载力和服务能力。

（1）依托呼南高铁沁阳站和城际铁路沁阳节点形成的快速轨道枢纽，以吸引企业总部聚集和打造现代化商务中心区为指向，以2035年市域城镇化率80%和中心城区常住人口超过30万为目标，高标准规划建设西部城市新区，使之成为沁阳市新的时尚名片，并从酝酿决策之日起至规划公示定型之前，停止一切新增建设用地和工程建设项目的审批。

（2）抓住黄河流域生态保护和高质量发展重大国家战略如火如荼推进实施的机遇，尽早启动黄河北岸小浪底引水调蓄湖西区景观工程，加快沁河湿地建设步伐，整治丹河，整修老城天鹅湖，将包括市区内现有沁河引水渠景观水系在内的各水系景观点线连为一体，打造太行山南麓生态水城名片。

（3）继续抓牢百城提质机遇，挖掘、整理、修复怀庆府古城遗迹，在相应街区一定程度上恢复古城风貌，同时争取获得历史文化名城的称号，擦亮怀府古城名片。

（4）汇聚和提升地方名吃，引进各地小吃名品，挖掘、整理地方民俗文化元素，打造特色商业街区，展现城市魅力。

（5）借助沁阳市高中、永威学校等名校已经形成的良好基础，在中心城区留足教育用地空间，以私立、民办公助和公办等多种形式建设更多的幼儿园和中小学及职业学校，促进市域内优质教育资源向中心城区汇聚，吸引更多域外教育资源，以此提升城市品位，增强城市吸引力，撬动人口聚集，增大人口容量，快速扩大中心城区规模。

（6）顺应医疗体系分级诊疗发展趋势，以省人民医院推动与县级医院建立医联体为契机，深化市中心医院与省内高水平医疗机构合作，大幅度提升其医疗水平。同时深化市域内医疗体制改革，促市中心医院功能下沉乡镇医院和社区医疗机构及村级医疗点，形成内在联系紧密，上下贯通，无缝对接，高效率顺畅运转的完整医疗体系，实现对所有区域和居民的广覆盖，提高反应速度和服务能力。

（7）高水平规划建设、加强和完善现有的博物馆、图书馆等文化设施，整修和完善朱载堉故居、朱载堉墓、曹瑾墓，尝试考证和复建李商隐相关遗迹，使古代文化遗迹与现代文化设施交相辉映，提升城市品位。

（六）深度挖掘怀府文化内涵，整合山水资源，做大旅游产业，增强沁阳市的吸引力、凝聚力和影响力

一座城市的活力除了产业聚集及其就业吸引力之外，还在于她外在的美丽和内在的魅力的所产生的影响力，以至于吸引域外人群频频驻足甚至持续流入。前者以山水为最，后者非文化莫属。对沁阳市来说，可谓是两者兼备。山有神农山与黄花岭，水有沁河与丹河，文化有怀府与怀商。它们交相辉映，共同铸就了沁阳市外在的美丽与内在的魅力。在进入消费驱动发展阶段以后，又都作为优质旅游资源对域外休闲人群有

着潜在的巨大吸引力。但这些资源都还缺乏挖掘、整合与传播，仍处于藏在深闺人未识的状态。所以，下一步需要深度挖掘，科学整理，认真修饰，全方位传播，充分展示其魅力和影响力，吸引域外休闲人群高频率进入，做大旅游产业，与制造业一起，共同激发城市活力。

关于山水文化资源整合的思路与方法，在这里只想强调一点，就是数百年怀府文化积累与怀商文化交织，这在河南省地域文化中是独一无二的，其意义和价值堪比安徽省的徽州和徽商，应该像山西省对待晋商文化和安徽省对待徽商文化那样，加大挖掘和整理的力度。为此，建议将怀府和怀商文化挖掘整理作为一项工程进行包装设计，并争取纳入黄河流域生态保护和高质量发展重大国家战略河南省的项目库中。建议财政拨出专项预算，在全省甚至全国范围内组织高水平专家团队，分专题深度挖掘和系统整理怀府和怀商文化所涉及的各个领域，形成系列专著，结集出版。在此基础上，遴选其中文化价值大、故事性强的内容，打造热播影视作品，广为传播。也应加大各种形式的广告宣传力度，擦亮怀府和怀商文化这张沁阳市的独特名片。

（七）优化以主城区为中心的空间结构和规模结构，率先跃入发达县（市）域行列

从多种因素综合来看（第一产业比重5%以下，城镇化率接近60%，人均GDP超过1万美元），沁阳市已进入河南省发展水平较高的县（市）行列，即使放在全国的范围内，虽然不能与长、珠三角及闽南等发达地区的县（市）比，但应该也在偏上水平。所以，沁阳市下一步的发展目标应该是全域实现现代化，率先成为河南省乃至全国的发达县（市）。其标志是彻底拆除城乡之间的壁垒，做到要素自由流动，公共服务均等供给，城乡差别接近为零，真正实现城乡一体化。这也是未来需要重点完成的任务，切入点和重点显然是深化土地制度改革、农民进城和农村居住空间整治重构。为此，笔者提出如下建议。

（1）在取消城乡户籍性质差异，无论城乡，统一以居民标示户籍性质，以及农村集体所有耕地和宅基地农户使用权确权颁证基础上，明

确农户土地使用权与其户籍登记地及其原属村组组织脱钩，也就是其土地使用权不会受其户籍地转移之影响。即无论其户籍流动到何处，也不管重新归属哪个社区组织，原始农户所确认的土地使用权及相关权益都不会受到损害。

（2）利用城乡建设用地增减挂钩政策，由政府将分散在乡村的零星建设用地汇集到主城区，并利用此类建设用地规划建设安置区，安置愿意将户籍登记地由原居住村庄迁移至此的进城农户。争取集体建设用地直接入市政策能够覆盖此类安置区，出台宅基地异地置换政策。即允许农户用原宅基地直接置换城市安置房占地，建设用地由乡到城转移也不要再走产权变性和招拍挂拍卖程序，相应的，可以从安置户的房价中扣除商业地价，也就是可以以不含商业地价的低价格获得商品住房。

（3）先由获得全域土地综合整治试点资格的紫陵镇开始，在严格划定城市、生态、基本农田三条红线的基础上，按照战略规划、空间规划、土地利用规划等多规合一的原则，对镇域内所有土地进行统筹规划，根据未来中长期人口居住空间迁徙流动趋势的判断，按照集中原则，率先给出全镇域内居民点数量、总占地规模、空间位置结构等规划，同时考虑基本农田规模及边界范围和生态用地规模及边界范围，对剩余土地进行综合整治，测算面积规模，根据需要确定用途范围，以及可腾出来用于贡献中心城区规模扩张的建设用地指标数量，包括弄清楚有意愿迁徙到主城区安置的农户数量，和相应的可以置换方式移用于中心城市安置区的建设用地数量。

（4）将紫陵镇的模式和经验向整个市域推广，以同样的方式厘清三条线，根据未来人口向城市流动的趋势和规模预测、核定各乡镇区域未来常住人口规模，并据此按照集中原则做出居民点空间规划，以及对剩余土地进行综合整治，确定可供献于中心城区的建设用地指标数量。

（5）在全市范围内规划若干不同层次的产业聚集发展空间，以使不同类型和层次产业发展和民众创业都有足够的空间。

（6）在教育、医疗、养老、低保等对城乡居民无差别的公共产品供给政策，完全实现基本公共服务均等化。

（7）按照国家政策走向积极调整农业补贴政策，逐步由补贴承包者转换为补贴承租经营者，以推动农地流转，促进土地规模经营和农业现代化。

八、保障措施

为保证上述谋划思路与措施得以实施，须有下列保障措施。

（一）市委、市政府领导集体尤其是主要领导应尽快达成共识

笔者认为，应将上述谋划思路与措施印发市委、市政府全体领导及市直各主要部门一把手，在学习、消化的基础上展开讨论。同时举行专场报告会和讨论会，邀请省内乃至国内相关领域的著名专家主讲或参加讨论会。经过讨论和争论，进一步修改和完善相关的战略思路和战略措施，形成实施方案，并逐步推动实施。

（二）分别成立创新和产业振兴、全域土地整治与城市建设、文化旅游三个领导小组

分别由市委、市政府主要领导任组长，相关主管领导和部门负责人为成员，统筹实施各相关领域的战略思路和战略举措。

（三）深化与智库的合作

委托智库持续跟踪国家及省委、省政府相关战略和政策的实施，及时提供对接并调整相关思路和措施的建议，也可以委托智库对思路和措施的实施效果进行第三方评估，以便有针对性地提出纠错方案，避免走弯路甚至错路。

以顶级赛事引进为抓手，将郑州打造成为具有全球影响力的国际化大都市[①]

一个城市的层级取决于其设施和功能形成的影响力边界。郑州超出行政辖区之外的影响力与其规模体量错位，也与建设国家中心城市的目标有较大差距。

导致这种状况的原因，既有历史基础薄弱的因素，也有城市发展模式的因素。迄今为止，郑州市是由两大优势催生的投资驱动型规模扩张发展模式。一是区位交通优势；二是省域人口优势。前者引致了大规模交通基础设施建设，后者成就了房地产的繁荣，二者共同驱动了城市规模的迅速扩大。

这种投资驱动及设施支撑型城市的发展模式，忽视甚至挤压了功能提升，使郑州市在大企业总部聚集数量和质量、创新能力、国际化水平、发展水平等功能性因素在全国及全球的影响力，均处在国家中心城市和区域核心城市的靠后位置。

郑州城市发展亟须由规模扩张型向功能提升型转换。这既是提升其在全国乃至全球影响力的内在要求，也是国家进入创新引领和消费驱动高质量发展阶段以后，投资驱动的规模扩张型发展模式难以持续的外在压力所致。

虽然有诸多短板，但郑州市被纳入国家中心城市序列自有其内在逻辑，所以应该理直气壮地按照世界城市高标准谋划和设计功能提升的目标，并通过分步有序实施逐步达成区域核心城市、国家中心城市及世界

---

① 本文为河南勒芒发展有限公司委托研究项目最终成果的一部分，项目主持人为耿明斋，项目组成员为刘琼、李甜、王雨晴、罗振华、刘珂卿。

城市功能的目标。

在创新和技术输出中心及高新技术产业聚集中心，商贸金融中心，交通通信枢纽及人流、物流、信息流中心，以及广义文化（涵盖科技、教育、体育、艺术）中心等四大功能中，交通通信枢纽及人流、物流、信息流中心最具优势，且已基本布局到位；创新及技术输出和高技术产业聚集是最大的短板，但要提升至世界级城市功能水平非一朝一夕所能；商贸及市场有较好的基础，但与此关联密切的金融滞后也不是在短时间内就能改善的。唯一可以大有作为的领域是文化，尤其是文化概念中的体育和艺术。引进世界顶级的体育赛事和打造现代化大型演艺场所，并高频次地引进世界顶级演艺团队，就能迅速形成全国乃至全球影响力。

据悉，作为全球三大汽车赛事之一、总投资达数百亿元的勒芒24小时耐力赛项目，正在由央企机构推动在郑州及周边落地，这是短时间内迅速提升郑州在全球影响力的重要抓手，也是捷径。

一、郑州市亟须形成和释放超出行政辖区外的影响力

一个城市的影响力[①]取决于其设施和功能形成的服务能力和依存于它的市区及行政辖区内外社会主体（居民及企事业单位）规模、空间距离及依存程度。人们也据此将城市分成县城或县级市、省辖中心城市、省会城市、区域核心城市、国家中心城市、世界城市等不同层级。一般来说，市区及行政辖区是其居民工作、生活和居住的空间，是所属企事业单位的活动场所，他们是对城市依存度最高的群体，也是城市服务能力和影响力集中释放的边界。大多数城市的服务能力和影响力都很难超出其行政辖区边界，这也是多数城市长期持续稳定在县级市、省辖中心城市、省会城市等层级的原因。一旦城市的服务能力和影响力大幅度持续超越其行政辖区边界，半径拓展到更远的区域，就意味着该城市

---

① 此处指该城市设施和功能形成的服务能力及相关经济社会主体对它的依存度。

层级的跃升。

郑州市就是在最近二十年内，服务能力和影响力超出其行政辖区，乃至超出河南省域范围，向全国快速延伸的典型城市，甚至出人意料地进入了国家中心城市的行列。从这个意义上说，一个城市的影响力和层级，不仅取决于其市区和行政辖区的规模、基础设施的完善程度和功能层级所形成的服务能力大小，以及辖区内经济社会主体对其的依存度，更取决于其服务辖区外社会群体的能力大小，及它们依存于该城市程度的强弱和延伸空间半径的长短。

聚焦于将影响力拓展到市域和省域之外更遥远的方向，使全国乃至全球范围内更大社会群体分享郑州市提供的服务，并提升其对郑州的依存度，这是郑州国家中心城市建设努力的方向。

二、郑州市的发展要实现从规模扩张向功能提升的战略重点转移

如何提升郑州市在全国乃至全球的影响力？要对这一问题给出合理的答案，必须首先对郑州城市成长的轨迹有一个清晰且清醒的认识。

作为中国八大古都之一，郑州历史悠久。作为"火车拉来的城市"，郑州市进入中国城市序列的时间并不长。20世纪50年代初省会迁入，使郑州第一次迎来了大发展的机会，但直到改革开放前，郑州市仍停留在人口不足百万的中等城市行列。改革开放以来，郑州市的发展才真正进入快车道，尤其是进入21世纪以来，郑州市连续跨越三百万、五百万人口规模门槛，迅速进入千万级人口规模和万亿级GDP规模超大城市行列。

回顾改革开放以来尤其是近年来郑州城市规模快速扩张的过程，可以看到两条较为清晰的发展脉络和两种较强的支撑因素：一是区位交通优势；二是巨大的省域人口体量。前者推动了高速公路、高速铁路、机场及城铁、地铁等重大交通基础设施的建设，拉动了投资和经济总量快速增长，同时成就并放大了郑州市的枢纽地位。后者引致了人口的大规模流入，催生了郑州市巨大的房地产市场。土地一轮一轮相继被开发，

地价、房价一轮接一轮上升,资金回流规模呈几何级数增加,道路设施持续向外延伸,城市一圈一圈地向外拓展,形成由人口流入→房地产市场扩张→土地批租规模扩大→基础设施建设规模增大→城市规模拓展→更多人口流入等节点构成的城市循环膨胀圈。结果与前者殊途同归,拉动了投资和经济总量快速增长,同时带来了政府可支配收入的大幅度增加(郑州市年卖地收入达到 1500 亿元,来自房地产建设和销售环节的税收数量也很可观)。

无疑,这种交通基础设施建设和房地产开发双驱动的发展模式,促成了郑州城市规模的快速扩张,提升了郑州的承载力,也培育了日益完善的城市功能,成就了其区域核心城市和国家中心城市的地位。但是,此种城市发展模式并未形成与其规模相称的功能和服务能力,高依存度群体主要还是集中在市和省行政辖区之内,行政辖区之外依存群体的规模、延伸空间和依存程度都较为有限,从而没有形成足够的全国乃至全球影响力。

下面几组数据再清楚不过地证明了这一点。

1. 大企业总部少,规模也小

从表 1、表 2 所列出的 15 个可比城市和 14 个可比省份中,可以看到,在世界 500 强企业中,郑州市只有 1 家(河南能化),且是上榜企业中营收额最小的。在中国企业 500 强上榜企业中,郑州市只有 4 家,总营收也是最小的,河南省只有 10 家,在 14 省中处于中下游的地位。在中国民营企业 500 强上榜企业中,河南省只有 13 家,在 14 省中排第 9 名。

表 1 各城市世界 500 强企业总部及中国企业 500 强情况

单位:家,亿元

城市	2019 年世界 500 强企业		2018 年中国企业 500 强	
	总部数量	总营收	数量	总营收
北京	56	328327.28	100	322838.56
深圳	7	39095.11	26	50792.10

续表

城市	2019年世界500强企业 总部数量	2019年世界500强企业 总营收	2018年中国企业500强 数量	2018年中国企业500强 总营收
上海	7	32270.84	29	45374.84
杭州	4	12248.29	24	23221.69
广州	3	12185.65	19	19445.13
厦门	3	8324.28	4	7512.59
西安	2	5703.47	5	6307.16
武汉	1	6273.08	5	8547.45
青岛	1	1911.85	4	4883.78
郑州	**1**	**1778.57**	**4**	**2744.36**
重庆	0	0.00	13	6159.48
成都	0	0.00	11	5818.48
天津	0	0.00	7	7410.52
长沙	0	0.00	6	3669.57
沈阳	0	0.00	0	0.00

数据来源：中国企业联合会发布。

表2 2018年各省份中国企业500强及中国民营企业500强数量

单位：家

省份	2018年中国企业500强上榜企业数量 总量	2018年中国企业500强上榜企业数量 民营企业	2018年中国企业500强上榜企业数量 国营企业	2019年中国民营企业500强上榜企业 数量	2019年中国民营企业500强上榜企业 数量排名
北京	100	17	83	17	6
山东	51	37	14	61	2
广东	51	28	23	60	3

续表

省份	2018年中国企业500强上榜企业数量			2019年中国民营企业500强上榜企业	
	总量	民营企业	国营企业	数量	数量排名
浙江	48	37	11	92	1
上海	29	6	23	15	7
四川	13	6	7	11	10
重庆	13	5	8	15	7
湖北	10	5	5	18	5
河南	**10**	**5**	**5**	**13**	**9**
福建	10	3	7	22	4
湖南	7	5	2	7	12
辽宁	7	4	3	11	10
天津	7	3	4	6	13
陕西	7	2	5	5	14

数据来源：2018—2019年中国企业联合会发布。

企业是财富创造的主体，是生产和销售的组织者，也是经济乃至社会活动的轴心。企业尤其是大企业的设备和原材料采购、人才雇佣和产品销售，都是高度市场化和全球化的，从而是体现城市和区域影响力的重要指标。郑州及河南不但大企业总部数量少，营收规模小，且多处在产业链、价值链和技术链的低端（比如河南能化），在相关产业中辐射力、影响力和控制力有限，从而更凸显城市在全国和全球的影响力不足。

2. 科技创新能力不强

根据首都科技发展战略研究院发布的《中国城市科技创新发展报告2018》提供的信息，郑州的科技创新能力在全部289个地级以上城市中排名第23位，在表3所列的14个可比较的国家中心城市或区域核心城市中排在末位。

表3　14个中心城市科创能力排名

序号	城市	中国城市科技创新发展指数排名
1	北京	1
2	深圳	2
3	上海	3
4	广州	4
5	武汉	6
6	天津	8
7	杭州	9
8	西安	10
9	长沙	12
10	成都	14
11	青岛	16
12	厦门	17
13	沈阳	21
14	郑州	23

根据中国城市和小城镇改革发展中心发布的《2017年中心城市发展年度报告》中对50座中心城市创新带动能力的评分和排序，郑州在第三层次（即35-44分数段）10座城市中排在佛山、大连、沈阳等城市之后，居末位（见图1），在全部三个层次共21座城市中排在第21位。

创新是存量技术更新和增量技术规模拓展，也是改造传统产业和孕育新产业的驱动因素。创新能力决定着城市产业层次及其在产业链、价值链中的位置，从而决定了城市产业对其行政辖区以外区域同类产业的影响力和控制力。郑州市创新能力不强与历史原因所导致的高校和科研机构等创新平台和创新要素聚集不够有关，也与投资驱动的发展模式无暇顾及功能提升有关。由此可见，创新能力不强应该是导致郑州至今没有形成全国有影响的大企业及相关的重量级产业集群的主要原因。在这方面，与周边同类城市比如武汉、西安、成都、合肥、长沙等城市差距有拉大的趋势。武汉市光谷创造了全市一半的GDP，其技术创新能力及相应的产业集群已经具备全球影响力甚至控制力,还逐渐成为高技术产业培育和输出中心。

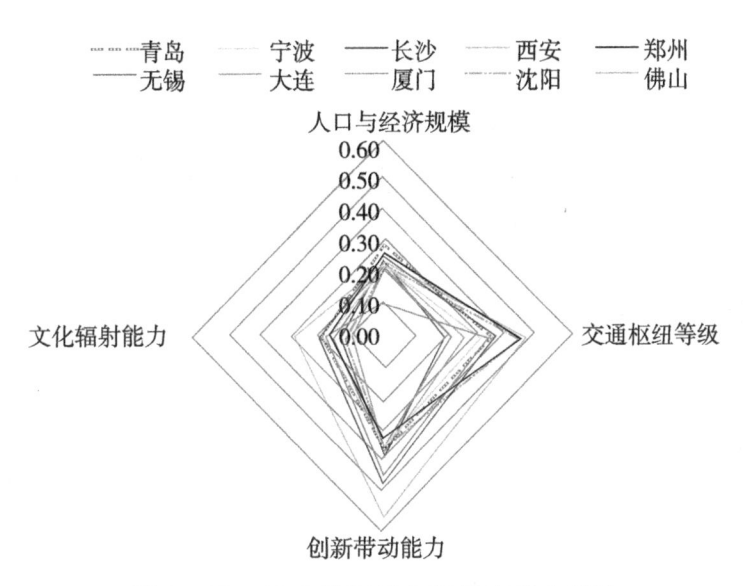

图1 35-44分数段城市四维度能力雷达

3. 国际化程度低

根据中原发展研究院向郑州市政府提交的《郑州建设国家中心城市省级政策支撑体系研究》报告对城市国际化水平的综合评估测算,在纳入评价的15座国家中心城市和区域核心城市中,郑州市的得分最低(见表4)。从表4中可以看出,在15座城市中,郑州市与西安市、沈阳市处在同一梯度,与天津市、青岛市、厦门市有一定差距。国际化是城市国际影响力的直接体现。郑州市国际化程度排位末位,说明其服务能力和相关社会主体依存度很少超出国界。

表4 2016年15座城市的国际化得分及排名

排名	城市	国际化得分
1	北京	77
2	上海	75

续表

排名	城市	国际化得分
3	深圳	59
4	广州	57
5	杭州	54
6	天津	38
7	厦门	37
8	青岛	36
9	重庆	31
10	武汉	27
11	成都	27
12	长沙	26
13	西安	24
14	沈阳	22
15	**郑州**	**20**

发展水平应该是前述产业层次、创新能力和国际化水平等因素的综合体现，也是城市影响力的综合体现，郑州发展水平的较低排位进一步印证了其在全国乃至全球较为有限的影响力。

一般来说，城市规模与其影响力正相关。但是，规模并不能自动变成影响力，城市的影响力是通过城市的功能来实现的。如果城市的功能不能提升到相应的高度，即使是超大规模的城市，其影响力也可能止步于其行政辖区之内，难以释放到行政辖区之外更远的范围。上述分析表明，郑州市就是由于依托区位和人口两大比较优势，驱动大规模交通基础设施建设和房地产开发迅速形成了超大规模城市，但挤压或忽视了功能提升，从而使其在全国及全球的影响力难以与其规模相匹配。所以，要提升在全国乃至全球的影响力，郑州市发展必须由投资驱动的基础设施建设和房地产规模扩张模式，转向创新和消费驱动的功能提升模式。

更进一步说，整个国家进入高质量发展阶段以后，无论是基础设施还是房地产都日趋饱和,投资需求增速已进入下降通道,投资驱动城市扩张的发展模式也越来越难以持续。因此,郑州市的城市发展模式转型不仅来自内在的需求,也是外在压力下的必然要求。

三、按照世界城市标准重塑城市功能,大幅提升面向全国和全球服务的能力

郑州市需要提升哪些功能?提升到什么程度?如何提升?需要有一个明确的思路。

自从2016年年底郑州市被纳入国家中心城市建设序列以后,其在国内就引起了较多的关注,有人羡慕,有人嫉妒,我们自己在兴奋之余也觉得来得突然,一时不知道如何表达。笔者认为,郑州市被纳入国家中心城市建设序列,自有它不可被颠覆的坚实基础,那就是作为处在京津、武汉、西安为核心城市的都市圈中间,且远离长、珠三角城市群辐射圈,拥有近两亿人口和30万平方千米国土面积的中原经济区核心城市,郑州市有资格成为与这些都市圈核心城市鼎足而立的国家中心城市。郑州市应该理直气壮地按照世界城市标准重塑城市功能,大幅提升面向全国和全球服务的能力。

梳理各种有关世界城市的表述,一般认为世界城市有三大特征:一是联结区域与国家和世界经济活动的枢纽,处在世界城市网络体系的顶端。世界城市首先是以经济区和城市群为依托,驱动本地与国家经济发展和经济运行的区域核心城市和国家中心城市,是区域和国家经济活动的枢纽,同时也是区域和国家通向世界的窗口。区域和国家面向世界的经济活动要素由此流出,世界满足国内需求的要素通过该窗口流进来。区域核心城市和国家中心城市也因此成为世界城市网络体系中的一个重要节点,而且往往是处在网络顶端的节点。二是先进性和开放性。既然是处在世界城市网络体系的顶端,一定包含了引领经济社会发展的最前沿、最先进的元素。也一定是作为高度开放的体系,才能够融入世界城市网络体系中,并在其中扮演核心驱动力的角色。三是对全球经济具有

较强影响力、辐射力、带动力、支配力和控制力。世界城市都有强大的设施和功能，其影响力远远超出其城市行政辖区乃至国界之外，不仅引领、辐射和带动全球经济发展，也对全球经济产生支配力和控制力，是全球经济系统的中枢，全球经济活动的调控中心。全球经济活动对世界城市都有较高的依存度。

与三大特征相适应，世界城市有四大功能：一是创新和新经济及先进制造业孕育孵化、成长、聚集的中心。产业是城市存在和发展的基础与最重要的支撑，产业的源头是技术创新。所以，国家中心城市或世界城市一定首先是技术创新中心和新产业孵化的源头，也是技术和新产业输出中心，处在技术链、产业链和价值链的高端，并因此对全国及全球制造业产生支配力和控制力。二是贸易和金融中心。市场及由此衍生的金融活动是现代经济活动绕以转动的轴心，也是区域核心城市、国家中心城市及世界城市最重要的功能。不仅是货物贸易，更重要的是多层级、多形式、多业态的金融交易活动，时刻都对世界经济产生巨大影响。三是交通通信枢纽及人流、物流、信息流中心。现代城市本来都是依赖交通枢纽发展起来的，作为高密度、高频度、远距离联系全球各个角落经济活动的世界城市，发达的交通枢纽是不可或缺的重要功能。在信息对经济社会活动的影响无处不在的时代，通信和信息传输枢纽作为世界城市的重要功能自不必多说。人流、物流、信息流中心是交通通信枢纽的伴生物，当然也是内在的构成部分。四是文化中心。为了不至于把城市功能过度碎片化分割，这里我们使用的是大文化概念，即把科技、教育、医疗、艺术、体育等前面三个概念无法包含的功能统统包含在文化概念中。这意味着所有文化概念中包含的这些方面，在此类城市中它们都处在中心的位置，并影响、辐射、支配与控制到更广大区域。

就郑州市目前的发展水平来说，对照上述三大特征和四大功能仍有不小的差距，这是人所共知的。但如前已经提到过的，郑州市之所以被列入国家中心城市建设序列，是因为郑州有成为国家中心城市的基础和潜质，不能因为现在有差距就降低规划和设计标准。从高标准建设国家中心城市和世界城市的要求来说，郑州市应该参照世界顶级城市的标准规划设计并分步建设形成四大城市功能。

就现状来看，交通通信枢纽和人流、物流、信息流中心是郑州市最大的优势，并且公路、铁路（高铁）、机场、通信网络节点等硬件基础设施已经规划到位，建设也接近尾声，余下的工程量主要集中在市内轨道系统和周边区域补缺完善方面，未来的重点应该主要是在互联互通多式联运等软件方面。人流、物流、信息流中心的提升和完善当然还有很大的空间。但不管是硬件还是软件，建设路径都比较清晰，按照既定节奏实施就行了。商贸及市场体系的影响力已经远远超出行政辖区之外，尤其是期货市场，已经初步具有了全球影响力。金融是郑州的短板，不管是银行体系与货币信贷市场，还是证券交易体系与资本市场，都比较薄弱，与郑州的城市规模严重错位。但这些功能都是城市综合发展水平和综合经济活动能力的体现，只能随着城市发展渐进式提升，无法走捷径。创新能力和制造业也是郑州城市功能的突出短板。郑州市严重缺乏促进创新要素聚集和创新成果集中产出的高水平大学和高端研究机构，缺乏能够辐射、引领和具有控制力的产业集群和龙头企业，多数产业处在价值链和技术链的末端，没有形成有影响力的创新中心、新产业孵化中心和技术输出中心。这些有历史的因素，也有自身素质的因素。在这方面，也无法在短时间内彻底改善，一跃进入顶级城市行列，只能一步一步慢慢来。

真正能够有所作为的是文化领域，正在推动实施的国家区域性医疗中心建设已经呈现出了令人欣喜的前景，这主要是得益于本地巨大的市场。这里说的另一个领域，也就是体育领域。在这个领域，本地也有巨大的市场需求，如果找到抓手，运作得当，有可能在较短时间内形成全球影响力。

四、以引进顶级体育赛事为抓手，迅速提升郑州在全球的影响力

据悉，中信建设投资公司和中青旅集团等央企机构正在推动将世界

三大汽车赛事之一的勒芒赛车项目引进郑州及其周边地区。笔者认为，这是一个能够以最快的速度在最短的时间内形成世界顶级城市功能的重要抓手和切入点，值得关注。

梳理多方获取的信息，将勒芒汽车赛事情况及落户郑州市可能产生的影响简要介绍如下。

（一）勒芒汽车赛事是全球顶级体育赛事

勒芒汽车赛事全称"勒芒24小时汽车耐力赛"（简称勒芒24小时），与F1、WRC并称为世界三大汽车赛事。与其他两大汽车赛事相比，勒芒24小时最突出的特点是赛车连续奔跑长达24小时，期间换人不换车，再加上系列赛项目设置种类多、层次多，非专业人士参与的机会多、参与度高等特点，勒芒赛事受到普通民众的欢迎。勒芒赛事于2012年被美国《国家地理》杂志评选为全球第一大体育赛事。勒芒24小时冠军是赛车运动三冠王之首。

勒芒24小时汽车耐力赛由法国西方赛车俱乐部（Automobile Club de l'Ouest，ACO）于1923年创办于法国勒芒市（巴黎西南200公里处），至今已有近百年历史，历经87届赛事，分站赛遍及世界各大洲。近年来，随着中国汽车的普及，勒芒赛车项目也开始在中国布局。据悉，郑州勒芒赛车项目建成投入运营后，将成为勒芒中国的主赛场。

（二）勒芒赛车项目与时代和郑州都有较高的契合度

勒芒赛事看好中国市场，不仅是因为中国进入了汽车时代（汽车产量超过2500万辆，世界第一，居民汽车普及率迅速提高），更因为中国进入由消费驱动的高质量发展阶段。而且由于人均收入水平提升到了将近1万美元的中等偏上水平，吃穿等基本消费在整个消费支出中的比重大幅降低，恩格尔系数迅速下降，休闲、旅游、娱乐等类型的消费能力大幅提升。汽车赛事有巨大的潜在市场。

勒芒中国看好郑州，是因为有两大优势能够对该赛事形成强有力的支撑。一是巨大的本地潜在市场。河南省的户籍人口接近11000万人，郑州市汽车保有量在全国各大城市中位居前列。河南省也是经济活跃度比较高的省份，郑州市更是高速发展中的特大城市，行政辖区人口超过1000万人，规划大都市区范围内人口达到2500万人。随着经济发展和人均收入水平的提高，休闲娱乐和体育消费的潜在市场会越来越大。二是优越的交通区位所引致的周边市场潜力巨大。米字形高铁于2020年前后建成通车后，在两个小时左右的时间内，可覆盖武汉、西安、合肥、济南、石家庄、太原等周边大都市，也很容易延伸至京津、沪宁、广深、成渝等稍远一点的国家中心城市，该辐射圈覆盖的数亿人口中，蕴含着更大的潜在赛车市场。

所以，勒芒汽车赛事在郑州有良好的发展前景。

(三) 勒芒赛事是郑州提升全球影响力的捷径

如前所述，作为拥有近百年历史的全球三大汽车赛事之一，勒芒汽车赛事本身就是一项国际体育盛事，在全球享有较高的知名度和较大的影响力。每逢比赛都会带动数量可观的国际人流。车队、赛车手及相应的服务团队，从世界各地追逐明星而来的车迷，各大汽车生产商和销售商等都是规模可观且稳定的国际人流。据悉，每年6月在法国举办的比赛，可吸引全球30万观众到场观赛。除此之外，比赛还吸引数百家媒体报道、转播，全球收视率达10亿人次以上。

据有关方面提供的数据，2012年上海F1大奖赛中国站有33%的观众来自境外，其中又以欧美人群为主。这也从另一方面证明了顶级国际汽车赛事对提升城市国际化水平和国际影响力的重要作用。

(四) 勒芒赛事助推郑州及河南相关产业发展和产业升级

1. 赛事种类多、频率高，可吸引大量人流，带动旅游业发展

勒芒24小时赛事体系包含老爷车、大卡车、卡丁车、摩托车、原型车等多个系列。勒芒中国赛事还增加了新能源勒芒24小时、混合动力原型车勒芒24小时、中国勒芒赛车节等特殊项目。赛事繁忙，赛场全年无休。从3月到12月，从新能源汽车耐力赛、超级摩托车赛到AI智能汽车挑战赛，月月有赛事，中间还穿插赛车节、赛车文化节（冠军表演+文化体验+节庆）等大众参与的娱乐项目，使每场"勒芒24

小时"都将是一个长达 7 日的狂欢节。

此外，赛场内外还分区布局了满足人群并容纳人群停留的设施，包括驻场俱乐部集聚区、娱乐商业综合体、勒芒汽车文化体验区、国际汽车智能产业聚集区、勒芒赛事行政酒店和车手公寓及观众酒店、勒芒儿童汽车乐园、勒芒影视文化产业区、汽车国际职业学校、运动康复医养功能区等，由此吸引并留住大量人群。据测算，每场赛事将吸引超过 100 万人进场观看，全年可吸引国际、国内观众超过 1000 万人次。勒芒主题娱乐设施可承载长达 7 天的假日经济，可共享总量预计 2500 万人次的游客资源。

2. 促进以汽车科技及新兴产业为引领的多产业融合发展

勒芒赛事会吸引汽车新技术研发总部、汽车产业链高端商务、运动汽车国际会展、智能化交通工具科技创新、国际赛车教育培训、世界汽车运动巨头总部集聚等与汽车研发、汽车贸易、汽车测试、汽车培训、汽车运动等相关的活动和机构在周边聚集，也会带动医学及医疗康复、体育传媒、文化创意等高端服务业发展，形成多产业融合发展的聚集区。

以比赛数据和行为分析为代表的大数据采集与应用，通过吸引汽车研发机构和活跃研发活动，输出汽车新技术，为汽车产业在郑州及其周边区域发展提供重要的支撑，更直接带动汽车改装业在郑州落户发展。据悉，勒芒中国公司已与 IARI PARK 的六大国际汽车改装巨头（BRABUS 等）签署了框架协议。

众多车迷和全世界著名汽车制造商、销售商的聚集也会促进汽车贸易的发展。此外，由汽车赛事产生的各种数据参数也会带动互联网和大数据信息产业的发展。

郑州大都市区郑汴港核心区背景下开封市的功能定位与发展方向[①]

一、引言

河南省委、省政府发布《郑州大都市区空间规划（2018—2035年）》，提出要构建"一核、四轴、三带、多点"的空间格局。其中的"一核"即"郑汴港核心引擎区"，由"郑州主城区、航空港区、开封主城区共同组成"，功能角色是要成为"大都市区发展的核心动力引擎"。实现该功能角色的路径和抓手主要包括："加快提升郑州国家中心城市核心竞争力和综合服务功能，发挥航空港区对外开放平台作用，构建开封文化与国际交往平台，建设郑东新区与白沙组团高端商务金融服务中心，郑州高新区创新中心，航空港区枢纽中心与开封老城文化中心，推动自贸区郑州片区与开封片区的协作，共同建设郑开创新创业走廊和区域生态绿心，推动郑汴港交通、产业、生态、文化等多方面融合发展。建设紧密协作、高效有序的核心区，带动大都市区一体化发展。"

应该说，上述规划要点对核心区及各组成部分功能角色定位的界定是比较清楚的——核心动力引擎即郑州主城区综合服务、港区开放平台和开封文化与国际交往平台。各自建设重点也比较明确——郑东新区与白沙组团商务金融中心、高新区创新中心、航空港区枢纽中心与开封老城文化中心，还有共建的创新创业走廊和区域生态绿心等。但是，要落

[①] 本文为开封市政府委托的2018年度系列研究课题的一个专题，完成人为耿明斋。

实这些规划要点，还有很多问题需要思考和探讨，除了诸如郑州主城区综合服务功能如何提升、港区枢纽如何完善、开封文化与国际交往平台如何建设等操作和工作层面的问题之外，更重要的是理论和政策层面的问题。包括如何从功能结构关系的角度来认识核心区？怎样理解核心区对整个城市乃至更大区域空间发展的引领作用？大都市与大都市区有何异同？相对于大都市核心区，大都市区核心区有什么突出特点？郑汴港何以成为大都市区核心区？郑州主城区和航空港区的功能定位及其发展方向比较清晰，也容易理解和操作，开封主城区文化核的内涵及发展方向如何进一步明确？在统一功能目标前提下如何处理好两个独立区域主体之间的关系？如何在资源开发与经济活动收益合理分配的基础上实现规划及公共基础设施和公共服务体系供给方面的真正统一和高度融合？

让我们先从城市功能解剖及大都市、大都市区异同的认知开始。

二、城市功能结构及核心

从功能结构及其相互关系看，交易结算空间是城市核心区。

城市是由交易、结算、运输、生产、居住、医疗、文化（教育、艺术、体育）、休闲、行政等九大功能构成的要素密集聚集空间。其中，交易、结算、运输和生产是基本功能，居住、医疗、文化、休闲和行政是派生功能。

交易是城市的核心要素。城市的字面含义就是"城"和"市"的组合，"城"是空间，"市"是功能，也就是商品交易活动。城市的最原始形态和最基本功能是商品交易场所，至于在交易场所周边筑城，把交易场所围起来，逻辑上应该是从交易活动衍生出更多功能尤其是居住功能以后才添加的具有防御功能的形态。当然，交易场所从原始形态一路走到现在已经发生了巨大变化。在整个农耕文明时代，交易对象主要是农产品和少量的手工业品，交易场所最常见的形态是集镇的露天农贸市场。进入工业文明时代以后，交易对象高度复杂化了，从有形的物质产品到无形的金融产品，多到让你无法想象。商场、购物中心和会展中心是有形市场的典型形态。京东、阿里巴巴网上平台则是巨大的无形市场。证券、期货、银行间拆借、外汇等价值符号类金融产品市场对经济社会生活的影响更是覆盖全球并渗透到社会生活的每个角落。

结算是交易活动的一部分。在以物易物的状态下，交易和结算是同时发生的。只是货币加入成为交换媒介以后，结算才从交易过程中分离出来成为时间上稍有分离的环节。随着交易活动的复杂化，结算相对于交易的独立性越来越强，在现代经济活动和现代城市中，结算不仅与交易过程时间分离、活动主体和活动空间分离，而且已经发展成以银行、证券、保险的形态存在，占据着显耀位置的城市核心产业了。

运输也是与交易须臾不可分割的功能。交易的背后一定是交易对象的运输过程，不管是有形的市场还是无形的市场，也不管交易的对象是物质产品还是非物质的金融产品，都不例外。有形市场如集贸市场或大卖场，在交易完成前总有将交易产品运到现场的过程，交易完成后也有将产品运出去的过程。无形市场如远期合约交易或网上交易，也有将成交货物在约定时间从生产商或经销商处运输交货到购入者或消费者处的过程。即使是非物质的金融产品，如股票、债券和期货等，也要在买卖双方及经纪人之间有相应的信息传输通道。运输距离长短、通道数量和质量、通过速度等因素直接决定着市场的规模、功能强弱和辐射能力大小，也影响着交易主体经济活动的成本和效率。所以，无论古今中外，市场都是在交通最便利的空间点发展成长的，城市则是随着市场规模的扩大和功能的增强而持续向外拓展的。交通通道的数量、质量对市场规模和城市规模有着绝对的影响，这是现代城市都是在水、陆、空通道枢纽地区发展起来的原因。原始的或初级阶段的城市市场往往是在运输通道旁边发展的，两者在空间上紧密相连甚至是完全重合。随着城市规模扩张和功能整合，运输功能空间、交易功能及城市其他功能空间也逐步相对分离。现代化大都市的港口码头、火车站、飞机场等各种交通枢纽在空间上都与交易功能高度集中的城市商业中心及其他城市功能区有一定程度的分离。

生产是交易的源头。没有生产，就没有交易对象，当然不可能有交易活动发生，所以，从这种意义上说，生产是城市更为基本的功能。但是，在自给自足的农耕文明时代，交易对象主要是农产品，生产并不在城市进行，或者在城市进行的生产仅限于少量的手工业产品，生产与交易活动在空间上是分离的。进入工业文明社会以后，不但非农制造业爆发式成长，而且大规模向城市聚集，制造业生产成为城市最主要的功能，工业制成品也成了市场上交易对象的主角。但由于制造与交易性质的差异，两者在空间上分离的格局并没有改变，改变的只是空间格局的形态。在农耕文明时期，城市交易与生产的分离表现为城乡分野，在工业文明时期，交易与生产的分离表现为同一城市不同功能空间的差异。在现代化大都市中，虽然市场交易及其与之紧密相连的金融结算功能占据了城市中心的位置，重要性也显得更为凸出，服务业在整个经济活动中的占比也不断上升，但制造业生产功能对城市的重要性从未被忽视，以至于像上海这样的国际化大都市，至今仍然是巨大的汽车等传统制造业中心。连新加坡那样地域狭小的城市国家，也还是全球最大的石油炼化产业中心之一。可以说，制造业是一个城市基础稳定性、发展水平、发展潜力和活力的重要标志。

居住功能从经济活动的视角看是衍生的，但从本质上说也是基础的。因为所有经济活动都是由人推动的，主体都是人，人必须居住下来才能在特定的城市空间从事各种经济社会活动。虽然不管是古代还是现代，城市中居住空间与其他功能空间杂处的现象较为普遍，但总体上居住空间与其他城市功能空间的分离是常态，在工业化高潮时期更是如此。因为传统制造业生产的空间环境与居住空间环境错位较大，所以，在中国的城市中，我们随处可以看到专门聚集产业的各种各样的开发区和工业园区，高层住宅林立的居住小区更是城市最显著的风景线。进入后工业化时代以后，随着高科技产业和服务业的比重增大，居住与生产空间融合又成为新的趋势，职住比正成为反映一个城市区域现代化程度的重要指标。

医疗本来纯粹属于城市的衍生功能,但在现代都市中,它们也都在某种程度上具有了产业性质,并且在城市吸引人才、提升品位、增强魅力、促进产业发展等方面扮演越来越重要的角色。医疗功能的衍生源于城市居民对健康的需求,人总有健康问题,因而总有保健和治病的需求,所以有人的地方就有医疗功能诞生,城市是人聚居的地方,对医疗功能的需求规模和强度自然就大。随着城市人口的增加,收入水平及文明程度的提高,对健康需求强度会越来越大,城市医疗体系的规模也越来越大。在现代大都市中,医院数量动辄就是几十家、上百家,吸纳就业数万人,年收入数百、上千亿元。数千甚至上万张病床、年收入上百亿元规模的医院并不鲜见。所以,医疗已成为现代都市具有标志性的功能。但是,由于医疗直接服务城市居民的性质,医院总是按照居民区的需要布局,所以,医疗功能在空间上倾向于按照居民区的需要而分散布局,少有像金融行业那样多家机构高度聚集在一个特定空间的功能区形态。

文化几乎是所有城市经济社会活动的有机组成部分,又作为它们的衍生功能扮演着塑造城市形象、提升城市品位和引领城市发展方向的角色。当然,这里所说的是广义文化的概念,即把教育、科研、艺术、体育、博物、图书等要素统统包括进来的大文化概念。文化的本意是人类对自己过去创造的记忆和传承,这些记忆以创造物形态遗存就是文物,以文字形态遗存就是典籍。它们彰显的是城市过去的辉煌,也有唤起居民的自豪感、激励创造未来的辉煌的功能。所以,有一定历史积淀和相应规模的城市都会把博物馆和图书馆建设得富丽堂皇,成为城市不可或缺的构成元素,并放在城市比较显耀的位置。艺术和体育源于居民愉悦身心和强健体魄的需要,随着城市规模的扩大和居民收入水平的提升及生活方式现代化的需要,不但艺术和体育场馆成为城市的重要风景线,而且也日益成为吸纳就业并满足居民消费需求的重要经济活动领域。教育的功能不但是提升居民素质,更是人才成长的基本途径。科研的功能是探索增量知识,提高经济活动的效率,满足居民的新知渴求,丰富居民的精神生活,对城市的重要性是不言而喻的。所以,从幼儿园到大、中、小学完善的教育体系,众多高校云集的大学城、高端科研院所聚集的科学城等,都是现代大都市的标配。相应地,教育科研领域庞大的从业人群和以数十万甚至上百万计的大学生和硕士、博士研究生,差不多都是现代都市最大的人口群体之一。

休闲是居住功能的再衍生,源于居民休息、休闲和体验的需要。休闲娱乐就像生产生活一样,是人生命活动不可或缺的有机组成部分,也是随着人口聚集规模的增大,以及经济活动效率的提高,假日时间的增多和寿命延长带来的生命闲暇时间的延长,人们对休闲需求的强度也是越来越大。以公园绿地和名胜古迹及博物馆、文化馆、图书馆、体育馆、电影院剧院、酒店餐饮店等为代表的休闲场所和休闲设施规模也越来越大。现代都市都规划建设有大片的绿地空间和各种高档的文化体育场馆,还有名吃聚集的餐饮街,时尚华丽的高档酒店群等,来满足规模巨大的休闲消费需求。除了公园绿地和各种文化场馆等非排他性使用的纯公共产品之外,绝大多数设施都具有经营性质,多数属于典型的市场主体。休闲设施和休闲活动在城市中呈现出集中布局的形态,比如大都市都有一个或数个众多市场主体聚集的餐饮街、剧场聚集的演艺中心和体育设施聚集的运动中心等。

行政中心的基本功能是保障城市经济社会活动高效、有序运行,当然也是城市不可或缺的构成部分。

总之,现代城市都是由交易、结算、运输、生产、居住、医疗、文化、休闲、行政等九大功能构成的有机整体,各功能之间按照城市形成和发展的逻辑链接,相互支撑,相互依托,共同推动城市有序运转。几大功能中,交易、结算是一个事物的双面体,运输和生产保障交易对象源源不断地供给,这四大功能构成实体城市的基本骨架,这其中的核心当然非交易结算莫属,因为它们是城市形成的原点,也是城市发展和运转的源头。在现代城市中,空间上已经分离的交易和结算功能总是以商业中心和金融中心的名义占据城市最显耀的空间,并拥有最密集、最豪华的建筑群和外在形象，正是这两大功能作为城市核心的象征。居住、医疗、文化、休闲、行政等五个派生功能在现代城市发展和运转中的地位越来越重要，某些派生功能甚至对现代城市发展具有决定性的引领作用，但他们的衍生性及其在城市逻辑结构体系中的地位不会因此而改变，所以，城市核心功能及核心区的地位也不会因此而改变。

三、从城市到大都市：功能分化与多核结构

在城市发展初期各种功能是高度聚合的。如果把曾经分散于自给自足自然经济环境中，至今仍在广大农村生产生活中发挥重要作用的集贸市场作为城市的萌芽状态，我们可以看到，在城市发展的这个阶段，交易、结算和运输等元素，不论在功能上还是在空间上都是紧紧黏结在一起的。结算不仅只是谈好价钱，交货之前的支付环节，而且交易场所往往也是十字路口及车站码头等货物运输站点。农产品之外的交易对象的生产也大都采取前店后厂的作坊模式，交易场所也是生产场所。店厂的后院或楼上往往直接衍生出居住功能。至于医疗、文化、休闲甚至行政功能都还没有稳定和显性的存在。所以，在这个阶段，我们可以说交易场所就是整个城市，自然也是城市中心。

功能分化和空间分割源于交易规模的扩大。交易规模的增加不仅会使结算变得复杂和专业，而且也会产生大量的现金流。这时，专门从事现金保管存取乃至借贷业务的机构出现了，从钱庄到银行，不仅功能越来越强大，而且空间聚集度越来越高。这是城市功能的初次分化和城市空间的初次分割，并日益演化为现代城市的商业中心和金融中心。交易规模的扩大需要不断拓展交易场所空间，同时会使仓储和货物运输量激增，作为交易对象的制造业，其产品的生产规模也会扩大，各类从业人员也会越聚越多，有限的交易场所就会变得越来越拥挤，于是，推动功能进一步分化和空间进一步分割。交易结算场所外围逐渐出现了运输、生产、居住等功能聚集区，并且各类功能聚集区的规模也随城市规模的拓展而不断增大。从业人员的增多和人口聚集规模的扩大陆续衍生出了

医疗、文化、休闲和行政功能及各自聚集而形成的相应功能区，与上述基本功能一起构成了完整的城市结构，就如同我们今天所能看到的那样。

多数城市都是单核结构。从萌芽状态的集贸市场到小城镇，再到县城和中等城市，城市群体中的绝大多数都是单核结构。即使是功能结构及其相应的空间结构已经充分分化，人口在数十万甚至上百万的现代化中等城市，也往往是以大商场林立的商业街及其毗邻而居的金融机构聚集空间为中心的单核结构。当然，我们也能从正在成长的百万甚至数百万人口城市中比较容易地识别出曾经的中心核和正在形成中的新核心。比如开封的马道街、寺后街和鼓楼街是老的城市核，西区以万达广场及其周边区域是正在形成的新城市核。我们在新乡、安阳、商丘等正在成长中的城市中也能看到这样的结构演化形态。

大都市区都是多核结构。城市本身就是区域中心的概念，是一定区域半径范围内经济社会活动需要导致要素密集聚集的特定空间，其功能是服务于该区域范围内的经济社会活动，或者说是在该区域范围内实现对城市功能的共享。只是城市规模的增大才导致其基本功能分化并衍生出更多的功能，这些功能相互需要、相互支撑和相互促进，共同推动城市规模进一步增大。更大规模的城市具有更强的服务能力，从而会有更大的服务或共享区域半径，反过来又会支撑城市规模进一步加速膨胀。这就是说，导致城市规模循环膨胀的机制是双重的，一是城市与其服务或共享的外部区域之间的互相推动；二是城市内部各功能之间的互相推动。由于各种各样必然的或偶然的原因，在整个国家乃至全球现代化进程中，某些幸运的城市会在某个阶段进入持续内外双重互动循环膨胀过程中，并最终成长为人口规模达到数百万甚至上千万的巨型城市，就是这里所说的大都市。根据大都市的服务能力、控制力或功能共享半径大小，人们又把大都市分为伦敦、纽约那样的世界城市，东京、北京、上海那样的国际大都市，以及广州、武汉、成都、重庆、郑州那样的国家中心城市等不同层级。

但不管哪个层级，**大都市的内部结构都有一个共同的特点，就是功能充分分化，又高度聚集**。所有九大功能都各自占据不同的城市空间，分野清晰，每一功能空间同类元素都高密度聚集，而且功能强大。我们看到纽约的华尔街、北京的金融街和上海的陆家嘴，都是高楼林立，银行、证券、保险机构密布的都市金融中心。上海的外滩及南京路、北京的王府井、郑州的二七商圈等都是典型的都市商业中心。像上海虹桥、浦东机场及洋山港、北京西客站及首都和大兴机场、郑州东站及新郑机场那样的大型交通枢纽，更是大都市关键的功能中心。类似上海张江、郑州经开区和航空港区那样的工业生产中心，每个大都市都有多个。北京的中关村、上海的杨浦及松江、郑州的龙子湖等大学城和高端研究机构聚集空间，也是几乎所有大都市的标配。博物馆、大剧院、科技馆、图书馆、大型体育场馆等文化、体育设施也是大都市亮丽的风景线。医疗体系中除了散布于居民区的社区医疗机构之外，大都市也都不缺特大型医院集中布局的医疗中心。巨大的绿地休闲空间也越来越成为大都市时尚的象征，就像欧洲一些城市，比如爱尔兰的都柏林和德国的慕尼黑，其城市边缘的面积达数十甚至上百平方公里的草地森林那样，中国一些大都市也开始在城市边缘规划建设越来越大的绿地休闲功能区，上海的郊野公园、郑州规划的黄河生态带和郑开之间的城市绿心，就是这样的休闲空间。居住小区虽然满城皆是，谈不上特别显眼的功能中心，但东京、北京那样的大都市由于市内空间的过分拥挤，在外围也都有被戏称为睡城那样的居住功能聚集区。

总之，除了居住和医疗之外，九大功能中的七大功能都能够因同类功能要素在特定空间高密度聚集而形成大都市的特殊功能中心，从最本源的逻辑结构上说，最核心的功能还是商务和金融中心。从影响力、辐射力、控制力和持久竞争力来说，除了金融中心之外，功能强大的综合交通枢纽、高水平大学和高端研究机构聚集的创新中心和高端制造业聚集的生产创业中心，也可以认为是与商务、金融中心鼎足而立的大都市最重要的核心功能区。换句话说，大都市的多核结构由商务核、金融核、枢纽核、创新核和制造核共同构筑而成。

大都市的功能结构特点可以做如下概括：①功能区域空间分割清晰；②各种功能都非常强大；③商务、金融、枢纽、创新、制造等五核成鼎足之势；④共享程度高，服务半径大，对周边辐射带动和控制能力强。

郑州市显然已经具备大都市的所有特征。郑东新区商务中心和金融城，以郑州东站和机场为代表的综合枢纽，以高新区、经开区和航空港区为代表的制造中心，以由科学大道和北环城路串起来的郑大、工大、信大西高校园区和龙子湖东高校园区组成的创新中心等核心功能，都具有足够强大的辐射和带动能力，有广阔的服务和共享半径。郑州市人口突破千万人，中心城区人口突破五百万人。郑州三环内的面积大于上海内环，略小于北京三环，四环内的面积大于上海中环，与北京四环相当，绕城高速所形成的五环内的面积大于北京五环和上海外环，已是典型的大都市。

四、大都市和大都市区：多区域主体之间的功能组合

大都市区和大都市是有内在联系而又性质不同的两个概念。

大都市区是大都市膨胀扩张超出了自己行政辖区边界，与其他区域城市功能对接交叉形成的城市连绵区。如前所述，城市的形成与拓展，本身就是为满足周边需要而缔造的基本功能核，不断吸附要素聚集，并通过服务与共享带动周边发展的过程，也是不断将周边内化为市区及服务与共享半径持续向外延伸的过程。大都市在其形成和成长的特定阶段，由于多核结构和强大的基本功能，周边内化为市区及服务共享半径向外延伸的过程呈现加速状态。一旦大都市内化拓展超出了其行政辖区的边界，并与周边其他区域的城市功能对接和交叉形成城市连绵区，大都市就演化成了大都市区。大都市内化外拓、对接交叉的可能是次一级的城市，也可能是规模与功能大致相当的另外的大都市，这会导致大都市区内部不同的结构。如果是前者，大都市区就是单核结构，如武汉、

成都、郑州等大都市区,就是典型的单核结构。如果是后者,大都市区就是双核或多核结构,如日本东京都市圈、京津冀、长三角、珠三角粤港澳大湾区等,就是典型的多核结构。

与大都市相比,大都市区最突出的特点是多行政区域组合,大都市区内不是一个而是多个行政主体。除此之外,一是大都市区城市区域规模更大,如世界著名的日本首都圈大都市区涵盖了东京都、神奈川县、千叶县、琦玉县等多个独立行政区域,半径达到 50~70 千米,人口总规模超过 4000 万,达到日本全国人口的 1/3。我国的京津冀、长三角和珠三角粤港澳大湾区等都市区,规模甚至大于日本东京都市区。二是功能中心更多,除了都市区核心大都市拥有的全部九大功能中心之外,周边次级城市也都至少有一个较强的功能中心,如果构成大都市区的还有另外的大都市,功能中心更是会成倍翻番。这就意味着,在大都市区中,不少同类功能会有多个功能中心,尤其是作为城市或大都市区支撑主体的生产制造功能,多中心格局会更为突出。三是基本功能或某些主要衍生功能更加强大,服务和共享半径更大,辐射力、带动力和控制力更强。比如,美国纽约华尔街证券交易所的股价波动会引起全世界投资者关注,陆家嘴上海证券交易所也是全国投资主体关注的焦点,北京中关村的创新核输出的成果往往会成为长三角甚至珠三角高技术产业发展的源头。所以,大都市区的影响力都非常巨大,一般会远远超出构成大都市区各城市所覆盖行政辖区的范围,很多大都市区的影响范围是覆盖全国甚至超出国界影响到世界的。

有一种在许多人群中甚至在一些学者群体中流行的观点,即认为大都市在其发展的特定阶段总是存在对周边区域发展带来不利影响的虹吸效应。笔者认为这是一种对大都市与周边区域发展关系的错误认识。前面我们多次说过,城市本身就是为满足周边发展需要而形成的。城市发展当然是一个吸附聚集周边要素的过程,但这一过程对周边区域的发展并不是负面的,因为周边要素向城市的聚集缔造了效率更高的区域增长中心,周边区域也会因此受益。劳动人口和资本的聚集分享了更高的效率以工资和资本利得形式带来了更多的增量收益，土地城市化可以给其所有者带来更高的地租收益。同时，劳动人口向城市聚集稀释了留在原地的劳动力，这会增加劳均土地资源占有量，从而也会提高被吸纳区域的劳动生产率。此外，城市功能也会通过服务和共享提升周边经济活动效率，辐射带动周边区域，大都市区尤其如此。所以，城市形成和发展的过程实际上是在它吸附、聚集和服务共享范围内实现资源优化配置，是提升区域整体经济活动效率和促进经济发展的过程，城市对周边要素的虹吸是正效应而非负效应。大都市周边能够接受服务和共享其功能的一定半径范围内的发展水平都远高于受其影响之外或影响较弱的区域，就是对虹吸效应负效应的最有力反证，大都市区的形成更是城市对周边辐射带动效应的更有力证明。

五、为什么郑州大都市区的核心只能是郑汴港

前文我们说过，当城市处在萌芽状态，各种功能高度黏结的时候，交易场所就是城市中心。一般的中等城市或大都市区发展到中等规模阶段的时候，各种功能尚未得到充分分化，商业街加上点缀在旁边的几座金融机构大楼就是城市中心。当城市成长为大都市以后，不但商务、结算、运输、生产等基本功能得到充分分化和重新集结，并各自占据独立空间形成多个功能中心，而且医疗、文化、休闲等衍生功能也得到充分分化和聚合，成长为支撑城市的重要功能中心。与一般城市相比，大都市核心区不再是一个点，而是由多个基本或重要功能中心集中布局并相互支撑所构筑的城市空间。比如，商务、金融、枢纽、生产、文化与创新等功能中心相对集中布局，活力最强的金水、郑东、经开和港区，总是不约而同地被大家认为是郑州大都市的核心区。

据此逻辑，大都市区核心区应该就是其中的核心城市或主要城市及其基本、重要功能中心共同构筑的空间。我们在多个著名大都市区中都能看到这样的结构空间，比如日本首都圈大都市区的核心区就是第一大都市东京和第三大都市横滨共同构筑的空间，北京—天津构筑的空间是

京津冀大都市区的核心区，上海—南京—杭州所构筑的空间是长三角大都市区的核心区，广州—深圳—香港—澳门—珠海所构筑的空间是粤港澳大湾区大都市区的核心区等。如河南省委、省政府公布的规划所示，郑汴港为三大支点所构筑的空间是郑州大都市区的核心区。

为什么郑州大都市区的核心区一定是郑汴港而不会是别的区域？

（1）在郑州大都市区五座城市中，除了郑州之外，开封是最重要的城市。虽然就其在大都市区中的地位来说，开封无法与京津冀的天津、长三角的南京市和杭州市、粤港澳的深圳市等同样具有大都市地位的城市比，但开封市的重要性不在于它的城市规模，而在于它的深厚历史文化积淀和广泛影响力。就像粤港澳的澳门地区和珠海市一样，虽然城市规模不大，但她们独特的历史文化和功能特征照样能使她们比肩于广深港而成为大都市核心区的一部分。

（2）作为在中国古代文化中与唐具有同等影响力甚至是更具影响力的宋朝古都，开封深厚的文化积淀和广泛的国内国际影响力，在大都市区功能上构成了对郑州市最重要的补充。周边其他城市包括新乡、焦作和许昌对大都市区的价值在于添加了生产中心或生态休闲中心，是郑州市已有城市功能的外围拓展，开封市为大都市区添加的则是郑州市缺乏的文化功能核和国际影响力，如果说前者对大都市区的贡献是锦上添花，后者的贡献则是雪中送炭。

（3）郑汴港是城市基本或重要功能中心高质量、高密度聚集的空间。如前文所说，郑州金水、郑东、经开和航空港等所形成的半月形区域，因商务、金融、枢纽、创新和生产等基本和重要功能中心的高智力密集布局而成为郑州大都市的核心区，加上开封文化核，不但重要功能补齐了，而且在形态上也成为由三点支撑的满月状。

（4）这里是京港澳和连霍高速公路、京广和徐兰—兰新及郑万、郑合、郑济、郑太高铁等多条陆路交通通道的交汇处，有郑州东站和南站两大高铁枢纽站，有正在迅速崛起的内陆大型枢纽机场和空中丝绸之路中国枢纽点新郑机场，有功能强大的商务和金融中心，以及质量和规模迅速提升的创新及生产中心，还有平坦而广阔的 2000 平方千米空间和辐射东南北一半以上省域面积的广阔腹地，加上开封魅力古都的吸引力。这里实实在在是大都市区内也是中原城市群及省内最具经济活力的区域空间，也为未来吸引大公司总部、高水平大学和高端研究机构入驻，及按照国际一流都市和都市区布局落地一系列标志性功能项目留足了余地。这里一定不愧为驱动整个大都市区乃至河南省经济社会发展的"核心引擎区"角色。

（5）郑汴港三点距离最近，2005 年启动的郑汴一体化已经持续推进将近 15 年，郑州向东、开封向西的发展格局再加上中牟崛起，已经使郑州、开封两个城市联为一体，具有了大都市区的形态。

总之，郑汴港作为郑州大都市区的核心区当之无愧。

六、做大做强开封文化核

虽然开封主城区作为郑汴港核心区的文化核，对构筑大都市区核心区，驱动并引领大都市区的发展和运行有着不可替代的意义和价值，但是，与郑东新区和金水区商务中心、金融中心、交通枢纽、创新中心及航空港区生产中心和枢纽中心这两个支点相比，开封这个文化核支点还是显得弱了些，要使其真正发挥文化核作用，还得要"强身健体"，把这个文化核做大做强。

这里所说的文化是包括历史文化、黄河文化、创意文化和创造文化在内的广义文化，做大做强文化核要在这四个方面同时发力，也要在打造宜居城市和建设完善、便捷的交通网络方面下足功夫。

（1）深度挖掘宋文化。开封历史文化的核心是宋文化，要深度挖掘并尽可能完整复原展现宋文化。北宋在开封建都 167 年（公元 960—1127 年），虽然始终受到北部及西北（辽、金、夏）游牧民族的骚扰，战事不断，但目前公认，其经济社会尤其是文化发展达到了整个封建时代的顶峰。此后的蒙古元朝对经济社会及文化的摧残就不用说了，明清两朝 600 年闭关锁国和极权统治的结果是造成了文化沙漠。所以，深度挖掘宋文化，其意义绝不仅仅在于支撑开封文化核的壮大，而且对中国传统文化的复兴并走向世界，也具有不可估量的价值。具体说，可从以下几个环节对宋文化进行深度挖掘和有序开发：一是以河南大学宋史研究团队为主，组织全国的宋史专家，尤其是专攻宋都开封城研究的专家，以《清明上河图》和《大宋东京梦华》为指引，先以文字描述，然后以轮廓构图的形态完整再现当年宋都城市尤其是市井风貌。二是在全国范围内招募组建以美术古建专家为主体的设计团队，依据文字描述和构图展示的宋都市井风貌进行城市街区及建筑外观整体设计。要顾及现有街区和建筑格局，以外观设计和修补整理为重点，不要推倒重来和整体翻建。那样不但劳民伤财，也会人为将旧城变成新城，画虎不成反类狗。三是按照既复原古都旧貌又顾及现代消费者偏好的原则，设计、规划多种类型的消费体验功能街区，如既有古代的勾栏瓦肆，又有现代时尚的酒吧咖啡屋。书市、杂耍、民宿、民俗、酒吧、说唱、美食等功能街区鳞次栉比，应有尽有，以让游人驻足三天也难尽体验为规划设计要求。但所有现代时尚消费体验场所都以不损害古都外观为原则。四是以功能街区为单元，面向全国乃至全球招租经营者，并以经营者为业主，组织建设修缮施工团队，组织招商并进行统一管理。五是统一规划，分类整理各种宋文化遗存，以丛书的形式分批陆续出版，并使之通俗化和大众化，便于广泛传播，人物、诗词、民俗、市井、建筑、陶瓷等，故事性强的还可以改编为电视或电影，用不同的形式创造丰富的文化产品，从各种角度和不同层面反映宋代经济社会生活情景，增强宋文化的魅力和影响力。六是处理好市场与政府的关系，政府的角色是规划引导和宏观管理，建设经营完全以市场化方式，从功能街区到基层店铺各个层次均由市场主体运作。

（2）深度挖掘黄河生态生活文化，谋划黄河文明博物馆，构建黄河文明集中有形展示体验区。黄河是世界上最奇特的一条河流，上中游高原和沙漠戈壁不同的地理地貌与生态系统，及下游在大平原上四处奔涌漫流和频繁改道，在不同空间滋养、孕育了不同的族群，创造传承了具有独特生产生活方式的多样地域文化，留下了不同历史时期无数可歌可泣的故事和多如繁星一样的各种文物遗存。黄河是中国人的母亲河，是中华民族的摇篮，中华文明由黄河生态系统而生，又随黄河生态系统演变而演变，黄河生态文明与中华民族人文文明相互交织，创造了一幅无比灿烂的黄河生态生活文化画卷。开封地处黄河下游的关键部位，号称地上悬河，黄河频繁改道与生态变迁对开封历史文化影响最大，所以，深度挖掘黄河生态生活文化并在开封集中展示体验是再合适不过的了。

首先，还是从梳理文化元素开始，可以考虑由懂得黄河文明演化概况又有现代社会责任意识的人士牵头，在全国乃至全球范围内组织对黄河文明研究造诣深厚的顶级专家团队，全面、系统梳理构成黄河文明的各种元素，筛选其中的精华，构筑黄河文明的精神大厦。其次，组织优秀设计团队，拿出博物馆建筑物的建设方案和文明元素的建设展示方案。最后，以术有专攻为原则，选择各个元素的专业工艺美术团队设计制作，形成黄河文明的微缩景观，最终达到形象地再现各个历史时期各种黄河文明构成元素有形集中展示的目的。让人们可以驻足方寸之间，遐想数千年前黄河先民们的生活生产场景。以黄河源头青海的喇家文化、黄河中游的仰韶文化和黄河下游的龙山文化为源头，从三皇五帝到夏、商、周、春秋战国，再到秦、汉、三国、两晋、南北朝、隋、唐、五代十国、宋、元、明、清一路下来，让各个历史时期黄河文明的精华一览无余。为提高效率，有效募集资金，可采取官商合办或官督商办模式，政府负责前期研究和组织，谋划思路框架，规划供地，市场主体筹集资金，组织创意设计和建设，并以市场化的方式运营。

(3) 抓住创意文化蓬勃发展的契机，加快引进创意文化项目，打造大都市区文化创意产业高密度聚集区，形成大规模文化创意产业集群。如果说宋文化和黄河文化建设的任务是挖掘、汇聚、梳理历史存量文化元素的话，创意文化建设的任务就是筛选、引进、汇聚和培育现代增量创意文化元素，形成文化创意产业集群。据悉，相关市场主体都看好文化创意产业发展的优势和前景，且已形成纷至沓来之势。例如，规模宏大的恒大童世界文化旅游城建设工程已接近尾声，开园在即，另一个巨大的文化创意旅游项目——勒芒赛车城也已急迫地在开封寻求落地空间了，其他如方特、华侨城等知名文创企业也都在开封谋划良久。开封市委市政府应该乘势而上，主动作为，加大工作力度，加快工作进度，以推动勒芒赛车项目尽快落地为契机，进一步加大对文化创意产业项目的引进力度，打造规模化文化创意产业集群。勒芒汽车耐力赛是源自法国勒芒的汽车赛事项目，是世界最有影响的三大汽车赛事之一，即将入住郑州大都市区，而且选择开封为项目落地空间的意向十分明确。开封市委市政府也相当重视，政府相关各部门应积极配合，加大工作力度，力争早定选址，早日动工，在最短时间内投入运行。据悉，该项目总投资将达到500亿元人民币，占地上万亩甚至数万亩，引进多个商业娱乐项目和包含20多个星级酒店的现代化酒店集群，形成能够容纳数十万人的休闲娱乐城。

迪士尼项目也应作为引进的目标开始谋划。

为推动以宋文化、黄河文化和创意文化为核心的文化旅游产业的发展，还需要系统规划和建设、完善酒店体系，提升对日益扩大的增量流动人口的接待能力和服务水平。要细致梳理，查缺补漏，系统规划，合理布局。做到随处可见，随时可住，随机可选。从传统旅店到现代民宿，从便捷到商务，从中式到西式，从普通到豪华，应有尽有。以最便利的方式满足各种不同消费群体的需要。尤其要着力谋划和建设现代化酒店群和大型会议中心，增强接待各种大型团体和会议会展的能力，将古都既建成文化、旅游、休闲中心，又建成大型会议会展中心。同时要加强对市民的文明教育，使市民的语言和行为习惯充分与现代文明生活方式和人际交往方式对接，增强对外来人群的黏合力和吸引力。

（4）加大对高水平大学和高端研究机构的培育和引进力度，打造创新文化元素聚集区。这个虽然已不是新话题，但还是需要在这里再重点强调，因为这点对开封未来的发展太重要了。从大的格局说，中国的经济发展已经由过去的资源依赖进入技术依赖的新阶段，创新成为发展的最主要驱动力，河南包括郑州大都市区在内，创新能力不足是最大的短板，也是高质量发展的最大障碍，所以，排除障碍，培育和引进创新元素，提升创新能力，是河南更是郑州大都市区面临的重大任务。开封作为大都市区郑汴港核心区的重要组成部分，又是核心区中的文化核，还有河南最好的大学之一河南大学为依托，自然拥有培育和引进高水平大学和高端研究机构，打造创新文化核心的义不容辞的责任。放眼大都市区，郑州市已有东边的龙子湖高校园区及金水科教园区与创新创业示范区，西边有郑大、工大、信息大高校聚集区及高新区两大创新中心，加上新乡以师大、医学院、科技学院、工学院、新乡学院为主体的高校聚集，及开封市以河南大学为主体的高校聚集区，至少是四大高校园区和创新元素聚集中心，但与发展水平较高的地区和大都市区相比，创新元素聚集的规模和水平都还有相当大的差距，进一步培育和引进的任务很重。开封借助厚重的历史文化依托和核心区东部顶点的位置，再加上相对宽松的空间和独特的黄河生态文化环境，是未来增量创新平台和创新元素比较适宜的聚集空间。开封市应该利用正在启动的新一轮城乡空间规划的契机，留出足够的高水平大学和高端研究机构等创新平台和创新元素聚集空间，同时学习和移植深圳虚拟大学园的模式，提供必要的办公空间和生活服务设施，从引进某些创新元素和创新实验室开始，逐步牵引出高水平大学和高端研究机构的部分功能来此落地，并以大部乃至整体引进高水平大学或高端研究机构为期望目标。为此，应该争取将增量创新元素空间纳入未来会启动的核心区城市详规，获得河南省委、省政府认可，并争取到省政府约束实施及引导落地的相应政策。

依托创新元素聚集区，孵化高新技术产业，支撑郑开创新创业示范带建设，培育和壮大先进制造业集群，推动开封制造业结构转型和高质量发展。

按照上述思路，开封市会形成由宋文化中心、黄河生态生活文化中心、创意文化中心和创新文化中心四大文化中心支撑的强大文化核，培育出规模宏大的文化旅游产业，也会孕育孵化出极具活力的高新技术产业为主体的先进制造业集群，驱动开封形成螺旋上升的良性发展态势，与核心区的郑州东部主城区和航空港区一起，沟通构筑起大都市区最具创造力和活力的核心，共同塑造出传统与现代、古典与时尚、本土化与国际化相互映衬的丰满、亮丽的特色大都市核心区。

（5）打造宜居城市和建设完善、便捷的交通网络。人是城市的主体和灵魂，有人就有生产创造与供给，有人就有需求与市场。城市建设和发展的精髓在于增强对人的吸引力，不但是吸引和留住原住民，更要吸引增量人群进来，不止是吸引增量流动人口，更要吸引增量常住人口。打造宋文化中心、黄河文化中心和创意文化中心，目的是吸引更多的流动人口进来，做大旅游业。同时也创造更多就业机会，吸引更多人口定居，增大常住人口规模。打造创新文化聚集区，孕育孵化高新技术产业和新经济，提升财富创造能力，扩大常住定居人口规模。所以，用以人为本来定义和指导开封城市发展是再贴切不过了。

但要能够吸引和留住增量人口，就要有让人来并让人留下来的理由，除了观光和就业之外，舒适宜居的城市生活条件和生活环境，以及便捷的交通等是最重要的。所以，除了在上述四大文化中心建设方面发力之外，同时要在宜居城市和交通网络建设方面下足功夫。

在宜居城市建设方面，主要是从四个方面着力：一是以地热资源开发和清洁能源替代为抓手，减煤减排，净化环境，还原蓝天白云；二是以黄河湿地生态公园建设和城市景观水系打造为抓手，让碧水绿地、小桥流水成为城市主色调；三是以城市双修和文明行为规范为抓手，让街区井然有序；四是增加优质基础教育供给，满足居民对子女优质教育和良好成长条件的需求，建设完善的优质医疗体系，满足居民对健康的需求。

在交通网络建设方面，亟须解决的紧迫问题和对未来发展会产生重大影响的项目包括以下几个：①高速公路多开口，开宽口，尽快缓解进出市区尤其是节假日进出市区的压力；②把郑开大道快速化改造尽快列入日程，提高郑开之间主通道通行效率；③尽快谋划并督促启动轨道交通系统的规划建设，包括推动郑州市区外围都市区环形铁路建设，并以航空港区至开封西区再向原阳和平原新区为东部绕行线路，与开封北站交汇，并从开封北站引出相应的城市轻轨或地铁线路，在此形成轨道交通枢纽；④规划建设开封外围绕城环路，缓解老城区内外交通压力，并推动形成外部若干个功能聚集中心；⑤推动安罗高速和G230国道（开封至封丘、滑县）等南北向跨黄河通道尽快开工建设，推动酝酿多年的濮阳经开封至潢川京九复线铁路立项建设，进一步顺畅南北交通。

七、深度一体化制度设计方案

通过前文的梳理和分析我们可以看到，郑汴港核心区汇聚了整个郑州大都市区各种顶级的功能，从枢纽到商务会展和金融，从创业创新到文化，无不如此，并且以三角多点的空间布局结构，构筑了涵盖郑州金水、郑东、经开、航空港、开封整个主城区、尉氏县一部分及中牟县全部的巨大潜在发展空间。该空间中枢纽中心、商务中心、金融中心、创新中心、制造中心、文化中心等支撑发展的功能一个都不缺，还有一个巨大的生态绿心。可以说，这里拥有整个大都市区最好的发展条件和最优的发展空间，这也是《郑州大都市区空间规划（2018—2035年）》将这里定位为"郑汴港核心引擎区"的基本理由。但是，到底如何使其成为"大都市区发展的核心动力引擎"，似乎还需要做些更深入的分析，明确方向，找准抓手。

枢纽带动物流吸引制造业乃至人口聚集，再加上功能强大的商务金融服务能力，还有文化及创意产业所带动的旅游等，当然可以成为重要的驱动因素，但这都难以适应技术依赖、创新引领和高质量转型发展阶段的需要。在该阶段，真正的核心动力引擎是强大的创新能力和持续孵化并不断扩张的高技术新经济形态，包括信息处理技术及互联网、人工智能、生物医药等，这是郑州市及其大都市体系中欠缺的，也是郑汴港核心区未来发展方向和抓手。为此，需要在两个方面从战略上做出谋划和规划，并配套相应的体制机制和政策设计，一是高质量创新平台和创新要素高密度聚集区；二是高技术新经济孵化成长空间。

基于上述思路，笔者提出如下建议。

第一，在全球范围内招标聘请国际上最著名的咨询机构组成最优秀的专家团队，征求吸纳包括科学技术、经济社会、区域城市、前沿产业、教育文化等各领域顶尖专家的意见，形成核心区战略谋划方案。

第二，在全球范围内招标聘请国际顶尖城市规划设计机构，依据战略谋划方案，以创新平台和创新要素聚集和新经济孵化成长为聚焦点，拿出整个核心区空间的整体规划设计方案，经法定程序评审论证并核准后，使之成为未来核心区建设及发展过程中的硬约束文本，并严格遵循。

第三，探索深度融合的区域一体化制度设计和制度变革方案。前文我们说过，相对于大都市，大都市区最突出的特点是一个功能区覆盖两个甚至多个行政区域和行政主体。郑汴港核心区就覆盖了郑州和开封两个平行的省辖中心城市区域，有两个同级别的行政主体。在这种情况下，要使在战略上作为一个功能区整体谋划和规划设计的建设发展方案，按照硬约束的原则有秩序地落地，就必须在制度和体制机制上有一个可以深度一体化的设计。一是由于不同区域财力的差异可能导致基础设施建设难以按照规划要求同步到位；二是以各种福利保障为主要内容的基本公共服务供给难以均等化；三是为争取能带来较大潜在利益的优质项目和优质要素落地，可能造成竞争摩擦和整体效率的损失。这些都是可能造成要素流动的壁垒，影响战略及相应规划的落地实施。制度和体制机制深度一体化的设计可以扫除要素流动的行政区域壁垒，保证同一个功能区按照统一的整体规划落地实施。

一般来说，涵盖不同行政辖区的统一功能区制度和体制机制深度一体化方案有三种基本模式。

（1）兼并内化模式。也就是核心城市把同一都市功能区覆盖的另一行政辖区整体或部分兼并内化，变成一个行政区，使功能区和行政区完全重合，美国、日本等国家在大都市及大都市区形成过程中都有兼并或合并的案例，中国也有不少这样的案例，比如合肥合并巢湖，济南合并莱芜，成都合并资阳等。这是通过将外部区域内化实现完全一体化的模式。开封作为具有国际影响力的宋都古城，不可能以合并的方式使其消失掉，况且，失去独立存在的城市，以它为载体的文化核也就不存在了。所以，郑汴港核心区的深度一体化，不可能通过合并模式的制度及体制机制设计来实现。

（2）上海虹桥模式，即上层权威行政主体主持下的统一规划和基层区域行政主体分别开发建设和利益独享模式。上海市政府在市区西部区域以虹桥枢纽（高铁站＋机场）为核心规划了面积达80多平方千米的商务功能区，覆盖闵行、青浦、长宁和嘉定四个行政区的部分区块。上海市政府没有像通常建设开发区的做法那样，把统一功能区中属于不同行政辖区的部分切出来，设置一个与各行政区域并列的新区域，成立管委会负责统一规划和建设运营，而是在不触动原行政辖区的前提下，创造了统一功能区域内分区域建设管理运营的模式。也就是市政府组织一个虹桥商务区管委会，负责功能区战略谋划和空间及建筑规划设计，并负责监督各项规划和功能的建设落地和规范运营。该管委会为市政府派出机构，人员编制和工资待遇全在市里，所有费用支出也由市政府负担，也不收取功能区任何投资运营收益和税收，只提供规划监督和管理服务。功能区覆盖到的四个区各自成立管委会，负责落实功能区规划中涉及自己辖区的部分，筹集建设资金，保证各相关建设项目及时落地，并负责自己辖区的运营管理，并独享自己区域产生的投资及税收收益。这种模式比较适合于郑汴港核心区的制度及体制机制设计。依此逻辑，省政府应该设立大都市区管理委员会，负责大都市区战略谋划和规划，督促和监督规划的落地实施，以及各行政区块的管理和运营，所有费用均由省财政支付，不从大都市区所属各行政区域获取任何收益。各市成立基层管委会或将其管理运营功能赋予市政府内部相关部门，负责自己行政辖区大都市区覆盖区块的筹资建设和项目引进及运营管理，并获取相应的投资收益和税收。由于大都市区覆盖区域广,各部分情况不一,一体化发展基础和实施条件差异较大,分区块递次推进应该是大都市区建设的基本方式。所以,省政府大都市区管委会可以发布的空间规划为依据,率先对郑汴港核心区进行战略谋划和城市规划设计,开封市可由西区管委会代行郑汴港核心区管委会之职,负责落实开封涉及辖区的规划建设和运营。郑州市管委会则负责涉及郑州辖区的核心区谋划规划建设和运营。通过这种深度一体化的制度设计率先在郑汴港核心区实践试验,为整个都市区的一体化发展提供示范。

(3) 美国的区域合作模式——以规划、设施建设、土地开发、税收及公共服务供给等的统一为基础,实现深度的区域一体化。美国的城市发展在历史上曾经受到大都市区内部多区域行政主体之间因利益重叠摩擦而造成的困扰,被学者称为大都市区的"巴尔干化"。为解决这一问题,他们选择了两种解决方案:一种是通过市县合并在大都市区建立权威的政府机构,也就是大都市区中的核心城市通过兼并或合并,把存在独立行政主体的周边甚至整个县域纳入其权威行政主体管辖之下。类似我们前面说的兼并内化模式。另一种是大都市区范围内的地方政府自愿联合建立,通过政府间协议、松散的大都市区协会、单一功能的特区或功能区解决大都市区的共同问题。学者也在理论上支持这种解决方案,斯蒂芬(G. Ross Stephens)与维克斯特罗姆(Nelson Wikstrom)就认为联合是提升大都市区政府服务的必要步骤,不仅应当设立像污水处理和供水区这样的单一功能地区政府,而且应当设立由税收支持的大都市区范围的多功能政府来进行区域规划和提供服务。[①]

在治理实践方面,明尼阿波利斯—圣保罗大都市区的制度安排是这一时期区域主义改革的典型个案。明尼苏达州双子城明尼阿波利斯、圣保罗及附近郊县组成的大都市区面积为12626平方千米,其人口在2006

---

① G. Ross Stephens, Nelson Wikstrom, Metropolitan Government, et al. Theoretical Perspectives, Empirical Analysis, and the Future [M]. New York: Oxford University Press, 1999.

年约350万人。① 20世纪90年代初，该大都市区采取了区域主义的改革措施，对大都市区各个部分的政治与行政进行整合，其改革方案包括三个核心目标，即公平的住房、财产税共享和再投资，主要手段是区域土地规划和增长管理、福利改革、整合基础设施融资和管理。②

这大概也是浙江嘉善、上海青浦、江苏吴江正在探索的一体化模式，也可能是未来郑州大都市区及郑汴港核心区未来深度一体化发展进程中的一种值得探索的选项。

除了上述三种基本方案之外，还有不同区域之间特殊功能区小范围交叉合作的"飞地模式"和西咸新区那样的"托管模式"，这里不赘。

八、保障方案落地的措施

（1）省政府设立大都市区建设领导小组，并在领导小组下设管委会，负责在大都市区空间规划基础上的战略谋划和控制性详规，并监督规划范围内各市政府严格按照规划落地实施。

（2）在统一空间规划和战略谋划基础上，分步实施控制性详规，并以郑汴港核心区为率先启动和示范区域，取得经验后递次推开。

---

① 百度百科—词条"明尼阿波利斯。"
② Myron Orfield, Metropolitics. A Regional Agenda for Community and Stability [M]. Washington, D. C.：Brookings Institution Press, 1997.

郑州大都市区及国家中心城市建设背景下古都开封现代化发展的路径[①]

古都历史传统保护与城市现代化建设之间不能是互相矛盾和抵触，而应该是相互依托、相辅相成的协调发展关系。本文立足于郑州大都市区及国家中心城市建设背景下开封城市的发展定位，探讨古都开封现代化发展的路径。通过梳理、借鉴国内外古都现代化发展的经验教训，结合开封自身发展的特点和城市功能定位，我们认为开封古都现代化应将历史文化的保护和现代新城的建设有机结合。老城区应尽快通过区划调整成一个市辖区进行统一规划保护和开发利用，按照修旧如旧、丰富内涵的原则进行保护性开发，做大做强"宋文化"品牌；新城区按照现代化城市高标准进行建设，完善城市公共基础设施和公共服务设施，吸引和聚集高端制造业和现代服务业。新老城区形成相互辉映、协调互补的格局，共同支撑古都开封走向现代化，发挥其在郑州大都市区核心区中应有的功能定位。

一、古都开封市的历史地位及影响

开封市，古称老丘、大梁、陈留、汴州、东京、汴京、汴梁等，简称汴，地处中原腹地、黄河之滨，西与省会郑州毗邻，东与商丘相连，南接许昌和周口，北隔黄河与新乡相望。开封具有"文物遗存丰富、城市格局悠久、古城风貌浓郁、北方水城独特"四大特色，迄今已有4100余年的建城史和建都史。作为中原地区华夏文明重要的发祥地，

[①] 本文为开封市政府委托的2018年度系列研究课题的一个专题，完成人为王永苏、李少楠。

开封是我国第一个世袭制王朝——夏朝最重要的国都,继夏朝之后,战国时期的魏,五代时期的梁、晋、汉、周及北宋和金,均在此建都,素有八朝古都之称,孕育了上承汉唐、下启明清、影响深远的"宋文化",宋朝都城东京城也曾是当时世界第一大城市。自夏朝起,开封长期作为中原地区的政治、经济、文化中心,发挥了独特的历史作用。开封是名副其实的"八朝古都"、中国八大古都之一,是影响深远的历史文化名城,也是世界上唯一一座城市中轴线从未变动的都城,城摞城遗址在世界考古史和都城史上少有,开封的重要历史地位应该得到充分认识和肯定。

(1) 开封是先夏时期人文始祖活动的重要地区,是早期华夏文明重要的发祥地、传承地之一。根据文献记载和文化层遗迹分析,早在4000多年以前,开封一带就长期是先夏时期人文始祖带领部族人民开展活动的重要地区,黄帝、炎帝、颛顼、虞舜等,均与开封有着不解之缘。先夏时期人文始祖及先民们在开封地区的活动,为开封乃至中原地区的开发贡献了力量,他们是孕育中原文明的先驱,是中华民族文明历史的创造者。

(2) 夏朝长期定都于老丘(开封),对当时社会的发展和中原地区的开发产生了重大影响。古文献记载和近年来我国学术界关于"夏商周断代工程"的研究成果表明,自公元前2070年起,我国进入了第一个世袭制王朝——夏。夏朝先后相传14世,至公元前1600年为商所灭,先后存在了471年。夏朝的政治中心,即都城,曾十次迁徙。第七任王杼在其即位五年时,把国都由"原"(今济源)迁至老丘。夏以老丘为都历经杼、槐、芒、泄、不降、扃六王,长达216年,成为夏朝定都时间最长的都城,这一段时间,恰恰是夏朝由稳定发展到兴盛繁荣的重要阶段。作为第一个世袭制王朝的重要都城,夏都老丘存在的意义和影响是巨大的,其时间之早、规模之巨、对后世的影响之大,超过了夏代任何一个都城。在当今我国的八大古都中,只有开封早在夏朝就曾经有过如此辉煌的建都历史,仅从这一点来讲,开封确实抢占了古都文明的先机。在夏朝以开封为都的200余年间，从政权巩固到稳定发展，进而走向兴盛繁荣，推动农业和手工业经济较快发展，统治范围也持续扩大，向东达"东海之滨"，东南则达江淮地区。这一阶段不仅对中原地区的开发至关重要，同时也大大增强了夏代对后世的影响。

（3）战国时期的魏都大梁，对开发中原和全国大一统局面的形成起着非常重要的作用。魏都大梁是开封建都史上第二次成为都城。据考证，大梁城东西长达500米，人口达30万人，是与秦都咸阳、楚都郢城、齐都临淄、赵都邯郸齐名的大都城。大梁的城市建设对后世的影响、对中原地区政治经济发展的影响都是巨大的。以大梁为中心所产生的思想文化，在当时及后世都产生过不可估量的作用。在当时的都城大梁，产生了一大批政治、经济和思想文化方面的精英人物。如庞涓、孙膑、商鞅、范雎、张仪、吴起、信陵君等。魏国的一大批志士仁人，各自发挥作用，客观上促进了社会发展，有利于结束战国时期分裂割据的局面，对国家走向融合统一产生了影响。

（4）从隋唐重镇到五代东都，汴州作为新的政治中心的崛起，对促进民族融合与社会发展产生了重要作用。五代时期的后梁、后唐、后晋、后汉、后周，除后唐外皆在开封建都。五代后期，汴州开封"控引汴河，南通淮泗，北接滑魏，舟车之辐辏"；后周东京"华夷凑集，水陆会通；时向隆平，日增殖盛"；"坊市之中，邸店有限；工商外至，络绎无穷；傲凭之资。增添不定"。以至周世宗柴荣继位不久便"发畿内及滑郑之丁十余万，筑新罗城"，后周时的东京，规模已十分宏大。周世宗柴荣实行了一系列改革措施，促进经济发展和社会安定。他北攻契丹，南下南唐，占据南唐江淮十四州，使后周的国力大为增强，为北宋结束分裂割据局面、实现全国最终统一奠定了基础。

（5）以东京开封为中心的北宋王朝，将我国封建社会推向了前所未有的辉煌，它所孕育的大宋文化影响深远。赵匡胤以兵变形式取代后周政权，建立了北宋王朝，北宋王朝以东京开封为国都，历经九帝168年。东京不仅成为全国的政治、经济、文化中心，也是当时世界上人口最多、经济文化最为发达的世界大都市（据历史资料记载，东京城的人口最多时达 150 万；北宋时的国民生产总值为 265.5 亿美元，占世界经济总量的 60%。）。北宋东京城与隋唐的长安、洛阳不同，它是在旧城的基础上改建而来，城市商业经济的空前繁荣，人口的众多，对东京城的布局产生了重大影响。东京城有三重城垣围护，皇城居中，外为内城，再外为外城。外城、内城均为商业区和居民区；这种由外城、内城、宫城三重城构成的都城布局为元明清都城所仿效，对后世的城市建筑影响很大。北宋中期以后，随着城市商业贸易的迅速发展，人口的不断增加，传统的坊市制度开始崩溃，代之而起的是坊市合一的城市布局。以东京开封为中心的北宋王朝及其创造的大宋文化，体现在政治、经济、文化、社会等诸多方面，包括开明的政治文化、活跃的思想文化、繁荣的商业经济文化、创新发展的科技文化、百花齐放的诗词与书画文化，以及先进的建筑文化、通俗普及的民俗文化等。大宋文化对华夏文明的贡献和影响是巨大的。而东京城对后世京城影响极大，金朝的中都（今北京）就是仿照了北宋东京城的建设规制，并为元朝大都（今北京）所吸取。站在中华文明的大厦上审视大宋文化，它完全可以与汉唐文化和后来的明清文化相比肩，正是它们共同构成了华夏文化的支柱和精髓。

（6）由金朝都城到元朝省治——开封城市地位的重大转折。由于汴京开封的正统地位和巨大影响，使它始终是宋金争夺的核心要地。金朝在取得对中原地区的有效统治后，就设想将其政治中心南移汴京，不断加强对汴京的管理和经营，汴京始终是北方最重要的城市。元朝攻占金南京后，改设南京路为汴梁路，又在此设河南江北行中书省（河南省），还把汴梁作为进攻南宋的基地。此时开封虽下降为中原地区的中心城市，但地位依然十分重要。

明清时期，作为中原首府的开封，在全国仍占据非常重要的地位。明代开封人口最多时达 40 万，虽然不能与北宋的东京同日而语，但在当时全国 13 个省会城市中仍位居前列。清朝建立之初，开封城十分萧条，清康熙初年重新修筑了开封城池，外迁人口逐渐回流，城市生机初现，手工业和商业渐趋恢复。此后，开封依然成为中原八方货物贸易的集散地。清代中后期，各地以商人为主纷纷在开封设立同乡会馆，有山陕甘、两湖、两广、山东、江苏、浙江、江西等省，最多时达数十家。中华人民共和国成立之初，开封市仍是河南省省会，直到1954年，省会迁移到郑州市，开封的城市政治地位逐步下降，但是其历史影响力一直没有减弱。

总之，开封4000多年城市发展的道路是曲折多变的，辉煌发展和沉默蓄势相互交替，在中国历史上有着非常重要的地位和影响力。新时期，在城市现代化发展的背景下，尤其是在郑州大都市区及国家中心城市建设中，古都开封作为大都市区核心区的重要组成部分（重要支点）理应充分挖掘其历史文化，发挥应有的功能，走向现代化发展的道路。

二、城市现代化的内涵本质

城市的形成和发展是社会生产力逐步发展与高度集中的显著标志，也是人类社会进步的具体体现。关于城市化的含义，各界都有不同的定义。经济学家认为，所谓城市化，就是农村人口转变为城镇人口的过程，或者是指把农业人口变为非农业人口、农业活动向非农业活动转换的过程，即一种生产方式的转换过程。也有人把城市化看作是城市经济发展演变和产业重新组合的过程，主要是指由经济工业化、人口城市化、生活方式城市化所引起的人口不断聚集，城市规模不断扩大，城乡差别不断缩小的一种历史发展过程。城市地理学家则更注重从地域空间组织的变化出发，认为地球陆地表面某一地域内，城市性状态逐渐扩大和发展的过程，就是城市化。一些社会学的学者认为，伴随着产业革命，出现了人口脱离农村向城市集中的现象及人类生活方式的转变，传统落后的乡村社会开始变为先进的现代化城市社会的自然历史过程。

虽然各领域专家对城市化概念理解的侧重点有所不同，但是比较共同的认识是，城市化是一个历史的、相对的概念，是经济社会发展的过程，也是社会现代化的发展过程。在现代条件下，城市化的本质是人类生产和生活方式由乡村型向城市型转变的历史过程。其中主要包括同时发生的两个过程：一是农业人口向非农业人口转变，向城镇集中，农村人口市民化，农村生产、生活方式和生活质量逐步城市化；二是城市区域的扩大和城镇数量逐渐增加，郊区农村逐步城市化。也就是说，城市化不仅是农业人口转移为非农业人口，并向城市集中的过程，而且是城镇在空间数量上的增多、规模的扩大，功能和设施的逐步完善及城市的经济关系和生产、生活方式广泛渗透到农村的过程。城市化内涵不单单是从量的方面来定义，而且要从质的方面做考察。它是生产要素的集聚、城市的集聚、资源配置方式、工业化的生产方式、产业结构的演进、生活方式等综合因素变更的结果。总之，城市化是一个相当复杂的概念，人口集中只是城市化的表面特征，生产方式的变更才是城市化的内在动力，而广义生活方式（包括政治、经济、文化、价值观念等）的变更则是城市化的综合结果。

城市现代化则是指新时期随着科技创新和经济政治体制改革，城市就业和经济活动逐渐市场化、信息化及管理科学民主化，城市基础设施不断完善，居民的物质文化生活不断改善，居民的素质不断提高，生态环境不断优化，城市的物质文明与精神文明实现高度统一，城市的经济、社会、文化及生活方式等由传统社会向现代社会转变的历史过程，是城市发展内涵不断丰富的过程，最为核心的是实现人的现代化。

城市现代化是一个复杂而综合的概念，其主要内容有以下几点：一是基础设施现代化。现代化城市是一种开放的系统，以交通、信息通信、物流网络和能源供应为基础，高效的基础设施是城市实现现代化的物质基础。二是城市管理科学化。城市涉及居民生活的方方面面，包括经济、社会、文化、政治和环境等各个因素，是一个复杂的庞大系统，必须通过科学的城市规划和管理才能使这个有机体正常、高效地运行。三是城市功能多样化。随着经济快速发展，城市结构不断分化，城市不仅具有经济功能，还具有政治、文化、交通枢纽、国际交流等功能。四是资源利用的集约高效化。当今社会能源、资源供应的日益紧俏已越来越成为各地经济转型升级的重要因素,现代化城市应具有合理的产业结构、快速反应的交通物流体系、智能化的信息网络和高素质的管理人才,并且能够实现资源、能源利用的集约化和高效化,才能满足城市发展对稀缺资源的巨大需求。五是产业结构高级化。发达国家的经验表明,在现代化都市占主导地位的产业已不再是制造业,而是服务业。现代化城市在全国的城镇体系中更多地扮演高层次定制服务的提供者、创新的孵化器和商品分销者的角色。六是城市居民生活的高质化。现代化城市是由人来建设的,也是为人服务的,现代化城市应该为居民提供高质化的生活服务,使居民有较高的生活舒适度,主要体现在完善、充足的公共物品提供,包括社会保障体系、便利的交通条件、娱乐设施、文化教育、卫生,等等。

就开封而言,目前城市的现代化发展应该放在郑州大都市区及国家中心城市建设背景下去讨论,开封城市的现代化要适应大都市区发展的需要,在大都市区中扮演应有的角色,赋予应有的城市功能,满足人民对高质量生活的现代化需求。开封作为著名的"古都"、历史文化名城,有深厚的文化积淀和影响,不能按照普通城市现代化道路去规划建设,而现代化又是其必须走的道路,因此,在探索古都开封城市现代化道路时,应该正视深厚的历史文化积淀,梳理其在城市现代化发展中面临的问题与挑战,又要领会城市现代化的本质内涵,将历史文化资源与现代科技创新有机结合,走出适合开封发展的现代化之路。

三、古都开封现代化发展中的问题与挑战

古都现代化是在城市现代化的大背景下提出的,只是对于古都城市而言,比较特殊的是它面临着历史文化资源的保护和传承问题。中国的古都在现代化过程中,无论是城市规划、建筑设计等,都需要平衡三个关系:一是真和假的关系;二是新和旧的关系;三是东(东方文化)和西(西方文化)的关系。随着现代社会的发展,人的习性和生活习

惯都有新的发展变化，城市毕竟是人生活的场所，人已经现代化了，城也得现代化，但对于古都来说，其城又是个古城，如何将古城与人的现代化生活方式有机对接，是古都现代化过程中必须解决的问题。

就古都开封复兴和现代化发展而言，相较于其他古都，开封具有两个较为独特的困难。一是目前开封地表的宋代建筑并不多，而且，地理因素也发生了很大变化，比如宋东京时期包括汴河在内的水系已经难寻踪迹，这使开封在进行基于宋文化为底色的古都复兴时，会面临更多争议。开封城的古城复兴面临的另一个困难，是地下"城摞城"的地质条件，一方面造就了开封这个城市最具独特性的古都文化遗产；另一方面也使这个城市在进行现代化城市规划和发展中面临更多困难，如果开发和保护问题处理得好，将为这个城市赢得独特的城市文化发展资源，如果处理不好，将为这个城市带来巨大的发展遗憾。

除了上述两个困难外，开封市在城市现代化过程中还面临着如下几个主要问题及挑战：一是经济基础薄弱，仅靠文化旅游业的发展难以支撑城市现代化建设所需的财力。二是作为著名的古都和历史文化名城虽有一定的影响力，但没有挖掘和发挥其文化应有的价值，没有转化成大的产业链和产业集群。三是新城和老城发展不协调。新城按照现代化城市的标准规划建设，与郑州市对接，但进度缓慢，集聚效应没有显现。老城区的规划建设比较滞后，目前仅停留在对历史文化资源的简单保护上，没有挖掘其文化背后的价值，并且老城区脏、乱、差的面貌没有得到根本改变。这显然与城市现代化发展的要求很不相符。四是老城区保护开发的历史负担较重，城区内仍有大量居民住户，搬迁安置成本较高。

四、国内外古都发展的经验

（一）国外古都发展的经验

不仅是中国，世界各国、各地区和各城市都面临着城市开发和旧城保护的冲突和矛盾。相应地，世界各国都不同程度地采取了历史遗产保护的措施。总体来看，处于较高经济发展水平的发达国家，他们不仅具有足够的经济实力，而且对历史文化遗产保护有着超前的理解和认识，形成了成熟的历史文化遗产保护意识。

1. 巴黎的古都保护和发展经验

说起国外的古都城市，人们都会想到罗马、开罗这些历史悠久的城市，但如果说起给人印象最深、城市风貌最完整的城市，那就是巴黎了。传承古都风貌，首先要处理好城市发展与古城保护的关系。巴黎很重视旧城保护，选择了在古城外建新城，对古城进行一系列整治。巴黎的城市改造不局限于对历史街区的保护，而是根据城市的发展不断调整和更新。这种更新不是单纯的改变，而是继承了原来城市的精神，并在此基础上开发满足新需求的功能。

巴黎处理古都历史传统保护与城市现代化建设关系主要做法如下。

（1）完善立法，通过法律形式来保护历史文化。1840年巴黎就成立了"历史建筑管理局"，并制定了《历史性建筑法案》；1887年颁布《纪念物保护法》；1913年颁布了《历史古迹法》；1930年制定了《景观保护法》；1943年通过了《纪念物周边环境法》；1962年制定了保护历史性街区的法令——《马尔罗法》，即《历史街区保护法》；1983年颁布了《建筑和城市遗产保护法》，1993年颁布的《建筑、城市和风景遗产保护法》对其进行了补充和完善。

（2）充分发挥民间文化遗产保护组织的作用。在资金保障制度方面，法国政府十分善于发挥民间文化遗产保护组织的作用。尽管文化遗产保护工作由文化部领导且许多重大决策均由文化部决定，但是涉及具体落实层面上，基本是由文化部所属的古迹基金会、文化艺术遗产委员会、考古调查委员会等民间组织完成，由此法国政府可以节约大量的资金。为了充分发挥民间组织的作用，法国政府与许多协会都签订了协作契约，这样，民间组织在文化遗产的保护过程中的"责""权""利"三个方面可以实现较好的统一。

（3）从文物古迹到历史街区都进行严格保护。城市的历史风貌绝不单单是通过文物古迹来表现，更多是通过文物周边的历史环境和成片的历史街区共同形成的特有的历史景观来体现。法国通过一系列法律法规很早就对历史风貌保护范围做出明确规定。1977年通过法令，巴黎古城保护规划规定，105平方千米内的古城范围受到法律的严格保护。对古城的保护不仅要保护城市的历史建筑，更要保护而且合理美化城市的整体环境。在保护地段内，修建任何新建筑都必须经过严格的审批程序，需要经过若干次建筑方案的全社会公开和意见的反馈收集。与此同时，必须征询国家建筑与规划师的许可。如此一来，就成功地将巴黎18世纪、19世纪以来的古老建筑和历史环境原汁原味地保留了下来。

（4）积极进行文化遗产的再利用。文物遗产、历史建筑在法国是受国家保护，不允许拆除的，其主要改变方式为改建和加建，其中对列入国家保护级别的历史建筑"任何新的建设除有文化部的特别授权外都是禁止的"。因而对列级的历史建筑，其建筑活动以修缮为主，并在维护其建筑原貌的基础上常常赋予其新的使用功能，而不仅停留在其建筑外壳上。巴黎著名的改造再利用典型案例，就是将那座运营了将近四十年的奥赛火车站改建成奥赛博物馆，用来展示19世纪后半叶至20世纪前叶的艺术作品。改造后奥赛博物馆成为法国继卢浮宫和凡尔赛宫之后参观人数最多的国家博物馆。

（5）通过大力完善基础配套设施来支撑城市的新发展。作为国际化的现代大都市，巴黎市区拥有庞大的人口，交通堵塞是一大问题。为此，巴黎大力发展地铁，把大部分人员交通转入地下，地铁网密集而发达，为巴黎提供强大的运输保障。网状地铁结构形成后，城市的所有繁华地段都可乘地铁抵达，地面交通的拥挤现象自然得到缓解。同时，巴黎市政府高度重视小汽车带来的交通阻塞、噪声污染和环境污染，采取很多措施优先发展公共交通并提供补贴，资金来源是停车费和交通违章的高额罚款。巴黎市区地下世界除了灯火通明的地铁枢纽，还铺设有先进的城市排污系统，旧城街道的污水得以迅速排除。除交通和污水排放设施，巴黎的公共卫生、网络通信等设施也非常完善，为这座历史名城的城市功能现代化提供了良好的设施保障。

2. 东京的古都发展经验

日本首都东京位于日本最大的平原——关东平原的南部，东京湾的西北岸，面向太平洋。东京全称东京都，是日本的政治、经济、文化中心，亚洲地区金融、贸易等交流活动的中心，也是现代化国际都市和世界著名的旅游城市之一。东京处理传统古都保护与城市现代化发展关系的做法主要有如下几个方面。

（1）通过立法对传统历史文化进行保护，并建立科学的管理体系。日本采用国家与地方立法相结合的方式保护古都，其法律条文执行严格，且在不同的阶段反思和改进其原有的内容。日本的历史文化名城保护立法体系最重要的特点是以地方立法为主。计有1919年的《古迹名胜天然纪念物保存法》及实施细则；1929年的《国宝保护法》；1950年的《文物保护法》，并在1954年、1968年、1975年进行了三次修改；1966年的《古都保存法》，1980年的《城市规划法》及《建筑基准法》等。日本的历史文化名城保护行政管理机构体系为阶梯型结构，根据法律实施管理，履行各种行政方面的事务。各个部门的保护范围职责明确，保护咨询又可以得到不同专家的建议，有利于研究工作的开展。

（2）建立多元化的资金体系。日本以国家投资带动地方政府资金，并辅以社会团体、慈善机构及个人的多方合作。国家和地方资金分担的份额，由保护对象及其重要程度决定。比如，日本规定，对传统建筑群保存地区的补助费用，国家及地方政府各承担50%；对《古都保存法》所确定的保存地区，国家出资80%，地方政府负担20%；由《城市景观条例》所确定的保存地区，一般由地方政府自行解决。资金筹措和分配使用方式根据实际情况由当地居民共同协商解决，在银行贷款、税收方面给予政策优惠。

（3）传统民俗和传统建筑保持有机结合。古都风貌通过城市的建筑形式、建筑物布局和城市格局等体现其古韵古风，而传统的文化习俗与价值理念则使这些古建筑的功能得以体现。若两者不能相互结合，即使有数千年历史的城市,也不能真正体现古都的特色。东京虽然仅有数百年历史,却是典型的古都。东京的民俗风情浓厚,作为传统活动的年中行事被完好保留,传统节日也保留着原来的功能,传统节日的场面与几百年前几乎一样。比如,东京著名的浅草寺,90%以上的游客到这个寺庙是来参拜和祈祷的,旅游是其次。

(4)疏解城市职能。既要保护古都传统历史风貌,又要进行现代化建设,这两个方面是一对矛盾,困扰着古都的现代化发展。东京采取了把现代化功能分流出去的做法:从保护古都风貌的立场看,摊大饼式的外延无限扩张的城市发展模式对古都保护非常不利。外延无限扩张会在不知不觉中全盘改变城市风格与传统格局,文物和传统景观被交通设施等现代城市设施挤占,古都就会渐渐失去传统特色。1958年,东京的"首都整备委员会"做出建设新宿、涩谷和池袋作为东京市中心区副中心的决策,中心城市的一些职能被这些城市分担,城市圈变成多中心的规划结构。实践表明,东京的旧城风貌因此被保护得比较好。

(二)国内古都保护发展的经验

我国古城风貌的保护模式概括讲有两种:一种是在古城基础上建立新城;另一种是避开古城建新城。第一种是在古城的基础上建新城,一般都采用延续城市的格局,完善老城的路网等措施,这类城市的基础一般都比较成熟和完善,在中华人民共和国成立初期我国基础设施不健全的时期,在老城上建新城是有现实局限性的。代表城市有北京。第二种避开老城建新城的情况,一般是对老城基础薄弱、历史风貌比较完整的城市来实施的,需要修补与保护的城市。这类城市的代表有洛阳、大理、苏州等。

1. 北京古都发展的经验教训

北京是世界闻名的历史文化名城,随着现代化的发展,北京采取的是第一种发展模式,即在明清北京城址上继续建立新的城市,这样的古都风貌保护和发展都是十分棘手的,北京在风貌保护过程中也遇到了许多是非,有些值得借鉴,有些可以作为对后世的警告。

北京的城市风貌是在明清的基础上形成的，虽然从1840年经历了100多年的战乱，但北京城被完整地保留下来。在旧城基础上建新城是北京城市规划的基点，经过半个多世纪的发展和实践，今天已形成具有特色的古都风貌。北京的发展模式在中华人民共和国成立初期有一定争议。20世纪50年代，以梁思成为首的整体保护北京旧城，离开旧城新建行政中心的主张没有被采纳。北京的城市建设最终确定了以旧城为中心的发展模式，城市用地开始以旧城为中心向四面拓展，在同一空间上既要保护旧城，又要建设现代化城市，这样一个基本的矛盾在实践中始终无法完全解决。改革开放以来，城市建设大力推崇以经济发展为中心，旧城聚集了诸如政治中心、文化中心、经济中心、交通中心、体育中心、旅游中心等很多功能。同一空间承担多种多样的功能，导致旧城的历史风貌不断丧失，交通压力与日俱增，规划绿地不断被占，环境压力日趋严峻。虽然近年来，北京旧城历史文化环境局部有改善，但整体的传统环境特征却是持续恶化，并日趋严峻。

2. 西安的古都保护和发展经验

西安地处关中平原中部，北临渭河，南依秦岭，是历史悠久的世界历史文化名城。西安曾经是中国政治、经济、文化中心和最早对外开放的城市，著名的丝绸之路最早以西安为起点；"世界八大奇迹"之一的秦始皇陵兵马俑展示了这座城市雄浑、厚重的历史文化底蕴。悠久的历史文化积淀使西安享有"天然历史博物馆"之誉。文物古迹种类之多，数量之大，价值之高，位居全国前列，许多是国内仅有、世界罕见的稀世珍宝。西安古称长安，是浩浩千年古都，他与意大利的罗马、希腊的雅典、埃及的开罗并称为"世界四大古都"，有"秦中自古帝王州"的美誉。

西安历史文化厚重，中华人民共和国成立之后，其城市发展随着现代化的推进经历了曲折的过程。首先，中华人民共和国成立初期，西安城市建设采取了以旧城为中心，新城围绕旧城发展的城市更新模式。1954年，西安完成了《西安市1953年到1972年城市总体规划》，这个总体规划是西安第一次总体规划，由于受苏联模式的影响，当时的城市规划设计比较强调对旧有基础的依赖，所以采取了以旧城为中心，新城围绕旧城发展的城市更新模式。在这次总体规划中，已避开汉长安城、唐大明宫等大遗址区域，为以后的遗址发掘与保护创造了条件。为了避免与古城和遗址保护相冲突，规划将文教区布置在城南，工业区布置在城东和城西，这样就形成了功能分明的西安市第一次总体规划。这一城市更新模式的选择固然与当时国内外政治形势、城市发展的迫切需要有关，客观上在一定程度上也促进了古都西安在新时期的城市经济与社会发展。但在取得一系列城市建设成就的同时，其弊端也日益显露，主要是随着城市基础建设的大规模开展，历史文物古迹、遗址不断受到破坏，不仅严重损害了西安城的古都风貌，而且导致城市中心负荷过重，引起了旧城区交通条件恶化、居住环境建设进展缓慢等一系列城市问题。

（1）从改革开放后到20世纪末，西安开始注重对历史文物古迹的保护，提出了"旧城区为保护改造区，对古城墙及历史文物、遗址、有价值的街坊加以保护、修整"的理念。1978年，西安市在总结过去二十余年城市建设经验教训的基础上所制定的第二次总体规划，提出了"旧城区为保护改造区，对古城墙及历史文物、遗址、有价值的街坊加以保护、修整"，强调保护、修整旧城历史文物古迹。在第三次总体规划《1995—2000年西安市总体规划》中，将历史文化名城保护放在首位，强调"保护古城，降低密度，控制规模，节约土地，改善中心，发展组团"的原则，提出将转变西安的城市结构和空间形态，对旧城区进行大面积的改造，同时，引入一些新的建筑形式，为城市景观增添了新的亮点。

（2）21世纪以来，西安市更加重视对古城的保护和发展，在规划中对古城的功能进行重新梳理，确定了新城和旧城不同的功能和发展规划。西安市第四次总体规划（2004—2020）更加重视对古城的保护和发展，在规划中对古城的功能进行新的梳理和改善。首先，将古城区内的行政机构外迁，现在迁至北边的经开区，新建筑已投入使用。其次，引导老城区的居民向其他城区迁移,降低老城区的人口密度,增强新城区的活力。最后,将老城区作为一个整体进行保护,将其功能定位在商业和旅游业结合的第三产业上,使老城区的功能简单化,不负担其他城市功能。在这次规划中,西安市强调保护传统城市空间和城市轴线,并将具有传统风貌的街区也划定在保护区范围内;在老城区内完善多种基础设施,如步行街、观光区、绿地与小型开敞空间等。在城市总体形态上形成九宫格局、棋盘路网、轴线突出、一城多心的布局结构。

古都是西安不可多得的珍贵资源,也是西安最大的历史文化遗产。正是不断总结发展经验,在城市现代化进程中,不断调整城市发展思路和规划,才使西安既保住了"古"的历史,又顺应了城市现代化发展的需要,出彩了"新"。

总之,对城市传统历史文化的保护是城市文明的重要标志。在城市建设和发展中,必须正确处理现代化发展和历史文化传统保护的关系,尊重城市发展的历史,使城市的风貌随着岁月的流逝而更具内涵和底蕴。同时,城市是一个不断发展、更新的有机体,我们的任务是既要使城市的经济得以发展,提高城市现代化水平,又要使城市的历史文化遗产得到保护,在工作中必须将发展与保护有机地结合起来,使现代化建设与传统历史文化保护相得益彰。

五、郑州大都市区及国家中心城市建设背景下古都开封的现代化之路

古都未来的发展不仅在现代化,也在对历史感的重塑,在新旧平衡中寻找更科学、合理的城市发展思路。对于文化旅游市场日益成熟的古都开封来说,在历史与现代之间,如何让两个方面兼容并包走向双赢是未来能否持续健康发展的关键所在。尤其是在郑州大都市区及国家中心城市建设背景下,作为郑州大都市区的核心区——郑汴港的重要一翼,理应承担现代化都市的功能,如何既传承和发扬传统文化、充分获取传统文化的红利,又具有现代化的功能设施,是其发展需要关注的重点。

在古都追求现代化的发展道路上，传统与现代之间并没有绝对意义上的割裂。随着时代的发展，古都现代化是一种必然，现代化并不一定要摆脱传统，而是保护历史风貌和历史生活方式，也不一定是现代化不如传统，只是如何保障有着历史风貌的文化建筑能够通过现代技术手段最大化地表达出来，让历史故事和建筑风貌不再是静止地停在过去的历史中。在保护历史、传承文化的基础上，能使城市向现代化方向发展的关键在于城市的提质，而城市提质的关键又在于对服务体系的完善和城市灵魂产业的构建。

因此，开封古都的现代化之路，应该在保护和传承优秀历史文化的基础上，积极利用现代科技手段，逐渐完善城市的服务系统和最大程度地开发文化这个灵魂产业，让更多静态的文化资源以现代科技手段逐渐走向动态化。核心思路是尽快通过区划调整将城墙以内13.8平方千米的老城区作为一个市辖区进行规划保护，讲好古城故事，按照修旧如旧、丰富内涵的原则进行保护性开发，尤其是要充分挖掘宋文化的积淀，将传统文化的保护与文化产业化开发相结合，还原北宋的辉煌；与此同时，在新城区（汴西新区）进行高标准现代化城市建设，不断完善现代化的城市公共服务设施和公共基础设施，吸引和聚集以创新为驱动的高端制造业和以文化创意产业为代表的现代服务业。通过对老城区优秀传统历史文化的挖掘再现曾经的辉煌，新城区聚集高端制造业和现代文化创意产业支撑城市现代化功能，最终形成郑州大都市区核心区中历史传承与现代发展相互融合、协调互补的古都开封新形象。

接下来，我们重点分析古都开封在现代化的进程中扮演重要角色的老城区应该如何发展。具体来说，开封应该在传承和挖掘历史文化资源、做强做优文化产业、持续提升城市形象、不断完善城市功能等方面发力。应继续大力发展文化旅游业，尤其是在老城区13.8平方千米范围内，要深挖其文化资源，对历史遗迹遗址进行保护，老城内按照修旧如旧、丰富内涵的原则进行保护性开发，进一步完善交通路网、停车场等基础设施，提升城市品质和功能，严格落实全域保护、全域规划、全域管理、全域经营、全域旅游五个全域的发展理念，着力打造"宋文化"品牌，形成古城建设的独特魅力，使老城区传统历史文化与新城区发展的现代文化旅游和现代文化创意产业相互辉映，形成大文旅格局，使开封真正成为郑州大都市区的文化旅游核心区，为大都市区吸引更多的人流，支撑郑州大都市区发挥文化旅游功能参与全国乃至全球的竞争，主要举措如下。

第一，保护优先。要重点保护真正具有历史价值的文化遗迹，对价值一般、不具历史传承价值的遗址古迹可以整体拆除，为大力传承和弘扬宋文化腾出空间。在城市建设中应坚持把"保护优先、新旧分治"作为基本原则，按照"规划一张蓝图、保护一把尺子"的要求，以最严格的标准和措施保护历史遗存，凡是对古城保护不利、影响古都风貌的项目，不管其经济利益有多大，都坚决不批、不建。同时，还要坚持把"适度开发、合理利用"作为推动城市可持续发展的关键举措，在设定文物保护"红线"的前提下，审慎推进老城区的城市建设和开发，坚决杜绝破坏性建设和过度商业化，重点对能够展现"大宋文化"的重大文化遗产遗迹进行保护修缮。鼓励和支持老城区的居民和单位向新城区搬迁，腾出空间用于复建历史文化景点，建设传承和弘扬宋文化的各类场馆、博物馆等，如宋词博物馆、宋代名人博物馆等，使更多的历史文化遗产重新展现在世人面前，实现保护文物、传承文化、改善民生、提升城市品位的有机结合。

第二，塑造特色。古都现代化的未来不仅在于建筑形式，重在对历史本身的还原上。民族的也是世界的，厚重的历史既是开封最大的特色，也是发展的最大优势。应该坚持把"开放包容、古今相映"作为塑造开封"八朝古都"、历史文化名城等新形象的着力点。不断加强对以宋文化为特色的开封文化的研究，高度重视对开封优秀传统文化的传承和发展，坚持挖掘、整理、保护和利用历史文化资源，扩大"宋文化"的影响力，致力于把宋文化打造成与汉唐文化、明清文化三足鼎立的知名历史文化品牌。继续强化"新宋风"的城市规划设计理念，并将其渗透到城市个性特质塑造、品质内涵提升的方方面面，用创新性思维、多元化视角和现代化工艺，积极构建个性化的城市风貌。

第三，产业支撑。产业是城市的命脉，没有产业支撑的城市，是缺乏基础的城市，也是不可持续发展的城市。就开封目前的发展及其在郑州大都市区核心区中的功能定位来说，未来实现古都现代化的发展还应该重点实施文化与相关产业的深度融合。其一，坚持以文化为魂、旅游为体、商业为力、特色突出、优势互补的文化、商业、旅游一体发展模式，推动文化的旅游化、旅游的文化化、文化旅游的商业化，实现传统与现代完美结合、古典和时尚相映生辉，并在此基础上进一步助推各种现代服务业的发展。其二，要大力发展以文化创意为代表的现代服务业，利用现代科学技术手段，融入现代创新思维，将传统文化与现代创新有机结合，做大、做强文化创意产业，形成文化产业集群。

第四，以人为本。城市让生活更美好，文化让城市更有魅力。文化在塑造城市的同时，也在塑造着生活在这座城市的人们。一方面，应坚持把传承和保护历史文化与改善民生相结合；另一方面，要把"隐形文化显性化"，努力用各种优秀文化教育和影响人，让人们通过文物承载的历史信息，记得起历史沧桑，看得见岁月流痕，留得住文化根脉，进一步增强广大市民对城市文化的尊崇感和自豪感。

将开封打造成绿色生态宜居的创新城市[①]

开封市在郑汴港核心区建设中要打造成一座全面体现创新、协调、绿色、开放、共享新发展理念的实践之城、示范之城,同时也是宜居宜业的理想之城、幸福之城、创意之城。

一、未来城市的成败,关键在人

历史实践证明,工业化发展的阶段决定了产业与城市孰轻孰重。在工业化发展的初级阶段,城市的形成和发展是由产业的发展和聚集推动的;在中、高级阶段,产业的发展是由城市功能的完善和规模的扩张来支撑和推动的。之所以会有这样的原因,其内在的逻辑是,在工业化的初级阶段,产业对公共服务体系和公共基础设施的要求不高,对以此为基本职能的城市依赖程度不高,产业企业规模小,技术含量低,其对服务体系和基础设施的需求一般可以独立地解决。在中、高级发展阶段,产业对公共服务体系和公共基础设施的要求提高了,对城市的依赖程度也越来越高,企业规模增大,技术含量提高,生产组织活动复杂化,其对服务体系和基础设施的需求不能独立地解决了。20世纪80年代,我国沿海地区,在工业化刚起步时,大量企业以"家家冒烟、村村点火"的方式在农村成长起来。在工业化不断发展和完善的今天,产业聚集的规模大小,层次高低,活力强弱,与城市规模大小和城市功能完善密切相关。

创新驱动是郑汴港核心区发展的主基调,目标是要建成高端高新产业集群地、创新要素资源集聚地、扩大开放新高地和对外合作新平台,

[①] 本文为开封市政府委托的2018年度系列研究课题的一个专题,完成人为李燕燕。

激发经济社会发展的新动能,打造郑州大都市区创新驱动发展的新引擎。而"高、新、开"背后真正的动能是高素质的人的群体聚集。资本跟着产业流,产业最终会随着不同层次和水平的劳动力分布而布局。一个城市的人口变动最能说明该城市的活力状况(见表1)。

表1 2018年省辖市常住人口变动情况

单位:万人,%

省辖市	2017年	2018年	2018年比2017年增加
郑州市	**988.1**	**1013.6**	**25.5**
开封市	454.9	456.5	1.6
洛阳市	682.3	688.8	6.5
平顶山市	499.9	502.8	2.9
安阳市	512.8	517.6	4.8
鹤壁市	162.1	162.7	0.6
新乡市	576.9	579.4	2.5
焦作市	356.0	359.1	3.1
濮阳市	363.9	360.9	-3.0
许昌市	440.9	443.7	2.8
漯河市	265.0	266.5	1.5
三门峡市	226.9	227.3	0.4
南阳市	1005.0	1001.4	-3.6
商丘市	729.9	732.5	2.6
信阳市	645.4	647.4	2.0
周口市	876.2	867.8	-8.4
驻马店市	700.1	703.7	3.6
济源市	73.1	73.3	0.2

数据来源:各市国民经济和社会发展统计公报。

图1比较清楚地显示了河南省各省辖市人口流动的情况,郑州市独树一帜,其后依次为洛阳市、安阳市、焦作市、平顶山市、商丘市、新

乡市、信阳市、开封市、漯河市、鹤壁市、三门峡市、济源市等，濮阳市、南阳市、周口市三市人口是净流出。其中，开封市处于中位，与近几年常住人口无大变化相吻合。一个城市如果吸引不来、留不住有创造力的年轻人，城市就没有活力，这个城市也就没有未来。

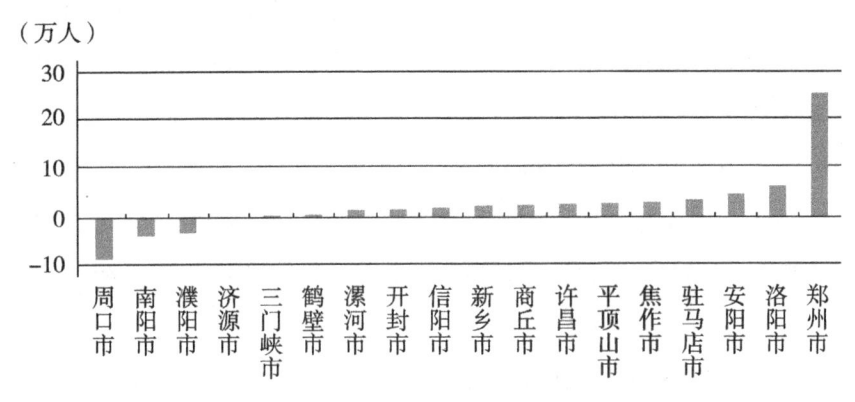

图1 河南省各辖市2018年比2017年增加的人口数量

总之，一个城市能聚集什么样的人，代表着该城市的层级和品质。而创新型人才对生活品质往往有着较高的要求，诸如气候宜人、环境优美；教育、医疗和文化等多样化需求的满足；生活和交通的便利性等等。所以，开封市作为核心区的重要城区，其成败同样关键在人。

二、全球新都市主义理念的兴起，回归"宜居城市"

从城市发展理念上来看，更加强调功能混合，注重微观层面的场所营造，塑造具有特色的公共空间和城市风貌。

纵观全球城市的发展历程，20世纪70—80年代，由于私人小轿车的普及、社区商业的郊区化等原因造成城市蔓延加剧。为解决由此带来的环境污染、交通堵塞、城市边缘农业用地减少、通勤距离和时间加大、能源消耗增加等诸多问题，"新城市主义"规划思想应运而生。首先提出"新城市主义"思想的是美国人卡尔索普（P. Calthorpe）。

"新城市主义"的基本思路是注重城市的生态系统平衡，城市的发展以不破坏自然资源为原则，倡导建设卫星城和通过城市更新来代替郊区蔓延；构建城市街道网络，以步行距离为出发点来规划各种活动，使自然环境与社区有效结合；尊重个人，强调以人的尺度构建宜人的城市家园，并通过紧凑合理的布局、多样化的空间、有效的资源利用建造一个充满活力和人情味的可持续发展城市。

"新城市主义"强调从区域、街区、建筑三个层面和尺度来开展城市的设计和规划。在区域方面，"新城市主义"认为区域应该有明确的中心和边界，在发展形式上更加紧凑，经济型住宅要均匀地分布在区域内。在街区方面，强调从人性化（人文关怀）角度去考虑街区的尺度，包括可达性、安全性、多样性等。在建筑方面，强调建筑的主要任务是给共享的街道和公共空间以明确的形体，与周围环境协调并建立密切关系。

国内崛起的各种新城市基本上仍然是基于20世纪50年代或60年代城市的建设模式，比较明确地划分住宅区、商业区、工业区，即使主城核心区往往也会遇到被宽阔的马路人为隔断，街区之间无法通行，往往出现餐厅在马路隔离带的另一端，去吃饭必须要走地下通道，类似城内如此"绕"的设计已不符合现代城市理念。近年来，我国城市交通面临拥堵、停车难、人车冲突等诸多困境，这与我国以往重视"以车为本"的城市交通规划和设计理念不无关系。由于我们曾经都生活在步行城市中，随着经济的发展，似乎车轮上的城市才是发达的。然而，真正发达的地区已认识到步行的城市才是舒适宜人的。

所以，当今的世界城市在进一步增强经济活跃度、全球吸引力和影响力的基础上，未来重要的发展方向是给居民提供更加舒适的居住环境，更加公平和包容的社会环境，更加清新宜人的自然环境，宜居已成为世界城市追求的重要目标。伦敦2030年的城市规划的主题思想是建设更宜居的城市，强调了以人为本、公平、繁荣、便捷和绿色发展等理念。纽约2030年的规划的主题思想是建设更绿更美好的城市。城市只有吸引人才聚居才有活力，街道要有人气商业才能繁荣。此外，在步行区优化城市空间方面，形成新兴城市吸引点的案例也是层出不穷，城市部分区段或部分时段步行化改造方案不断涌现。比如，丹麦哥本哈根、法国里昂的维克多·雨果街、荷兰的格罗宁根、德国佛莱堡中心的大部分地区及瑞士的采尔马特。在这些区域里，商场、剧院、咖啡馆和餐馆林立，吸引了大量的人群居住和旅游。在这样的街区漫步，人们不仅可以享受到现代文明带来的便捷、新奇，还可以让节奏慢下来，享受生活。其实对城市而言，步行是最便宜的出行方式，在城市交通压力纾解、生态环境维护、城市安全保障、商业活力激发、历史文化传承、传统中心区复兴及城市个体人的身心健康等诸多方面，都展现出了诸多积极的价值和意义。

总之，"宜居城市"的发展在极大程度上缓解了城市交通的拥堵，同时也促进了活力城市的建设。越来越多的城市意识到将"人"视作活力源泉的重要性——即城市振兴的关键在于人，如果不能吸引人注入城市，给城市带来活力，那么一切的振兴都是纸上谈兵。当然，回归宜居城市并非对已有城市空间进行根本性重构，而在于注重丰富和方便城市居民的生活，让城市空间更加富有人文关怀、生活气息、艺术气质。作为构建社会物质空间、影响社会关系状态的城市规划设计者，应将以人为本的理念融入城市空间规划实践，以承载市民生活与城市文化为目的，塑造和谐、友好的城市空间。随着城市的发展，宜居城市将成为城市人的追求。只有建设更多的"宜居城市"，我们的城市生活才可能更美好。

三、开封的特质能够提升都市区的格调与品质

城市品位不但以物质禀赋给人们带来生态宜居、心灵安抚，还以自然和社会的精神价值决定城市的品牌文化。当一种城市品位被特定群体认同，它就会以一种文明的方式来沟通人们的思想，产生品牌延伸的认同感，从而释放出强大的力量，使城市的影响力不断放大，城市的品位越具影响力、吸引力和亲和力，城市品牌的知名度、关注度和美誉度就越高。

郑州大都市区郑汴新焦许五市总面积超过 3 万平方公里，人口接近 3000 万，如此大的区域和如此多的人口，要作为一个大都市区建设，内部不可能是同质的，一定是有层次、有结构的。郑州市作为大都市区的国家中心城市，势必会将其功能定位为创新引领开放高地、高端先进制造业基地、高端商贸与金融中心、交通枢纽及通信信息和物流业中心、文化教育医疗中心。郑州市处于中西部，又以省会城市的优势，集全省之力配置优质资源，其地位和影响力是省内其他城市无法比拟的。然而，无论是与国内其他城市群的都市区相比，还是与中心城市相比，郑州都亟须营造都市区高品质的创业宜居和商务商业环境。郑州市缺乏文化精品和具有品牌特色的文化性消费场所，城市空间环境与宜居品质与发达地区的差距较为明显，严重制约了人才吸引力和创新活力的提升。此外，随着全球化分工，互联网＋、大数据经济的快速崛起，中产阶级体验式消费需求的爆发性增长，以及对气候、环境、健康等问题的普遍关注，大都市区的功能组织方式正在由"生产"向"消费"体系转型，由"物质导向"向"人本、生态导向"转变，更加关注生态可持续发展和人文关怀。开封市地处郑州大都市区核心区，郑州市主城区、航空港区、开封市主城区共同组成大都市区发展的核心动力引擎。开封市最大的特质就是具有历史文化特质，是都市区其他城市无法替代的元素。开封市在国内外的影响首要的也是其宋都城及宋文化的影响。开封市是我国著名的八朝古都，中国八大古都之一、中国历史文化名城、中国优秀旅游城市、中国菊花名城、中国书法名城、中国收藏文化名城、中国成语典故名城。总之，开封市具有鲜明的"文物遗存丰富、城市格局悠久、古城风貌浓郁、北方水城独特"四大特色，而这些特色支撑和丰富了郑州大都市区的功能地位和影响力，也恰恰符合新都市主义理念所需元素。

四、开封市应具有都市区最优的公共服务产品

开封市是都市区距离郑州市最近的城市，将虹吸效应降到最低的最佳途径，就是提供最优的公共服务和高品质的生活环境。优质的公共服

务产品和高品质生活环境主要表现在房价合理、交通便捷、教育优质、医疗保障、文化多样、环境优良等方面。

(一) 房价合理

一个城市是否宜居，尤其对年轻人来讲，住房是首要考虑的。房价一般从两个方面影响经济发展和竞争力提升。一是房价通过成本渠道影响经济发展和竞争力提升；二是房价通过投资渠道影响经济发展和竞争力提升。当房价在一定范围内和在一定增幅内，其有利于吸引资本、倒逼创新、挤出低端产业，房价可能是转型升级的杠杆。当房价低于一定范围与增幅，将不利于吸引资本、挤出低端产业；房价高于一定范围与增幅，将不利于引导资金投入创新、吸引高端人才与要素。所以，房价波动遵循的基本目标为"趋向均衡，即城市房价应与当前房价收入比相对应，城市间房价差距应与城市间收入与未来预期收益差距相匹配，实现房价与收入的同步增长"（见表2）。

表2 河南省18地市2019年第一季度新建商品房房价

单位：元/平方米

城 市	房 价	城 市	房 价
郑州市	14127	许昌市	6948
开封市	8607	漯河市	5735
洛阳市	7425	三门峡市	5303
平顶山市	5589	南阳市	6701
安阳市	6783	商丘市	5294
鹤壁市	5209	信阳市	6034
新乡市	7004	周口市	5659
焦作市	6056	驻马店市	6003
濮阳市	6276	济源市	5357

如图2所示，就河南省各市而言，据河南楼市网数据研究中心统计显示，2019年第一季度郑州市的房价以14127元/平方米遥遥领先其余地市，其中，开封市、洛阳市、新乡市的商品房价均已突破7000元/平

方米；许昌市、安阳市、南阳市、濮阳市、焦作市、信阳市、驻马店市等市的房价也均已达到6000元/平方米。其余各地市价均在5000元/平方米以上。整体来讲，郑州市与省内其他城市间房价差距与城市间收入与未来预期收益差距基本匹配的。

据吉屋网数据显示，自2016年9月开始，开封市的新房、二手房均价由5000元/平方米开始快速上涨；2017年6月《汴九条》发布之后，新房、二手房均价分别达到7349元/平方米、6388元/平方米。在这之后，随着限售政策的深入，二手房价格稳中有升，波动幅度不大，新房价格波动略大，均价在2018年6月达到高点——9046元/平方米，随后开始下降。2019年6月，开封全市新房均价为8657元/平方米，二手房均价为6960元/平方米（见图2）。2019年7月开封市取消限售令，也是遵循避免市场大起大落的原则。一直以来，房价收入比是城市房价泡沫的一个参考值。根据我国的实际情况，房价收入比一般保持在6~7属合理区间。开封市2017年平均工资收入为5.1万元，按此计算，房价处于合理区间。

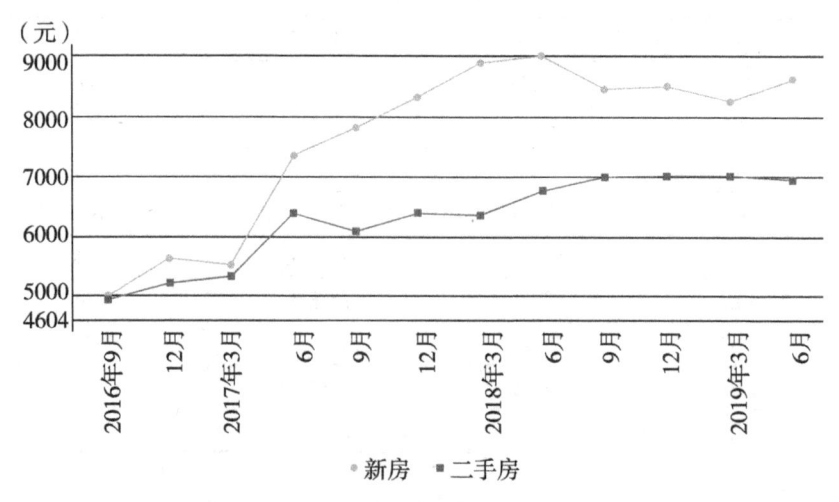

图2 开封市的房价走势（2016.9—2019.6）

开封市毗邻郑州市最近，基于郑汴一体化的格局，开封市的房价高于其他地市是合理的,同时与郑州市的房价也存在着不小的落差,这就为开封市建设生态宜居城市,提升格调和品质,吸引创新要素的涌入提供了发展空间。

此外,除了常规的住房建设之外,要特别强调城市包容性建设,满足居民多样化需求,保证高质量的设计和社会基础设施的供给。即应重视老人和残疾人等特殊人群的需求服务(这也是一个城市品质很重要的表现);建设多样化、包容性和富有凝聚力的社区,尽可能地创造机会来提高居民的场所感和安全感;保护当地特色建筑,街道和开敞空间应该展现高品质的设计,与现存街道在图案和肌理的方向、规模、比例和数量上保持联系,城市结构与自然景观应保持密切联系等。

(二)交通便捷

交通拥堵及越来越长的通勤时间和距离等通勤问题,以及由此产生的环境问题越来越严重,受到了人们的高度关注。交通问题的日益严峻,使人们更加注重在一定地理空间范围内达到就业—居住之间的均衡,以期能够减少通勤时间和距离,降低交通拥堵,改善环境质量。

开封市除了全方位融入郑州快速通达网络中去,其宜居的特征则更多地表现在市内通勤时间的长短上。通勤时间的耗费是大城市病最主要的表现。有研究表明,在上班路上每多花一分钟,员工的焦虑感和对工作的满意度就会呈 X 状发展,焦虑感显著提升,满意度明显下滑。北京师范大学发布的《2014 中国劳动力市场发展报告》显示,北京通勤(每天上、下班往返)时间最长,达到 97 分钟,广州、上海、深圳等城市也已接近或者超过 90 分钟。同时,天津、南京、沈阳、重庆等城市均超过了 65 分钟。交通拥堵及郊区居住、市内工作都是通勤时间长的原因。相比之下,硅谷所在的美国加州旧金山地区的平均通勤时间是 33 分钟。交通便捷除了快速通勤外,还包括工作或日常生活范围内是否方便步行。以此说明,职住均衡、土地混合利用、多中心空间发展战略等城市发展战略有助于缩短个人通勤时耗,提高城市通勤效率。

生活质量的追求被现代城市规划界普遍推崇,适合步行尺度的新都市主义也成为当今城市形态学的主流思想。新都市主义提倡创造和重建丰富多样、适于步行的、紧凑的、混合使用的社区，在设计上做到居民到主要公共空间的步行距离不超过5分钟。因此，就业—居住均衡是降低人们通勤时间的有效政策。一个更均衡的就业—居住关系对降低通勤时间有积极的作用，并不能由于其他因素的影响，而否定就业—居住均衡的作用，反而应该由此意识到更多提高就业—居住均衡的着手点。

总之，过去城市的规划设计往往依据功能区的设定。例如，行政区、工业区、商务区等，直接带来的弊端就是市民通勤时间长，交通堵塞。而新城市规划理念更加注重"职位平衡"，职位平衡是指特定城市空间范围内所提供的就业岗位数量与该范围内居民中的就业人口数量大致相等，且大部分有工作的居民可以就近工作。通常用"职住比"来评价一个地区的职住平衡状况（职住比＝就业岗位数量/居民中的就业人口数量）。因此，城市的空间布局就要考虑从集中走向分散，从整齐划一改为灵活适应，从宏大气派到小街、小巷、小尺度的生动街景，形成多中心自成体系微循环，将职、住、休闲消费有机融合，实现人与自然、社区与园区协调共生，避免单一的住宅，居民每天从东到西，从南到北穿城而过。而开封市在这方面，尤其是与郑州市相比，具有天然的优势，并且，开封市往西与郑州市对接的空间中形成与老城相呼应的一个或多个组团综合区，便捷的交通网络将各个综合区通达地串联起来，而不是随机地往外摊大饼。

（三）教育优质

科技和人才是未来城市发展的动力。一个城市教育资源的规模和质量对城市发展的作用越发显现。开封应将引进高端研究机构和高水平大学作为战略重要任务。实践证明，无论是地方还是企业，发展势头好的主要原因是因为其背后拥有雄厚的科研团队的支撑。像许昌的北京邮电大学重点实验室、郑州金水科教园区的中科院过程所及硅谷孵化园、鹤壁的光分路器芯片及中科院技术团队、长葛企业的北京研究院等。

除了高等院校和科研院所的聚集，中小学就学的难易及学校的教学水平，也是年轻人选择居住点考虑的重要因素。我们可以通过中小学在校生数量,以及升学率的指标来说明开封市的教育水平(见表3)。

表3 近五年开封市普通高中、初中、小学招生、在校及毕业人数

单位:万人

年份	普通高中 招生	普通高中 在校生	普通高中 毕业生	初中 招生	初中 在校生	初中 毕业生	小学 招生	小学 在校生	小学 毕业生	幼儿园 在园幼儿
2014	3.0	8.86	3.0	6.77	19.08	4.98	7.32	43.82	6.81	18.5
2015	3.18	9.08	2.84	6.73	19.56	5.75	8.2	45.05	7.15	18.86
2016	3.5	9.66	2.95	6.92	20.49	6.18	8.28	46.23	7.08	19.13
2017	3.84	10.54	2.95	7.2	21.19	6.65	8.3	47.3	7.44	20.41
2018	4.04	11.12	3.2	7.44	21.96	6.8	8.45	48.63	7.68	21.61

数据来源:开封市国民经济和社会发展统计公报。

从图3中能够清楚地看到,无论是普通高中还是初中和小学,其招生人数、在校生人数和毕业生人数近五年来基本处在平稳状态。然而,在校生人数,高中、初中和小学差距较大,小学的在校生远大于初中在校生,初中的在校生又远大于普通高中的在校生,这里有部分初中学生去上职业高中,分流一部分。但是,仍然可以说明开封市的中学生存在流失的状况,中学教育供给状况急需提高。

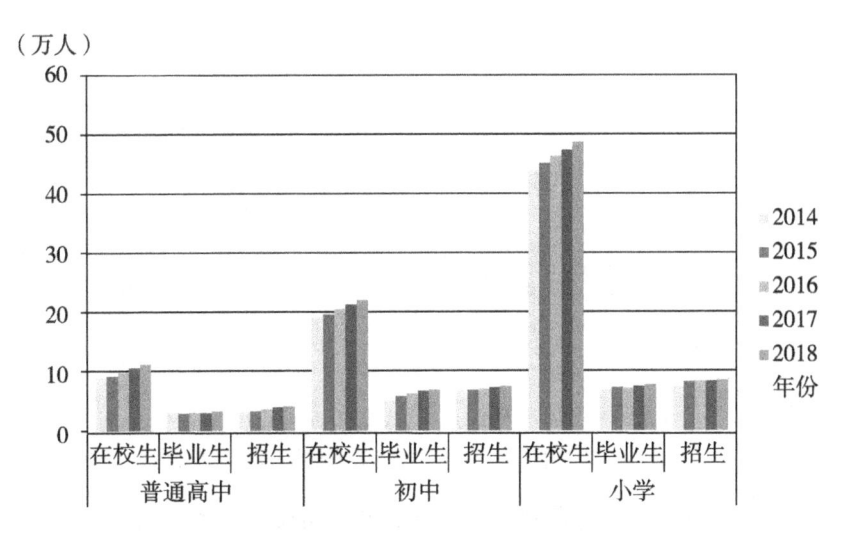

图3 近五年开封市普通高中、初中、小学招生、在校及毕业人数

从幼儿园在园幼儿人数来看（见图4），近五年来人数同样处于平稳增长，但与小学在校生相比，有超出一倍的差距，2018年幼儿园在园幼儿人数为21.61万人，同年小学在校生达48.63万人。开封市在今后如何吸引更多的年轻人，任重而道远。

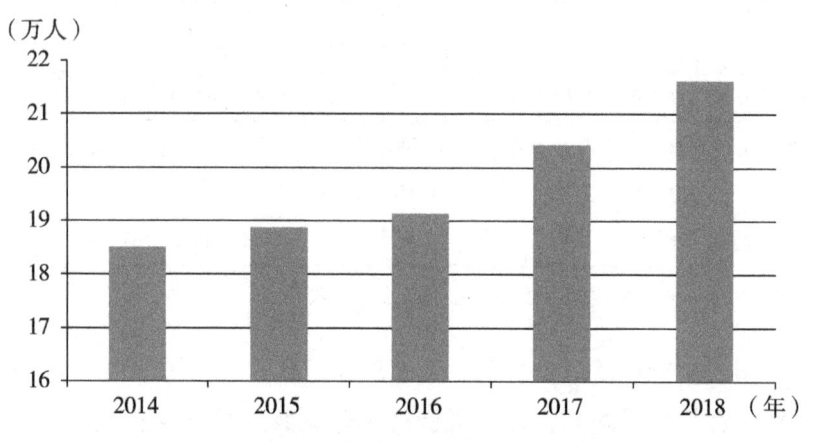

图4 近五年幼儿园在园幼儿人数

无论是文科高分段，还是理科高分段，开封市都处于全省前1000名的人数后几位（见图5）。与人们想象中的开封教育资源丰厚存在差距，教育质量有待提高。从图5看出，除郑州市外，周口市的教育质量

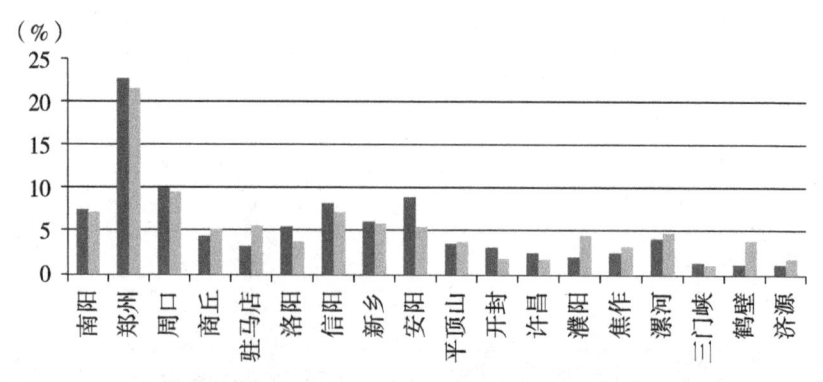

图5 2016年高考高分段人数在全省占据的比例

尤为突出，周口市远离中心，但周口市所辖各县均高度重视基础教育，以此在拉动县域经济，尤其是县城建设方面起到了很大的支撑作用。周口市的郸城、鹿邑，河北省的衡水市，安徽省的毛坦厂等，其基础教育极大地支撑了当地经济社会的发展。开封市的教育有着良好的基础，可以作为开封市冲出重围的战略突破口。

（四）医疗保障

医疗保障是宜居城市的重要内容，宜居凸显的是便利。市民首先考虑的是医院数量的多少及是否便于住院治疗。从表4中可以看出，开封市辖区内医院、卫生院的数量在2013—2017年间从51个增加到69个，床位数从8296张增加到10553张，均处于平稳增长的趋势，每千人口床位数五年间平均为2.14，明显低于国务院办公厅印发的《全国医疗卫生服务体系规划纲要（2015—2020年）》，到2020年，我国每千人口床位数达到6张的要求，并且这还是在五年间常住人口并无大的变化情况下。以此说明，开封市在医疗保障方面，供给缺口比较大。

表4 开封市辖区医院、卫生院数及床位数

单位：个，张，万

年份	市辖区医院、卫生院数	市辖区医院、卫生院床位	常住人口	千人口床位
2013	51	8296	464.60	1.79
2014	49	9188	454.90	2.09
2015	69	10714	454.26	2.36
2016	69	9634	454.67	2.12
2017	40	10553	454.93	2.32

数据来源：中国城市统计年鉴（2014—2018年）。

今后应着力引进高水平医疗资源，推广普及社区医院，特别是创新"互联网＋医疗健康"体制机制，努力提高公共医疗资源配置的效率。通过体制创新建立健全居民健康数据的互联互通、共享共认，以"健康云"建设和完善健康信息平台及全民健康数据库，运用现代技术手段优化智慧医院建设。同时，将全民健康建设与政府"放管服"改革紧密融合，推动公共卫生领域民生事项"一证通办"，医保事项"掌上通办"，并逐渐覆盖基层服务，确保卫生健康政务服务事项得到快速办理。

（五）文化多样

关于开封历史文化的特色及作用已论述很多，这里不再赘述。2016年8月，国家决定在河南建设中国（河南）自由贸易示范区，其中开封片区将重点发展服务外包、医疗旅游、创意设计、文化传媒、文化金融、艺术品交易、现代物流等服务业，提升装备制造、农副产品加工国际合作及贸易能力，构建国际文化贸易和人文旅游合作平台，打造服务贸易创新发展区和文化产业对外开放先行区，促进国际文化旅游融合发展。显然，开封片区更加突出创意文化产业。正如发达国家的工业化进程经历了"纺织业——钢铁业——电力工业——机械制造业——电子信息产业——……"的主导产业演进规律一样，全球主要大都市的产业结构也经历了"制造业服务业——现代服务业……"的演化路径。在此过程中，产业结构升级不仅重组了大都市的产业空间，而且也创新和提升了大都市空间的组织结构与功能（见表5）。

从表5中可以清楚地看到，人们对"空间"的认知和业已形成的"空间观念"经历了从绝对到相对、从时空分离转向时空关联、从一元到多元的变化趋势，相伴的"城市观"从原始社会的"朴素的天人合一观"发展到后工业社会的"功能与景观融为一体的综合生态观"，其中"城市空间观"经历，即原始社会和农业社会的封闭与原始的多功能混合区——工业社会的分区制主导的半开放城市功能区——信息与创意社会的多元混合开放型城市功能区，直至创意城市的全球地方化多元嵌入的虚拟与实体融合的开放型城市功能单元；城市空间结构特征则为：团块状到组团状到网络状、由单中心到多中心到等级多中心、由密集型到疏散型到紧凑型、由封闭式到开敞式到嵌入开放型等特征。

表5 不同发展阶段城市主要特征和人类"城市观"比照

	原始社会	农业社会	工业社会 初级阶段	工业社会 成熟阶段	工业社会 后工业化阶段	信息与创意社会
经济增长方式	缓慢无数量积累型	缓慢的数量积累型	数量积累型	高速度结构效益型	速度适中的结构效益型	结构—效益—人本型
主导产业	狩猎、游牧	畜牧、种植、家庭手工业	食品、烟草、纺织、机械、重化工等	高额耐用消费品生产部门、服务业	高技术产业、生产性服务业	信息创意产业、生产性服务业
生产要素结合方式	自然资源型	自然资源与劳动力结合型	劳动密集型、资金密集型	技术密集型	技术信息密集型	知识与创意密集型
技术的环保特征	迫于环境和生产力的朴素环境意识		重污染的生产技术，很少治理	有污染的生产技术，重视并治污	低污染生产技术，极重视治污	无污染生产技术，全民治污
能源结构	不可再生一次能源			不可再生一次能源和二次能源	可再生一清洁二次能源为主	清洁二次能源为主
城市发展特征	受制于环境而建	受制环境按需缓慢扩张	从无需膨胀到有序扩张	无序扩张和结构初步合理	有序扩张和协调发展	高级有序和自组织发展

续表

	原始社会	农业社会	工业社会 初级阶段	工业社会 成熟阶段	工业社会 后工业化阶段	信息与创意社会
城市的目标动能	防卫与生存型聚落	生存与商品交换型集镇	商贸中心或制造业中心	综合性经济、文化与政治中心	经济与自然和谐的人居社区	生态、低碳、创意型城市
城市价值观	受制于环境和生产力的朴素的环境中心观		强调经济动能的城市价值观	强调经济社会协调的城市价值观	强调可持续发展的城市价值	强调以人为本和可持续
城市规划思想	敬畏与遵从的"天人合一"思想，受制于环境与生产力的朴素生态观		物质空间决定论主导的表象性规划设计，改造自然的形态生态观			融于功能与景观一体的综合生态观

随之相伴随的创意产业区演化促进了大都市创意从业者的快速集聚与扩散，而创意从业者的地方集聚与扩散将促使大都市社会阶层的分化与创意阶层结构显现，从而重构大都市文化社会空间和日常生活行为空间。但是，创意从业者的居住空间更加强调开放、宜居和品质。一是创意阶层的居住行为空间受到创意阶层追求工作、休闲与交流等多元功能复合一体的空间诉求，促使大都市复合型功能区域出现，必将促进创意社区或创意产业区科教用地、公共交流与商业休憩用地比例大幅提升。这必将改变现有城市功能分区制，实现微观层面的社区空间的多功能化发展，从而打破职住分离、长时通勤等现代城市规划之积弊。二是受到创意阶层在日常工作和社交活动的耗时比重大的影响，创意社区对高层次各类即时快递、家政、婴幼儿教育与家庭医疗保健需求呈增加趋势，从而促使社区中高端生活性服务业发展空间的快速提升。三是围绕工作与个人偏好，创意阶层的休闲空间仍将密集于创意产业区内的公共空间、居住社区的半开放空间、赋予身份与文化个性的城休闲场所，而创意阶层对城市休闲场所的追求在于其交互性及社交便利性等。因此，创意阶层的休闲空间呈现多元化和开放性特征，但目标指向比较明确（见图6）。

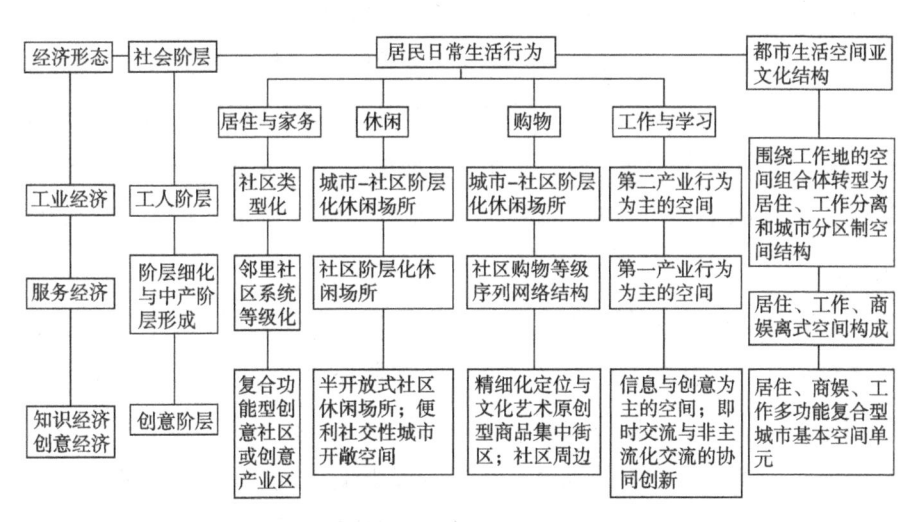

图6　创意产业区演化重构大都市社会文化空间创意阶层生活行为空间模式

目前，郑州市四环内几无空闲用地，而开封一方面老城区可以整体打造，以宋文化为载体，开展游园、饮食、杂耍、会所、艺术品交易等活动；另一方面，靠近郑州市的开封西部及西南部，恒大童世界、影视城的落地为创意文化产业的发展打下了很好的基础。特别需要指出的是，郑州市处于大发展时期，东西南北均拓展迅速，外来人口大量涌入，但城市建设与新生人口的匹配基本延续着居住、工作、商娱分离式的空间构成，而开封作为文化老城，西边新区与老城呼应，老城有着很好的居住、商娱、工作多功能复合型的城市空间格局，而新区处于规划落实崛起阶段，为新城市理念的实现打下了良好的基础。

（六）生态环境

过去提到开封，往往想到风沙多，现在风沙问题已基本得到解决。但是，开封绿地面积小却是不争的事实。开封市绿地面积多分布于东北部风景区内，清明上河园、龙亭公园、万岁山一带集中绿化建设程度较高，西部汴西湖周边植被分布密度相对大。人口集中居住区域西北部和东南部绿化程度低。一些规模较大的学校和企事业单位，虽然内部绿地建设较完善，但是封闭式的围墙阻隔内外部，降低了城市绿化的公共属性。城市绿地作为城市之肺除了有净化空气、涵养水源的功能之外，也应当成为居民休闲健身的好去处，但实际上开封市的景区多商业化运营，需要付费才可以入园参观。据统计数据，开封市的森林覆盖率只有34%，在河南各地市中排名靠后，绿地面积分布不均衡又加剧了城市绿化的缺失，成为生态宜居城市建设道路上的突出障碍（见图7）。

一方面，拓展市内绿色空间。在顺河区、禹王台区增挖人工湖，与西区御河、金明池相互连通形成开封市内循环水系。沿河湖廊道建设城市绿化带，使植被在城市内部形成有机连接，依据城市建筑走势使之在夏季成为城市通风降温的廊道，在冬季成为抵挡风沙、涵养水源的防护林。将中心城区的绿地向东同历史文化景观带相衔接，向西同汴西湖、绿博园湿地相呼应，通过集中连片气候环境调节效应增进城市生态宜居程度，争取在生活区半径 1 公里以内有面积不低于 500 平方米的小区、街心公园。

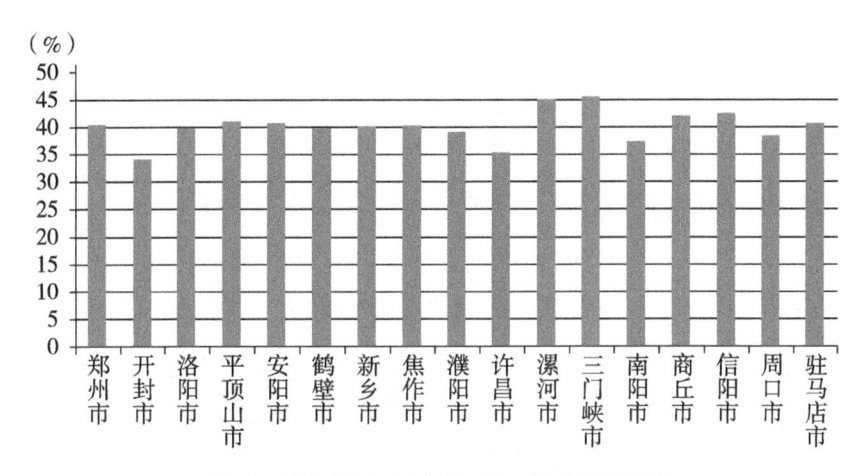

图7 河南省各城市建成区绿化覆盖率

另一方面，扩展城市外向绿化范围。延伸开封市西区生态绿化带，向北衔接沿黄生态带，绿博园、野鸭湖等地，建设大面积湿地公园、森林主题公园，在公园中设置儿童游乐设施、电影院、咖啡馆、特色产品展览馆，吸引郑开两市及周边居民在节假日参观游览，实现生态价值和经济价值相统一。西南方向运粮河一带可利用水资源优势挖掘数个人工湖，湖上建设观光小岛，沿湖种植景观树木，布置养老健康城、生态植物园、汽车展览馆、体育赛事中心，提升朱仙镇、仙人庄一带到港区的交通便利程度。将运粮河生态带建设成为港区外围旅游点之一，与朱仙镇古迹、启封故园等文化景点相互衔接补充。提升开港经济带的整体文化生态价值，使优良的生态环境和文化氛围成为开封西南地区吸引各地游客的名片，增进城市郊区的宜居性，从而带动更多老城区居民向该地区搬迁，人群的聚集效应反向又会对区域内部的市场繁荣和土地增值起到促进作用。

（七）营商环境

营商环境是滋养企业发展、创新创业的丰厚土壤，直接影响国家或地区经济发展的质量和速度。良好的营商环境有利于吸引资金、人才、技术等各种发展要素的聚集，有利于激发各类市场主体的活力，推动经济发展的着力点必须由抓项目转向造环境。世界银行的报告表明，良好的营商环境会使投资率增长 0.3%，GDP 增长率增加 0.36%。以世界银行为代表的国际机构对营商环境的重视推动了各个国家和地区不断努力改善各自的营商环境，提升国际竞争力。根据世界银行发布的《2018 年营商环境报告》，我国营商环境国际排名从 2013 年的第 96 位上升至第 78 位。排名上升是多方面改革的成果。目前开封市优化营商环境工作的良好氛围已经基本形成，各市直单位也都越来越重视在优化营商环境工作，基本都认识到了优化营商环境工作的常态化和重要性，各单位在积极改善工作作风、提高工作效率、提升工作满意度等方面做出了很大努力，使全市离全面建设高效便捷的政务环境、竞争有序的市场环境、公平公正的法治环境、开放包容的人文环境、宜居宜业的生态环境的目标更近一步。

五、开封要高起点起步，跨越式建设成为智慧城市

智能时代的到来，后起的开封更要踏上其节拍。智慧城市是指利用各种信息技术或创新意念，集成城市的组成系统和服务，以提升资源运用的效率，优化城市管理和服务，以及改善市民生活质量。智慧城市把新一代信息技术充分运用在城市的各行各业之中的基于知识社会下一代创新的城市信息化高级形态，如大数据、物联网、云计算、无人技术、机器人、人工智能、虚拟现实、增强现实、无缝上网的无线城市等，实现信息化、工业化与城镇化深度融合，有助于缓解"大城市病"，提高城镇化质量，实现精细化和动态管理，并提升城市管理成效和改善市民的生活质量（见图 8）。2016 年 5 月，日本文部科学省发表《第五期科学技术基本计划（2016—2020）》，重点描绘了未来"超智能化社会"（继狩猎社会、农耕社会、工业社会、信息社会之后，一个由科技创新引领的全新社会，也被称为"社会 5.0"）。

图 8 智慧城市全景图

宜居城市建设应当将工作、生活舒适便利化作为主方向，把智慧城市建设作为提高城市运行效率，方便居民日常生活的新途径。应组建专业信息技术团队首先从智慧旅游、交通、养老、环境入手，建立城市信息共享中心，收集城市居民生活及消费信息，并通过系统分析提出优化解决方案。例如，开封市作为文化旅游城市，逢节假日可以通过铁路、机场票务信息，高速公路车流量信息预测即将到达城市的客流量信息，依据游客的来源地、年龄、性别等判断未来哪些景点可能出现拥堵，通过错峰出行、导游分流、道路导航等方法优化市民及游客的出行方案，预防出现景点及街道拥堵，从而达到提升游客旅游质量、保障居民正常生活的目的。智慧交通的应用还体现在通过电子传感、视频监控系统收集十字路口车流、人流量信息，实时控制红绿灯的间隔时间，从而减少无效等待或行车匆忙的发生，提高交通的安全有效性；提示道路拥堵状况，及时分流车辆或指出新的有效通行方案。信息平台的共享融合是最大程度发挥指挥网络系统功能的关键，通过旅游、医疗、交通、政务、环境信息的多部门共享可以及时发现和反馈居民的需求方向，有效处理突发性安全事件，低成本、高效率地完成政府的工作任务。例如，对于突发性环境污染事件，环保、城管部门可以通过污染浓度的监测及时发现污染源、疏散隔离城市居民；智慧养老也是城市未来重点发展方向之一，可将信息资源、医疗资源、房地产资源统筹起来，实现社区养老、机构养老、居家养老互为补充，康养设备共享、在线监测诊疗等建设目标；信息共享平台也可用于经济建设，例如，通过电力消费状况，政府经济管理部门可以判断各区域最近的生产情况，采取更加精细化、有针对性的调控措施；通过居民消费数量、消费品种等信息，可以发现城市新的市场需求。

总之，开封市的发展建设要从高起点起步，跨越式发展，直接面向后工业化社会的高级阶段——智能社会，以精细化、人性化为目标，对城市进行管理，努力建设一个随时感知市民需求、无缝对接解决城市问题的智慧响应体系，培育一个人人参与城市治理、消除社会隔离的城市低成本运行模式。

六、开封打造"生态宜居"城市的具体策略

下面从生活品质、功能品质、文化品质、环境品质、空间品质、乡村品质六个方面，提出了具体的发展策略，具体如下。

（一）生活品质提升策略：从安居到宜居，打造园林式的宜居城区

树立新都市规划理念，充分利用文化品牌，打造包容互助的温馨社区、高水平的公共服务、高水准的生活环境、高品质的文化生活、民主和谐的社会生活，为市民提供优质的生活质量，构筑践行健康生活方式的园林宜居城区。

1. 优化人口结构与分布

通过城市建设和社会治理，落实人才引进计划，改善人口结构，引导人口合理分布，增加城市的活力和吸引力。

2. 推进组团及社区建设

结合大区域骨干交通及区内道路系统联结，合理配置新、老城空间，提供差别化的人居空间配套，形成紧凑的城市组团，并加快推进各社区建设。

3. 提升公共服务配套

积极提升综合服务与优质公共设施水平，增加或改造公共基础设施和服务设施，增加体育健身设施和公共活动设施，增强组团中心的凝聚力。

（二）功能品质提升策略：从疏离到融合，建设活力创新的智造高地

提升开封市的城市产业及功能，缓解产城疏离的矛盾，提升产业关联度，优化产城空间，构建"产城一体"的产业功能空间格局。

1. 丰富城市功能，优化产业布局

积极提升与生活、生产相关的配套服务，打造"宜居宜业"功能完善的综合型城区；构筑特色各异、功能完备的产业空间单元，优化产城关系，保障生产、生活互惠双赢发展。

2. 调整产业结构，改善产业环境

改造和迁建污染企业，鼓励新兴科技产业的发展；以建设花园式工厂为目标，尽可能增加厂区绿化覆盖面积，鼓励工业园区内配套建设相关的生活服务设施。

（三）文化品质提升策略：从共生到共融，构筑多元共融的开放古城

从尊重"城市历史"、挖掘"城市记忆"、再现"历史辉煌"角度出发，利用和发扬多元文化并存的特征，挖掘宋文化的底蕴和内涵，鼓励文化产业创新，强化特色。

1. 保护传承空间载体

保护、重塑传统街区、历史遗址、文物古迹等文化物质空间，再现宋代历史轨迹。挖掘、弘扬口头文化、民间工艺、风俗、民间活动等非

物质文化，使人们在路旁与街头能时时看到文化的痕迹，漫步在文化丛林，处处体现开封市的文化魅力。

2. 挖掘和发展文化产业

大力发掘传统文化资源，发展文化创意产业。加强国际赛事、博览园、会展及各种文化产品交易市场的建设，完善文化功能的配套体系，为多元经济和多元文化提供展示平台，提升产业辐射带动作用。

（四）环境品质提升策略：从灰色到绿色，成就魅力生态的绿水青城

依托水城共生的自然基础，利用城景相依的自然格局，构建生态与公共开放空间系统，并在防护绿地、区域绿道、城市公园、河岸景观等方面重点推进，提升生态服务质量，丰富居民公共生活，彻底扭转开封市小、挤、乱的灰色形象。

1. 理水

优化整治河岸空间，亮化河岸景观，构筑安全绿色生态的城区环境。

2. 织绿

构建绿网框架，推进公园、绿道、生态带、林带等生态基础工程建设，以河网水系建设为主要抓手，逐步形成全城渗透的绿网。

（五）空间品质提升策略：从单一到多元，营造独特宜人的特色空间

积极构建"水城相依、城景相衬"独特的城市空间格局，尤其重视关键区域、重要廊道及门户节点等特色空间的营造，形成特色多元的点、线、面结合的特色空间系统。

1. 核心区域"造景"

从片区空间形象塑造、环境改善方面入手，推进建设和景观提升，打造开封特色的都市风貌。

2. 重要廊道"塑景"

把握重要道路、重要河道岸线等线形廊道空间，塑造沿路、沿河界面形象，改善道路绿化水平和慢行环境，形成特色线性空间。

3. 门户节点"筑景"

积极打造区域出入口、高速门户等重要门户空间，并对核心区、历史地段等重要节点进行提升，刻画城市特色细节，形成形象特征鲜明的空间环境。

（六）乡村品质提升策略：从分散到集中，建设富裕、整洁的美丽乡村

全面推动集中居住区社区化，并积极向城市功能区和园区融入，以村民集居点的土地流转和置换促进村庄相对集中的布局。

1. 改善村庄居住环境

在区域村庄布局规划的基础上，推进集中居住区建设、村民集居点整治等工程，促进村民融入城市生活，落实集约用地和设施共享，改善农村居住生活环境。

2. 培育村庄特色产业

借助美丽乡村风景线和美丽特色小镇/乡村示范村建设的良好契机，挖掘乡土特色，推动村庄生态化、景观化更新，在此基础上，探索休闲农业、生态观光、历史文化、民宿旅游等特色村落和产业的发展。

以县城为载体带动县域发展和乡村振兴[①]

一、从现代化和民族复兴的高度来认识县域发展及乡村振兴的意义

爆发于1840年的鸦片战争，不管具体原因和导火索是什么，本质上是中国持续数千年的传统农耕文明和源于西方的现代工业文明的第一次碰撞，也是中国现代化的开端。

现代化是建立在技术进步基础上的非农产业组织形式不断革新、效率不断提升、体量不断增大，从而逐步对传统农耕生产方式不断替代和持续改造的过程。在这一过程中，原属于农业领域的要素如劳动力、土地及农产品不断地被非农产业及城市吸纳，农业在经济活动中的比例逐渐被压缩到10%，甚至5%以下，非农产业在经济活动中的比例不断增大到90%，甚至95%以上。从事农业及生活在乡村的人口也逐步被压缩到30%以下，从事非农业及生活在城市的人口逐步增大到70%以上。农业生产过程也被改造得面目全非，效率则大大提升。这就是我们通常所说的工业化、城镇化和农业现代化过程。实际上，在经济结构、城乡结构、生产方式和生活方式变化的背后，现代化也是按照适应于现代工业的规则体系对传统农业、农村和农民进行改造的过程。甚至可以说，后者被改造的程度是现代化水平的标志，被改造的比例越大，程度越高，现代化的水平也就越高。非农产业高度聚集的城市，尤其是大城市，虽然通过持续吸纳传统农业要素在"三农"改造方面扮演着十分

[①] 本文的主要内容在2019年7月28日发表于《河南日报》理论·学术（第四）版，作者为耿明斋。

重要的角色，但农业、农村和农民的载体是县域，县域发展可以就地全方位、全覆盖式地在短时间内实现对三农的改造，大大缩短现代化的时间，提高现代化的效率。我国长三角和珠三角地区高水平发展的县域经济就是最好的案例。

改革开放以来，我们的发展目标从邓小平同志的"三步走"战略到党的十八大提出的中华民族伟大复兴中国梦，从现代化的角度说，核心要义都是要通过工业和城市的高水平发展，完成对农业、农村和农民的改造。县域发展是完成"三农"改造的捷径，从而也是实现中华民族伟大复兴中国梦的加速器。

二、异地工业化推动本地城镇化是后发农区现代化的突出特征

工业化会导致要素在特定空间的持续聚集，从而不仅会形成数量越来越多、规模越来越大的城市、城市群和都市区，而且会在一国范围内的特定空间形成高度密集、体量巨大的发达经济区，并与后发地区形成较大反差。这些发达经济区会大规模吸引后发农区的劳动力进入非农领域就业，从而使这些来自后发农区的劳动力在异地实现工业化。但由于各种因素形成的区域间人口迁徙障碍，这些外来涌入发达地区的就业人口在短时间内很难落地生根成为流入地永久居民。他们往往更习惯于到来源地县城购买房产，安置老人和子女，从而在人生的一段时期内过着候鸟式的迁徙生活。他们把来源于异地工业化的收入带回家乡，在家乡县城置产置业并分享城市文明的生活方式，从而推动了后发农区县城的快速扩张和城市功能的逐步完善，成就了后发农区异地工业化和本地城镇化的发展模式。

城镇化引领工业化或成为后发农区县域经济发展的基本路径。异地工业化带来的收入流激活了本地县城的房地产市场，市场规模的扩大和房价的不断上升推高了商业地价，从而提升了县级财政的腾挪空间，更多的土地收入被再投入城市基础设施。同时，异地工业化带来居民收入水平的不断提升，也刺激了普通农村居民对优质教育和医疗资源的需

求,从而刺激了政府和民间优质教育和医疗资源在县城的集中供给,使县城的公共服务体系进一步完善。城市质量和服务能力的提升为非农产业的成长奠定了较好的基础,并进而吸引外来产业转移落户,刺激本地外出务工人员回流创业,本地工业化也随之展开,从而带动县域经济走上良性发展的轨道。异地工业化→本地城镇化和城市功能的完善→本地非农产业的成长→带动整个县域现代化的快速推进,这样一种螺旋上升的态势可能是后发地区县域现代化发展的便捷路径。

三、后发县域也有利用比较优势获得工业化发展的机会

从理论上说,一国范围内的市场是统一的。随着区域之间壁垒的消除和市场越来越成熟,在特定地域由特定企业或产业集群所生产的商品,其市场边界和市场规模仅受制于国界及需求。换句话说,一旦某地对某一商品的生产形成优势,该地域的特定商品即可覆盖全部国土,从而不给其他地区留下生产该种商品的机会,形成所谓赢家通吃的局面。就我国的情况来说,按照这种逻辑,随着越来越多的制造业产品在长三角和珠三角地区聚集,中西部后发农区很难再形成能够与之竞争的成规模的制造业产业。换句话说,后发农区可能不会再有实现本地工业化的机会。但现实中的事实证明,很多后发农区县域内还是有各种各样的制造业产业在蓬勃成长。比如,我们考察过的驻马店泌阳县的香菇种植和加工业、肉牛养殖加工业、驻马店确山县的装配式建筑业和门业、周口沈丘县的造纸网产业等,都在健康发展。这只能解释为,任何县域都有自己不可替代的比较优势,依托这些比较优势,就可以发展出具有自己地域特色的制造业,从而带动整个县域经济的发展和县域现代化的进程。

四、通过土地整治和人居空间结构调整挖掘建设用地资源,助推县域发展和乡村振兴

后发农区一般都是粮食主产区,也是国家耕地红线控制比较严格的

区域，永久性基本农田占了这些地区耕地的绝大比例，而且这些地区也都是农耕历史悠久，土地利用充分的县域，新增农田的空间较小，农地转化为建设用地的可能性也比较小。所以，建设用地供给不足成为这些地区县域发展的瓶颈。破除瓶颈的最好办法是通过土地整治和人居空间的结构调整，挖掘建设用地资源。最重要的是顺应农民大规模进城和宅基地越来越多空置的趋势，推动进城农民宅基地退出，建设用地指标通过流转集中使用于县城和工业聚集区，支撑工业化和城镇化发展对建设用地的需求。在这方面，浙江嘉善提供了最好的解决方案，就是县政府建立建设用地收储中心，通过高价收购进城农民手上的建设用地指标，将零星建设用地汇集成可以规模化使用的建设用地，并将该指标用于县城新区和产业聚集区的建设。

五、农地规模化流转是加快农业现代化的途径

现代农业一定是规模经营的农业，也就是单个经营主体的土地经营要达到一定规模，虽然各个国家因自然禀赋的差异导致单个农业经营主体经营农地面积的差异较大，但根据土地资源禀赋情况实现一定程度的规模经营，是现代农业的基本特点。问题在于，在我国联产承包责任制基础上形成的人均分割占有农地的制度条件下，要通过流转实现农地规模化经营非常困难。浙江嘉善政府主导的土地流转和规模化经营模式较好地解决了该问题。办法是政府以补贴方式出高价（每亩地每年的租金为1200元）激励村集体统一承接进城农民流转出来的耕地，然后再以较低的价格（每亩地每年的租金为800元）激励不低于一定规模（300亩）的经营者承租耕地，中间差额由县级财政补贴解决。这不失为推动农地规模化经营的较好解决方案。

六、以县域发展推动乡村振兴

乡村振兴的基本手段和依靠是产业兴旺，产业兴旺的重点是制造业。无数经验证明，将产业兴旺狭隘地理解为农业兴旺，总在一亩三分

地上做文章是无法提升农民收入，从而也无法实现乡村振兴的。所以，产业兴旺一定是非农产业兴旺，而非农产业一定是聚集发展的。只有通过非农产业聚集发展，县城不断扩大，功能不断提升，吸纳就业和农村转移人口的数量越来越多，农村人均资源量就会增加，农业劳动效率就会提升，农民的收入也会提升，乡村振兴步伐也会越来越快。所以，决不能把乡村振兴理解为是村庄振兴。事实上，乡村振兴就是工业化和城镇化引领的县域经济社会发展过程。

七、县城是载体和平台，是县域发展和乡村振兴的发动机、助推器

如前所述，后发农区发展的第一步是农村剩余劳动力异地流动进入现代工业化体系，第二步是收入回流和举家迁至县城，并带动县城规模扩张和功能完善，第三步是以回流创业和承接转移的方式，依据本地比较优势发展本地制造业，第四步是进一步带动本地农村居民非农就业和向县城迁徙，为农业留下足够大的空间，在土地流转基础上形成的现代规模经营农业格局。社会也就进入全面现代化的状态。由是观之，县城是县域非农产业的聚集中心、县域内农村人口的吸纳中心、公共基础设施和公共服务体系的供给中心，是后发农区整个县域经济的发动机、助推器和绕以旋转的轴心。

统筹城乡发展需要，关注规模经济理论[1]

一、促进规模经济是统筹城乡发展的总旋律

统筹城乡协调发展的重要内容是工农关系的协调，就是农村农业主要生产农产品，工业向农业提供农业生产资料和生活资料，城市和乡村两个方向都有一个规模经济问题值得关注。从农村农业的角度看，农村向城市供应农产品的数量和质量，取决于农业劳动生产率，农业劳动生产率取决于农业的人均生产经营规模。在其他因素不变的情况下，农业的人均生产经营规模取决于农民减少的程度，即农民人数越少，农业的人均生产经营规模越大，农业的劳动生产率就越高；农民人数越多，农业的人均生产经营规模越小，农业的劳动生产率就越低。通过向城市转移持续稳定减少农民，是促进农业规模化、标准化、现代化的重要方面。从城市非农产业的角度看，产能过剩时代的工业需要专业化、集群化、智能化、品牌化，这些高度依赖城市创新资源的支撑。创新进步者生，守旧停滞者死。创新资源主要集中在大城市、特大城市、超大城市，远离中心城市分散发展的企业难度越来越大。服务业的发展对规模的依赖程度更大，统计数据表明，城市规模越大，服务业占比就越高，城市规模越小，服务业占比就越低，小规模、分散的农村服务业占比最低。农业规模化和人口规模化都依赖农民向城市的持续稳定转移。以农民向城市的持续稳定转移促进农村和城市经济的双向规模化，是科学统筹城乡协调发展的主旋律。

---

[1] 本文 2019 年 7 月 28 日发表于《河南日报》理论·学术（第四）版，作者为王永苏。

二、分工效率依赖于规模经济

亚当·斯密在《国富论》中确证，分工能够提高效率。分工的前提是规模，即规模越大，分工越细，效率越高。规模经济又分为内部规模经济和外部规模经济。内部规模经济就是随着企业规模的扩大，单位产品的成本越来越低，产出与投入的差额越来越大，企业的效益就越来越高。企业成本包括固定成本和变动成本，随着生产规模的扩大，变动成本增加而固定成本不变，单位产品成本不断下降，利润不断上升。例如，卖烧饼需要租房子，买炉子、案子等，这些费用摊入每一个烧饼，形成烧饼的固定成本；卖烧饼需要面粉、燃料等，形成烧饼的变动成本。如果每天只卖一个烧饼，肯定亏损；假如卖 100 个就不再亏损，这 100 个就是盈亏平衡点，也就是卖烧饼的最小必要规模，101 个就开始盈利，卖得越多利润就越高；反之，卖得越少利润就越少，甚至亏损。如果烧饼摊办在规模比较小的村庄，每天买烧饼的人比较少，低于 100 个就会亏损，超过 100 个才会盈利。郑州有个方中山胡辣汤，据说效益很好，其中一个重要原因是郑州人口规模大，销售量大；如果办在一个远离城市的小村庄，由于人口规模小，效益就不会很好甚至亏损。这就是城市规模越大，服务业越发达，城市规模越小，服务业越不发达的主要原因。不同的行业有不同的规模要求。像早餐摊点这样的服务业，几千人的小镇就能够达到盈亏平衡点，像地铁这种服务业，城市规模小于 300 万人就不能建，否则会严重亏损。郑州这些专卖店、花店、洗浴中心、电影院、大商场等，办在远离城市的农村一定会亏损，原因就在于一般农村人口规模小，达不到盈亏平衡点需要的最小必要规模。生产经营规模要达到或超过盈亏平衡点，这是能否设立企业的根本标准，也是城市服务业远比农村发达的主要原因。外部规模经济理论认为，某一行业的企业及其相关部门在一个地方大规模集聚能够降低成本，提高效率，导致收益递增。明显的例子是铝冶炼及其加工业的集聚能够降低运输费用及能源消耗。

系统论能够从更高的层次上说明规模聚集的意义。系统论的一个基本定理是系统的整体功能大于各部分功能之和。例如，木棍和钢板各有各的功能，木棍可以打狗，可以做拐杖，可以当燃料；钢板也可以有各种用途。但木棍与钢板结合形成铁锨，铁锨就是一个系统，就具有了木棍和钢板都不具有的新功能，如挖地。把锨头和锨把分开，这种功能立即消失。一个人拿一把铁锨挖地的效率要远远高于两个人分别拿锨头和锨把挖地的效率。男女结合组成家庭，家庭就是一个系统，就具有了孤男寡女所不具有的功能，不仅能够生儿育女，双方的幸福感也会大大增强，生活质量大幅度提高。城市就是一个大系统，城市群就是一个巨系统，城市化就是分散在农村的部分转变成为有机整体，从而实现功能倍增的过程。恩格斯在评论伦敦时指出："这样的城市是一个非常特别的东西，这种大规模的集中，250万人聚集在一个地方，使这250万人的力量增加了100倍。"（《马克思恩格斯全集》第二卷，人民出版社，1957年，第303页）因而，城市在城乡关系中处于先导地位，对创新发展具有引领作用。

三、规模不经济无法满足人民对高质量公共服务的需求

如果说理论是灰色的，事实的颜色应该更鲜亮。一个时期以来，农村女青年找对象，一个重要的条件是男方在城里有房子。其中一个重要因素是为了孩子能够享受较高质量的教育。一个不容否认的事实是，城市的教育质量比农村高。虽然长期以来各级政府强调教育投资向农村倾斜，提高农村教育质量的难度仍然很大，能够减缓下降趋势已属不易。根本原因就是规模差距，一个学校只有几个甚至一个学生，只能搞复式教学。据媒体报道，在20世纪90年代中后期的"普九"大潮中，湖北省长阳县提出"把学校建在农民的家门口""让农民的孩子人人有学上，个个有桌凳"，多方集资建设了76所希望小学，到2008年只有18所希望小学还在运作，其他58所小学或卖给农民种庄稼、养猪养鸡，或作为村委会的办公场所，或一片荒芜，当年爱心人士的一腔热血化成

大山里的摆设。原因是长阳县山大人稀，过去的小学点多面广，加上农民外出务工，生源减少，学校规模小、条件差、师资弱，教学质量低，提高难度大，不得不调整、撤并，从"撒胡椒面"转向"攥紧拳头形成合力"，集中在县城和乡镇办规模较大的寄宿制学校。捐资者表示："教育是百年大计，盲目建校和撤校，朝令夕改，说明了有关部门战略决定的随意性，是对社会财富的极大浪费。"这种现象绝不是仅仅发生在长阳县，而是普遍存在。1985年全国农村小学有83万所，到2007年已撤并至34万所。这种趋势至今仍在延续。如何不让希望小学被大量撤并的悲剧重演，值得深入思考。教育如此，其他行业有没有类似问题呢？

四、促进极化效应，实现城乡统筹和高质量发展

"人上一百，形形色色"，高低胖瘦、兴趣爱好、能力大小各有不同，要求所有人都一样是违反自然规律的。地区之间也是一样，有的地方土地肥沃，有的地方矿产丰富，有的地方交通便利，也有的地方土地贫瘠、交通不便，一方水土养不活一方人。由于各地发展条件的差异，地区之间的发展有先有后是一种自然状态，完全同步平均发展只是一种理想状态。在经济发展的早期阶段，生产要素向各方面条件比较好、成本比较低、效益比较高的地方集聚，形成城市乃至中心城市，成为地区增长极，是符合规律和发展趋势的，总体经济效益比分散在各个地方效果好。从先后顺序看，极化效应是扩散效应的基础和前提。让极化效应充分发挥，使增长极的规模快速扩大，及早达到由极化到扩散的临界规模，是增长极发挥扩散效应的必要条件。用行政手段抑制极化效应的发挥，必然推迟、弱化扩散效应。由于行政边界的阻隔和政绩分别考核的体制机制，大城市周边地区不少人担心大城市的极化效应虹吸周边地区的生产要素，希望大城市及早发挥扩散效应辐射、带动周边地区的发展，这种心理和愿望是可以理解的。但从发展规律的意义上看，大城市的扩散效应来自极化效应，没有极化效应的充分发挥，扩散效应就不可

能产生。

与上述理论相应的政策含义，就是首先让市场机制在资源配置中发挥决定性作用，政府在此基础上更好发挥作用。通过改革破除城乡二元体制，明确农民财产权益，畅通城乡流通渠道，让生产要素按效益原则在城乡之间自由流动，为城乡统筹协调发展提供体制基础。积极引导和帮助那些愿意也能够进城的人向城市持续稳定转移，企业向中心城市为核心的城市群集中布局，促进非农产业集群化发展，让城市群特别是中心城市做大、做强，为服务业发展创造条件，使其成为创新创业中心。着力提高城市规划建设管理水平，持续增加城市基础设施和公共服务投资，积极主动防治城市病，增强城市对农民的吸引力，降低农民进城的机会成本。在农民向城镇持续稳定转移的前提下，引导耕地向家庭农场、专业大户、农业企业等规模化生产经营主体集中，以规模化推进农业标准化、现代化，不断提高农业劳动生产率和比较效益，使务农收入逐步赶上乃至超过进城务工收入。建立健全覆盖城乡的社会保障体系，确保城乡居民的基本生活，逐步弱化进城农民对耕地承包权和宅基地的依赖。制定政策鼓励支持空心村、空巢整治复耕，在占补平衡的前提下满足城市建设的合理用地需求。

转型经济的思维模式转变[①]

中国经济高速增长有两个不可忽视的背景：一是大规模城镇化进程；二是宽松的货币投放。城镇化和货币投放这两个看似没有关系的概念，在推动经济增长过程中相互嵌套，对中国经济转型升级有着密切的关联性。

一、土地资本满足了城市化初期大规模基础设施建设需求

城市是交易的产物。交易产生了最早的农村集市，随着集市规模的扩大，便产生了专门从事交易的商铺。于是，服务于交易的道路等基础设施及衍生出服务于居民的学校、医院等公共服务设施随即产生，这就是城市的由来。城市提供了农村无法有效提供的多种公共服务和产品及大规模的非农产业。而多种公共服务设施和大规模的非农产业需要实实在在地落在地上，需要城市物理空间的拓展，以此引致出城市化初期需要大规模进行基础设施投资。

中华人民共和国成立以来，通过工农业产品的剪刀差，不断将农业的积累转移到工业部门，建立起了初步的工业基础和工业体系。但是，经济结构偏于重化工业，使生产和消费无法实现有效循环，国民收入无法支撑城市化大型公共设施的建设和基础设施巨大的集中性投资，城市化严重滞后。

改革开放以来，特别是20世纪90年代城市建设进入快速发展时期，首先就是面临如何解决城市公共基础设施资金短缺问题，于是地方

[①] 本文2019年7月28日发表于《河南日报》理论·学术（第四）版，作者为李燕燕。

政府尝试着通过出让城市土地使用权，以最大限度地实现城市土地使用制度的创新，开启了城市建设市场化经营的序幕。可以说，独特的土地制度改革对中国城市化及其所带来的快速经济增长起到了极其关键的作用。土地资本帮助地方政府以前所未有的速度积累起原始资本，无论城市化的速度还是规模，都超过了改革之初最大胆的想象。也正是因为由土地自然要素衍生创造出来的巨额资本，使中国第一次拥有了向基础设施、高科技、军事等重资产领域投入的资本，进入资本生成大国之列。这是一条以土地为引擎的城市资本化路径。

二、土地金融膨胀对实体经济产生了严重的挤出效应

人们通常说的土地财政，其实称为土地金融可能更为合适，因为土地附加了信用功能和金融属性。而信用不同于商品，信用意味着可以购买或卖出预期收入。在金融方面，由于我国金融市场以间接融资为主，以银行体系为主导，先由央行投放基础货币，再由商业银行向经济主体进行信用扩张，这就形成了同业间货币市场利率和社会融资的信贷市场利率两种不同的利率。其实央行投放的基础货币并不直接对准实体。其表现在银行间市场的流动性增加，导致商业银行比较容易在同业间融资。这样一来，央行的货币政策越宽松，就会导致货币市场利率水平越低，商业银行就越有冲动在同业间融资，追逐廉价资金。一方面，商业银行的逐利行为，势必会让商业银行追随城市资本化路径，直接带来的是土地附着物房地产相关融资在社会融资规模中所占比例持续攀升，甚至中国经济潜移默化地受着房地产市场的影响，并且房地产对经济周期波动的冲击有着明显的效应；另一方面，当传统的信贷投放不能满足不断升高的融资成本和收益预期时，反过来会更加强化商业银行增加同业存单、同业理财、资管计划等金融产品，影子银行业务因此兴起膨胀。由于影子银行具有天然的"杠杆化、泡沫化"倾向，于是金融系统的整体风险敞口增大。原本连接金融与实体经济之间的直接传导通道便被改造成了密实的交叉网络，更加使货币市场与社会融资受阻，对产业资

本产生了极大的挤出效应，导致资本结构错配，杠杆率不断推高，加大了整个经济体系中的系统性风险。

与此同时，资本超前的预支一定会使城市的门槛不断加高，一方面造成农民进城的阻力不断增加，一方面在较短时期内很难完全实现农村规模化、集约化、现代化经营。城市建设的高度现代化与落后的乡村形成新的二元结构。乡村振兴战略的实施，目的就是城乡如何高质量统筹协调发展。城乡一盘棋，城市成了泛孤岛，也是无法持续的。

三、从土地融资规模思维转向创新驱动流量思维，推动城市高质量发展

中国城镇化发展到今天，城市的物理空间总是有边界的，城市的基础设施和空间已不是主要问题，应该关注的是城市空间的经济密度，即每平方公里创造的价值量和公共服务产品的提供。目前，城市正处于转型阶段，城市建设开始由高点降落，进入运营阶段，而运营阶段是需要大量的现金流来维持的。建设靠投入，运营靠流量。中国城市建设的资本缺口阶段已经开始逐步过渡到了城市运营的现金流缺口阶段。但是，就土地与股票、债券最大的不同在于一次性的获得总量，而股票、债券在于流量。股票、债券根本来源于实体，真正能够创造现金流量的是实体。然而，城市超前土地资本化的直接后果便是未来预期收入的减少。显然，简单、粗放的土地信用扩张机制已很难持续。挣钱为了花钱，挣得多便花得多；花得多，则需要挣得多。这两句话的内在逻辑其实是不同的。前一句是基于过去的积累，后一句是基于未来的收益。正如前文所述，城市最本质的功能是提供生产、交易平台和公共服务。特别是交易平台，其深层次内核是效率，是服务于科技创新和现代服务业。放眼全球，无论纽约、伦敦、东京还是国内的北上广深均是如此。不同层级的城市依次提供适合本区域的交易和公共服务，产业链条则依附于不同层级功能的城镇与乡村。然而，提供交易平台和公共服务是需要花钱的，目前面临的矛盾的焦点不再是资本不足，而是收入不足，是现金流

不足以覆盖一般性公共服务的支出。所谓高质量发展，就是能够满足人民日益增长的美好生活需要的发展。

要想提升空间经济密度，增加每平方公里创造的价值量，增加现金流量，只有大力培育经济增长的新业态、新技术、新模式、新动能，才能增加信用的预期收入，否则，由于技术进步使电子货币、数字货币成为可能，以信用为锚的记账货币很容易成为疏远于实体经济的"脱缰之马"，这就需要不断创新高效的经济新动能，创造足够的预期发展空间相嵌套。同时，改善货币政策传导机制，将货币市场利率与市场信贷利率并轨，缓解利率约束，让淤积在银行间市场的货币传导出来，注入实体经济，促使金融与科技创新相互作用，实现金融资本与实体经济相匹配，满足转型经济成本结构的变化，推动传统产业优化升级，形成世界级先进制造企业，实现经济高质量发展。

总之，从土地融资的规模思维转型到由创新驱动提升全要素生产效率的流量思维的新增长模式，是一次艰难的跳跃，也是一次艰巨的考验。

抓住重大国家战略机遇，
推动黄河流域生态保护和高质量发展[①]

2019年9月18日，习近平总书记在郑州主持召开的黄河流域生态保护和高质量发展座谈会上的讲话中特别强调，"黄河流域生态保护和高质量发展，同京津冀协同发展、长江经济带发展、粤港澳大湾区建设、长三角一体化发展一样，是重大国家战略"。黄河流域生态保护和高质量发展，由习总书记亲自谋划，进入重大国家战略盘子，这对黄河流域各省区都是难得的机遇。笔者认为，就整个黄河流域来说，要抓住这一重大战略机遇，推动生态保护和高质量发展，首先要深刻认识其重大意义，其次采取若干重要举措。

一、重大意义

笔者认为，黄河流域生态保护和高质量发展这一重大国家战略，有三个方面的重大意义。

（1）有助于构筑国家中北部区域绿色屏障。黄河自青藏高原巴颜喀拉山北麓发源，一路曲折向东奔流5400千米入海，就如东西向横亘于祖国中北部大地上的一条绿飘带，壮观而美丽。但是，她又跨越三级阶梯，地形地貌极其复杂多样，既有平均海拔4000米以上的高山峡谷，又有海拔数十米广袤的平原。中上游大部分处在干旱半干旱地区，降雨量较少，加上高寒，不少地方气候条件恶劣，生态极其脆弱，中国四大高原这里有其三，七大沙漠这里有其五，生态保护和生态治理修复的任务很重。从全国的格局看，秦岭淮河以南地区，年降雨量都在1000毫

[①] 本文是为河南省领导座谈会准备的发言稿，撰稿人为耿明斋。

米以上，生态优良，从东北的大小兴安岭到大西北的阿勒泰山都是森林密布，加上华北北部实施多年的三北防护林工程，整个中国北部边境也构筑起了一道绿色屏障。唯有黄河中上游地区，生态上尚有很多"欠账"。将黄河流域的生态保护列入重大国家战略，将有助于加大生态保护和生态修复与生态建设的力度，自西向东构筑一条横贯中国中北部地区的一道绿色屏障，与南边的秦岭—淮河一线和北边的三北防护林一线相互呼应和和相互支撑，完善中国的生态体系，为贯彻习近平总书记绿色发展理念，满足人民对美好生活的向往，提供坚实的支撑。

（2）有助于实现区域协调发展。黄河流域9省国土面积达327万平方千米，超过全国总面积的1/3（34.1%），人口4.1亿，接近全国总人口的1/3（29.56%），GDP总量23万亿人民币，占全国比重超过1/4（25.98%），在中国经济社会发展中具有举足轻重的地位。但是，与全国平均水平相比，尤其是与东部南部沿海发达地区相比，黄河流域的经济发展水平相对较低。尤其是进入高质量发展阶段以后，各项主要经济指标相对下滑严重。比如，2018年全流域9省份的平均人均GDP只有全国平均值的87.72%，比2008年的99.46%下降了11.75个百分点。中上游7省份的人均GDP只有全国平均值的79.42%，也比2008年的84.89%下降了5.47个百分点。再比如，2017年度黄河流域9省份财政收入占GDP比重多数排名靠后，7省份都在20位以后，占比在10%以内，排在第31位的河南占比只有7.6%，与第一位上海22%的占比有将近3倍的差距。如此大体量区域经济发展的滞后和经济发展质量的下滑，会严重影响中国区域之间的平衡和协调发展，把黄河流域生态保护和高质量发展提升为与京津冀、长三角、珠三角等鼎足而立的重大国家战略，将有助于加快发展步伐和提升发展质量，实现区域协调、均衡发展。

（3）有助于实现汉文化与西北各少数民族文化的交汇交融，夯实中华文明的共同基础，增强文化自信。黄河流域是中华民族的摇篮，也是中华文明发育最早、最成熟、最多样化的区域。近年来，由于考古界不懈地努力，越来越多的文明遗迹被发现，中华文明演化的轨迹也越来越清晰。上游青海的喇家文化、中游的仰韶文化和下游山东的龙山文化，都是中国民族辉煌的史前文明再现。安阳殷墟、洛阳二里头夏都及郑州、西安、洛阳、开封等历代古都，还有各种各样广泛分布于黄河流域的历史文化遗迹，构成了一幅中华文明演化和发展成长的美丽画卷。更为重要的是，黄河中上游地区的山西北部、陕西北部、宁夏、内蒙古、甘肃、青海等地，自先秦以来在2000多年中国的历史中，这里一直是汉民族和匈奴、鲜卑、突厥、蒙古、羌、党项、契丹、女真等少数民族交汇交融的地方，有着十分丰富的历史文化积淀。抓住实施黄河流域生态保护和高质量发展重大国家战略的契机，深入研究民族文化碰撞交往交流交汇的历史，追索中华文明形成的源流，对挖掘并确立各民族文化共同的文化基础，促进民族团结和社会稳定，有着十分重要的意义。

二、重要举措

抓住重大国家战略机遇，推动黄河流域生态保护和高质量发展，在充分认识上述三大意义的基础上，建议采取五大举措。

（一）启动南水北调西线工程

生态问题的核心是水，黄河流域尤其是黄河中上游地区生态脆弱的根源是缺水，我国水资源南多北少，南水北调是早已确立的重大战略。我国规划南水北调东、中、西三大工程，东线和中线工程早已实施并成功调水。据悉，西线工程是从长江上游通天河金沙江开山凿洞自流进入雅砻江和大渡河再注入黄河上游，年调水量可以达到170亿立方，接近黄河总流量的1/3，是三大调水工程中最大的，如若实施，基本可以解决中上游青海、甘肃、宁夏、内蒙古、陕北和山西等干旱半干旱地区的生活和生产用水需求，极大地缓解黄河水资源极度短缺的局面。西线工程自20世纪50年代就开始研究谋划，由于各种各样的原因，至今没有进入立项程序。建议借启动黄河流域生态保护和高质量发展国家重大战略的契机，促动国家相关部门重启南水北调西线工程，并加快可行性研究和立项规划建设的步伐。

（二）生态修复、生态建设和生态补偿工程

生态建设的重点在中下游，如河南、山东、河北三省，尤其是地处黄河"豆腐腰"部位的河南省，要统一谋划、规划建设包括滩区及两岸的生态经济带。生态修复的重点是中上游包括青藏高原、内蒙古高原和黄土高原及其所覆盖的山西、陕西、内蒙古、宁夏、甘肃、青海等省区，尤其是其中的高寒草场、沙漠及黄土高坡，长期解决问题的最佳方案当然是调水，短期内植树造林，减少载畜量等常规性的措施也是十分重要的。根据我们前些时候到青海玉树、果洛等地的调查，禁牧并非是保护生态的有效办法，当地干部介绍，牛羊与草场之间存在着天然的相互依赖关系，禁牧会破坏这种关系，加速草场沙化进程。一位长期在可可西里当乡长的玉树干部就目睹了这种现象。最好的办法是减少载畜量，牧民由此而减少的收入以生态补偿的方式来解决。在重大战略规划中，应该由国家每年拿出生产总值一定的比例用于对黄河流域生态的补偿，以保障生态修复、生态建设和生态保护的目标得以实现。

（三）引智入豫入塞（北）工程

高质量发展的核心是创新引领，创新能力不足是黄河流域实现可持续发展的最大短板，其中，户籍人口第一、经济总量第五的大省河南，以及位于黄河中游的山西、宁夏和内蒙古等塞北地区，是短板中的短板。在整个黄河流域中，位于东部的河北自身拥有的创新资源虽然也不足，但通过京津冀一体化基本可以解决问题，山东省由济南和青岛两大都市及山大和海洋大两所985高校，资源聚集也有一定规模。西部的兰州拥有兰州大学和中科院若干研究所，西宁市也有中科院机构布局，高端创新要素也有一定聚集。中部的河南和塞北地区，如此广大的区域为何有如此多的经济活动及人口体量，却没有一所985高校，也鲜见中科院机构布局。这对高质量发展构成严重制约。所以，要借助重大国家战略启动之机，推动国务院及其相关部门启动引智入豫入塞工程，与分流疏散非首都功能相结合,将部分高水平大学和高端研究机构的部分功能迁移至河南及塞北,尤其是郑州市。若这一举措得以实施,将大大缓解这一区域创新和高质量发展的压力。

(四) 打造城市群和大都市区

推进城市化和促进要素向城市流动聚集是高质量发展的重要举措,黄河流域总体上城镇化水平不高,城镇化发展空间很大,要以打造中原、关中、兰青和呼包银及太原、大同、塞北城市群为抓手,实施都市化工程,以郑州、西安等国家中心城市和兰州、银川、包头、太原等区域核心城市为抓手,加速推进城市化和现代化。

(五) 文化挖掘和整理工程

就像当年搞历史断代工程那样,国家立项黄河文化挖掘整理工程,拨出专项资金,集聚各方力量,组织专门团队,分领域、分专题对黄河文化所涉及的各个方面进行挖掘和整理,编撰出版大型丛书,建立国家黄河文明博物馆,妥善存放文物。这是中华文明寻根工程,是筑牢文化自信的基石之举,十分重要。

后 记

《中原发展研究报告集（2020）》一书，收录了河南大学中原发展研究院及河南中原经济发展研究院团队2018—2019年度完成的12篇研究报告。这些报告是在地方政府、社科界和企业委托的相关项目及媒体约稿基础上形成的，内容为以城镇化建设为中心的河南省及郑州大都市区综合区域发展战略的研究。各篇报告都是相应团队的智慧结晶，为体现各位团队成员的贡献，将报告来源及其主持人和参与者的情况列示于每篇报告的脚注中。

我的博士生刘琼承担了书稿的整理和繁杂的出版事务，硕士生冯铭协助做了大量的工作，付出了辛劳。出版社刘一玲等编辑认真负责，保证了本书的顺利出版，在此一并表示感谢！

耿明斋

2020年9月于中原发展研究院